这是修心的起点，也是终点

【普贤上师言教】

# 大圆满前行

华智仁波切／著
索达吉堪布／译

中国文史出版社
博集天卷
CS-BOOKY

南无本师释迦牟尼佛

大圆满前行·

皈依境

大圆满前行·

金刚萨埵

大圆满前行

玛吉黑怒母

大圆满前行

金刚瑜伽母

大圆满前行·

莲花生大士

大圆满前行·

西方三圣

大圆满前行

华智仁波切

# 序

很多人经常问我一个问题："通过某些因缘，我对佛法产生了兴趣，如果想全面了解佛法，看哪本书最合适？"

我每次都毫不犹豫地回答："《大圆满前行》和《入菩萨行论》。"

多年来，不管谁问这个问题，我都是这个答案。

《大圆满前行》是两百多年前藏地高僧华智仁波切所著，作者被公认为观世音菩萨的化身。它汇集了佛陀毕生传法的理论要点和修行次第，其窍诀式的教言，完全基于经验，简单而直接，非常适合一个人由浅入深地修学佛法。

本书改变人心的力量非常大，在东南亚、欧美等许多国家，无数人通过学习它、修持它，身心发生了极大改变。对佛教徒而言，它几乎包含了所有最根本的修行秘诀；对非佛教徒来说，本书也可灭除你的烦恼、痛苦和压力。

我一生中翻译过很多佛典，上师法王如意宝晋美彭措曾亲自写序的，只有两本，《大圆满前行》就是其中之一。

法王圆寂前，最后圆满讲授的一部法就是《大圆满前行》，并要求弟子每年至少看一遍或讲一遍；顶果钦哲法王一生不论去到哪里，总会随身携带它，每天读上几页。大成就者们对本书都如此珍惜，其殊胜与重要可见一斑。

作者华智仁波切说，《大圆满前行》好似一位无嗔的上师——耐心解答你的疑惑，并永远不会对你发脾气。它给我们带来的利益，如人饮水，冷暖自知。这位“上师”适合全世界所有的人，如果你没有见过，我觉得会很可惜。

索达吉

2015/11/3

藏历木羊年天降月天降日

# 目　录

大圆满前行

# ༄། །སྔོན་འགྲོའི་ངག་འདོན་ཐར་ལམ་
# རབ་གསལ་ཞེས་བྱ་བ་བཞུགས་སོ། །

# 前行念诵仪轨·开显解脱道

ཀུན་མཁྱེན་མི་ཕམ་རིན་པོ་ཆེས་མཛད།
全知麦彭仁波切　著
索达吉堪布　译

བླ་མ་མཁྱེན།　ལན་གསུམ།

喇嘛钦
上师知（诵三遍）

དལ་འབྱོར་རྙེད་དཀའ་ཨུ་དུམ་ཝ་ར་འདྲ། །
达 救　逆 嘎　鹅德 瓦鬲札
暇满难得如昙花

རྙེད་ན་དོན་ཆེན་ཡིད་བཞིན་ནོར་ལས་ལྷག །
逆那顿钦 耶 云　耨 雷 拉
得有大义胜摩尼

འདི་འདྲ་རྙེད་པ་ད་རེས་ཙམ་ཞིག་ལ། །
德 札 逆巴达瑞 匝耶 拉
获得如是唯此次

དོན་ཆེན་གཏན་གྱི་འདུན་མ་མི་སྒྲུབ་པར། །
顿钦 丹 戒　登玛莫这 巴

未行大义永久计

དོན་མེད་ཚུད་ཟར་གྱུར་པ་བདག་ཅག་ལ། །

顿 梅 切匝 杰 巴达 加拉

无义虚度我等众

དཀོན་མཆོག་ཀུན་འདུས་བླ་མས་ཐུགས་རྗེས་གཟིགས། །

滚 秋 根 地喇 咪 特 吉 则

请集三宝师悲视

དལ་འབྱོར་དོན་ཡོད་བྱེད་པར་བྱིན་གྱིས་རློབས། །

达 救 顿右 谢 巴 欣吉 漏

加持暇满具实义

དམིགས་རྐང་དང་པོའོ། །

第一观修法竟

འདུས་བྱས་ཐམས་ཅད་མི་རྟག་གློག་བཞིན་གཡོ། །

地 昔 踏 加 莫达漏 云 右

诸法无常如闪电

སྣོད་བཅུད་གང་ལ་བསམས་ཀྱང་འཇིག་པའི་ཆོས། །

耨 杰 刚 拉 萨 江 戒 波秋

思维器情皆坏法

འཆི་བར་ངེས་ཤིང་ནམ་འཆི་ཆ་མེད་ཀྱང་། །

切 瓦 诶 香 南 切恰麦 江

定死死期无定准

རྟག་འཛིན་སེམས་ཀྱིས་རང་མགོ་བསྐོར་ནས་སུ། །

达 怎 斯吉 让够谷内色

以常执心欺自己

བག་མེད་ངང་དུ་གནས་པ་བདག་ཅག་ལ། །

瓦 美 昂德 内 巴 达 加拉

处放逸中我等众

དཀོན་མཆོག་ཀུན་འདུས་བླ་མས་ཐུགས་རྗེས་གཟིགས། །

滚 秋根 地喇咪 特吉 则

请集三宝师悲视

མི་རྟག་འཆི་བ་དྲན་པར་བྱིན་གྱིས་རློབས། །

莫达 切瓦湛 巴 欣吉 漏

加持忆念死无常

དམིགས་རྐང་གཉིས་པའོ། །

第二观修法竟

དཀར་ནག་ལས་འབྲས་ནམ་ཡང་ཆུད་མི་ཟ། །

嘎 那雷 追 南样 切莫杂

黑白业果永不虚

རྒྱུ་འབྲས་བསླུ་བ་མེད་པའི་ལམ་འདི་ལས། །

杰 追 勒瓦梅波 拉德雷

无欺因果此道中

འཁོར་དང་མྱ་ངན་འདས་པའི་ཆོས་སུ་སྣང་། །
库 当 酿安 得 波 秋色囊
显现轮回涅槃法

རང་བྱས་རང་ལ་སྨིན་པར་ངེས་ན་ཡང་། །
让谢 让 拉门 巴 诶那 样
自作必定成熟自

ཚུལ་བཞིན་འཇུག་ལྡོག་མི་ནུས་བདག་ཅག་ལ། །
策 印 皆 叨 莫尼 达 加 拉
未能取舍我等众

དཀོན་མཆོག་ཀུན་འདུས་བླ་མས་ཐུགས་རྗེས་གཟིགས། །
滚 秋 根 地 喇咪 特 吉 则
请集三宝师悲视

དགེ་སྡིག་བླང་དོར་བགྱིད་པར་བྱིན་གྱིས་རློབས། །
给 德 浪 多 结 巴 新吉 漏
加持断恶而行善

དམིགས་རྐང་གསུམ་པའོ། །
第三观修法竟

བཟོད་པར་དཀའ་བའི་སྡུག་བསྔལ་མང་དང་ལྡན། །
足 巴 嘎 卫 德 埃 芒 当 单
具多难忍之痛苦

བདེ་བར་སྣང་བས་ཡིད་བསླུས་འགྱུར་བ་ཅན། །
得 瓦囊 卫 耶 利 杰 瓦剑
现乐变化欺惑心

ཟག་བཅས་ཕུང་པོ་མཐའ་དག་སྡུག་བསྔལ་རྒྱུ། །

杂 吉 彭波塔 达 德 鄂 杰

有漏诸蕴痛苦因

ཁམས་གསུམ་འཁོར་བ་མེ་ཡི་འོབས་འདྲ་ཡང་། །

卡 色 扣 瓦枚耶敖 札 样

三界轮回如火坑

དེ་ལྟར་མི་ཤེས་ཆགས་ལྡན་བདག་ཅག་ལ། །

得达莫西 恰 单 达 加 拉

不知贪此我等众

དཀོན་མཆོག་ཀུན་འདུས་བླ་མས་ཐུགས་རྗེས་གཟིགས། །

滚 秋 根 地 喇咪 特 吉 则

请集三宝师悲视

ངེས་འབྱུང་བསམ་པ་སྐྱེ་བར་བྱིན་གྱིས་རློབས། །

诶 炯 三巴吉瓦 新 吉 漏

加持生起出离心

དམིགས་རྐང་བཞི་པའོ། །

第四观修法竟

དེ་ནས་ཐུན་མིན་སྔོན་འགྲོའི་སྐྱབས་འགྲོ་ནི།

不共前行之皈依:

མདུན་དུ་དཔག་བསམ་ཤིང་ཆེན་ཡལ་ག་ལྔའི། །

登 德 华 萨 香 钦 雅嘎诶

前观五枝如意树

དབུས་སུ་བླ་མ་ཨོ་རྒྱན་རྡོ་རྗེ་འཆང་། །
喂 色喇嘛邬金多吉羌
中央莲师金刚持
བརྒྱུད་པའི་བླ་མ་ཡི་དམ་མཁའ་འགྲོས་བསྐོར། །
杰 波 喇嘛耶丹卡 竹 谷
传承师尊空行绕
མདུན་དུ་སྟོན་མཆོག་དུས་གསུམ་སངས་རྒྱས་རྣམས། །
登 德 吨 乔 地 色 桑 吉 南
前枝导师三时佛
གཡས་སུ་ཉེ་སྲས་ཐེག་ཆེན་འཕགས་པའི་ཚོགས། །
意 色逆追特 钦 怕 波 凑
右近佛子大乘圣
རྒྱབ་ཏུ་གསུང་རབ་གླེགས་བམ་རྣམ་པ་ཅན། །
佳 德颂 绕 累 玩 南巴剑
后枝佛典经函卷
གཡོན་དུ་མཆོག་བརྒྱད་ཉན་རང་དགེ་འདུན་དང་། །
云德乔加年让给登当
左枝八胜声缘僧
མཐའ་སྐོར་ཡེ་ཤེས་ཆོས་སྐྱོང་ཚོགས་རྣམས་ཏེ། །
塔 够 益西秋 炯 凑 南得
周边智慧护法众

ཕྱོགས་བཅུ་དུས་གསུམ་སྐྱབས་ཡུལ་ཐམས་ཅད་ཀུན། །

秀 杰 地 色 嘉 耶 踏 加 根

明观十方三时中

མ་ཚང་མེད་པ་ཏིལ་གོང་ལྟར་གསལ་བའི། །

玛苍枚巴德 贡 达 萨 卫

诸皈境如芝麻荚

མདུན་དུ་རང་དང་མ་སོགས་ལྟོས་བཅས་དང་། །

登 德让当 玛瘦 都 吉 当

前观我及母亲等

མཁའ་ཁྱབ་སེམས་ཅན་ཀུན་གྱིས་གུས་བཏུད་དེ། །

卡 恰 森 剑根 吉 给 德 得

普天众生敬顶礼

དུས་འདི་ནས་བཟུང་བྱང་ཆུབ་སྙིང་པོའི་བར། །

地 德 内 纵 香且 酿 布 瓦

从今直至菩提果

ཡིད་ཆེས་མཆོག་གིས་སྐྱབས་སུ་འགྲོ་བར་བསམ། །

耶 起 乔 给 嘉 色昼 瓦 三

以最诚信而皈依

ནམ་མཁའི་གནས་སུ་ནམ་མཁའ་གང་བ་ཡི། །

那 葵 内 色那 卡 刚瓦耶

遍满虚空尽边际

བླ་མ་ཡི་དམ་མཁའ་འགྲོའི་ཚོགས་རྣམས་དང་། །

喇 嘛耶丹堪 竹 措 南 当

上师本尊空行众

སངས་རྒྱས་ཆོས་དང་འཕགས་པའི་དགེ་འདུན་ལ། །

桑 吉秋当 帕 波 给登 拉

佛陀正法圣僧前

བདག་དང་འགྲོ་དྲུག་གུས་པས་སྐྱབས་སུ་མཆི། །

达 当桌折 给贝嘉 色切

我与六道敬皈依

སྐྱབས་ཡུལ་དེ་ལྟ་བུའི་མདུན་དུ་སེམས་བསྐྱེད་པ་ལ།

于如是皈依境前发心：

ཐོག་མར་ཚད་མེད་བཞི་ལ་བློ་སྦྱངས་ནས་སེམས་ཅན་ཐམས་ཅད་བདེ་བ་དང་སོགས་ཅི་རིགས་བསགས་པ།

首先修四无量心：尽力念诵“愿诸众生永具安乐及安乐因，愿诸众生永离众苦及众苦因，愿诸众生永具无苦之乐我心喜悦，愿于众生远离贪嗔之心住平等舍”。

དངོས་གཞི་སེམས་བསྐྱེད་པ་ནི།

正行发心：

ཧོཿ ཇི་ལྟར་དུས་གསུམ་རྒྱལ་བ་སྲས་བཅས་ཀྱིས། །

吙！ 结达地 色 嘉瓦这 阶吉

吙！ 如三时佛及佛子

བྱང་ཆུབ་མཆོག་ཏུ་ཐུགས་ནི་བསྐྱེད་པ་ལྟར། །

香 且乔 德特 讷吉 巴达

发起殊胜菩提心

བདག་ཀྱང་མཁའ་ཁྱབ་འགྲོ་ཀུན་བསྒྲལ་བྱའི་ཕྱིར། །

达 江卡 恰桌根扎 西些

我亦为度普天众

བླ་མེད་བྱང་ཆུབ་མཆོག་ཏུ་སེམས་བསྐྱེད་དོ། །

喇梅香 且 秋德森 吉多

发起无上菩提心

འདི་འབུམ་བསགས།

诵十万遍

རྗེས་སུ་འབྲས་བུ་སྔགས་ཀྱི་སེམས་བསྐྱེད་ཚུལ་ཁྱད་པར་གྱི་ཚུལ་དུ།

随后密宗果乘之殊胜发心法:

བདག་དང་མཐའ་ཡས་སེམས་ཅན་རྣམས། །

达 当塔 意 思剑南

我与无边众

ཡེ་ནས་སངས་རྒྱས་ཡིན་པ་ལ། །

噫内 桑 吉 印巴拉

本是正等觉

ཡིན་པར་ཤེས་པའི་བདག་ཉིད་དུ། །

印 巴西 波 达 涅德

了知如是性

བྱང་ཆུབ་མཆོག་ཏུ་སེམས་བསྐྱེད་དོ། །

香 且 确 德 思 吉 斗

发大菩提心

མཎྜལ་ལ་ཚོམ་བུ་བཀོད་ལ།

于曼荼盘中安置供堆:

ཨོཾ་ཨཱཿཧཱུྃ།

嗡啊吽

ཆོས་དབྱིངས་མཉམ་ཉིད་ཆོས་སྐུའི་ཞིང་ཁམས་སུ། །

秋 扬 年 涅 秋给 央 卡 色

法界等性法身刹

རང་སྣང་མ་འགགས་ལོངས་སྐུ་རིགས་ལྔའི་ཞིང་། །

让 囊玛 嘎 隆 格 热 诶 央

自现五部报身刹

མཁའ་ཁྱབ་སྤྲུལ་སྐུའི་ཞིང་གི་བཀོད་པ་རྣམས། །

卡 恰折 给 央各 古巴 南

遍空化身刹庄严

ཀུན་བཟང་བདེ་ཆེན་མཆོད་པའི་སྤྲིན་དུ་འབུལ། །

根 桑 得 钦 秋 波 真德 玻

普贤大乐供云献

ཨོཾ་རཏྣ་མཎྜལ་པཱུ་ཛ་མེ་གྷ་ས་མུ་དྲ་སྥ་ར་ཎ་ས་མ་ཡེ་ཨ་ཧཱུྃ།

嗡鬲那曼扎勃匝梅嘎萨莫扎，萨帕鬲那萨玛耶啊吽

ཞེས་འབུལ།

以此供养

རྡོར་སེམས་བསྒོམ་བཟླས་ནི།

念修金刚萨埵:

ཨཱ། བདག་གི་སྤྱི་གཙུག་པད་ཟླའི་གདན་སྟེང་དུ། །

啊　达 格谢则　巴得　单 当德

啊　自顶莲月之垫上

དཔལ་ལྡན་རྡོ་རྗེ་སེམས་དཔའ་ཟླ་བའི་མདོག །

华　单多吉森　花 达 卫 多

月色金刚萨埵尊

རྡོ་རྗེ་དྲིལ་འཛིན་སྙེམས་མ་ཡུམ་དང་འཁྱུད། །

多吉者 怎　您玛 耶 当　切

执持铃杵拥慢母

ལོངས་སྐུའི་ཆས་རྫོགས་རྡོ་རྗེའི་སྐྱིལ་ཀྲུང་བཞུགས། །

隆　给　切凿　多吉 杰 仲　耶

金刚跏趺报身装

ཐུགས་ཀར་ཟླ་སྟེང་ཧཱུྃ་ལ་ཡིག་བརྒྱས་བསྐོར། །

特　嘎 达当吽拉耶 吉　谷

心月上吽（ཧཱུྃ）百字绕

བདུད་རྩིའི་རྒྱུན་བབ་སྡིག་སྒྲིབ་དག་པར་གྱུར། །

德　贼 金 瓦德 折 达 巴 解

降甘露流净罪障

སྟོབས་བཞི་ཚང་བའི་སྒོ་ནས་བདུད་རྩི་འབེབས་སྒོམ་གྱི་དམིགས་པར་བཅས་ཡིག་བརྒྱ་བཟླ།

以具足四力，随着观想降下甘露净除罪障而诵百字明：

**嗡班匝萨埵萨玛雅、嘛努巴拉雅、班匝萨埵底诺巴、底叉知臬美巴哇、苏埵卡约美巴哇、苏波卡约美巴哇、阿努鬲埵美巴哇、萨哇斯德玛美扎雅匝、萨哇嘎嘛色匝美、则当协央格热吽、哈哈哈哈吙、班嘎万、萨哇达他嘎达、班匝嘛麦母杂、班匝巴哇、嘛哈萨玛雅萨埵啊**

ཐུན་མཐར།

结座：

མགོན་པོ་བདག་ནི་མི་ཤེས་རྨོངས་པ་ཡིས། །

滚　波达　讷莫西　蒙　巴噫

怙主！我以无知痴

དམ་ཚིག་ལས་ནི་འགལ་ཞིང་ཉམས། །

丹　策　雷　讷　嘎　央　年

违越失誓言

བླ་མ་མགོན་པོས་སྐྱབས་མཛོད་ཅིག །

喇嘛　滚布　嘉　凑　皆

祈愿师怙救

གཙོ་བོ་རྡོ་རྗེ་འཛིན་པ་སྟེ། །

左握多吉怎巴得

主尊金刚持

ཐུགས་རྗེ་ཆེན་པོའི་བདག་ཉིད་ཅན། །
特 吉钦布 达 涅 剑
大悲本性尊
འགྲོ་བའི་གཙོ་ལ་བདག་སྐྱབས་མཆི། །
桌 卫 左拉 达 嘉 切
皈依众生主

བདག་དང་སེམས་ཅན་ཐམས་ཅད་ཀྱི་སྐུ་གསུང་ཐུགས་རྩ་བ་དང་ཡན་ལག་གི་དམ་
达 当森 剑 唐 加杰格 颂 特匝瓦当烟 拉 各丹
我与一切有情发露忏悔所失坏之一切身语意根本、支分誓
ཚིག་ཉམས་པ་ཐམས་ཅད་མཐོལ་ལོ་བཤགས་སོ་སྡིག་སྒྲིབ་ཉེས་ལྟུང་དྲི་མའི་
策 年巴 踏 加 透 漏 夏 所德 者 昵 冬这咪
言，祈愿令所有业障、堕罪垢染
ཚོགས་ཐམས་ཅད་བྱང་ཞིང་དག་པར་མཛད་དུ་གསོལ་ཞེས་གསོལ་བ་བཏབ་པས་
措 踏 加香 样 达 巴 匝德所噫 所 瓦达杯
悉皆清净。以此祈祷而观想
རྡོ་རྗེ་སེམས་དཔའི་ཞལ་ནས་རིགས་ཀྱི་བུ་ཁྱོད་ཀྱི་དམ་ཚིག་ཉམས་ཆགས་ཐམས་
多吉森 慧 压内 热结窝雀 结达 策 年 恰踏
金刚萨埵亲言赐予：“善男子，汝所失坏之一
ཅད་དག་པ་ཡིན་ནོ་ཞེས་གནང་བ་བྱིན་ནས་རང་ལ་ཐིམ་པས་རང་དང་སེམས་
加达 巴印耨噫 囊 瓦欣 内 让拉特 贝 让当 森
切誓言皆已清净。”后融入自身，自己与
ཅན་ཐམས་ཅད་རྡོ་རྗེ་སེམས་དཔའི་སྐུར་གྱུར་པར་བསམས་ལ་ཡིག་དྲུག་བཟླ།
剑 踏 加多吉森 慧 格 杰 巴 萨 拉 耶 折达

一切有情变成金刚萨埵身，诵六字心咒

མཐར ཨོཾ་བཛྲ་ས་ཏྭ་ཧཱུྃ།

嗡班匝萨埵吽

མཐར་བསྔོ་བ་ནི།

最后回向:

དགེ་བ་འདི་ཡིས་མྱུར་དུ་བདག །

给瓦德 噫 涅 德达

愿我速以此善根

རྡོ་རྗེ་སེམས་དཔའ་འགྲུབ་གྱུར་ནས། །

多吉森 华 哲 杰 内

成就金刚萨埵尊

འགྲོ་བ་གཅིག་ཀྱང་མ་ལུས་པ། །

桌 瓦 久 江玛利巴

芸芸众生无一余

དེ་ཡི་ས་ལ་འགོད་པར་ཤོག །

得耶沙拉告 巴 校

悉皆安置彼果位

བདག་དང་སེམས་ཅན་ཐམས་ཅད་ཀྱི། །

达 当森 剑踏 加结

祈愿我与诸有情

དམ་ཚིག་ཉམས་ཆག་ཀུན་དག་ཅིང་། །

达 策 年 恰根 达 将

失坏誓言皆清净

འདི་ནས་བྱང་ཆུབ་སྙིང་པོའི་བར། །

德 内香 且 酿 布 瓦

从今乃至菩提果

དམ་ཚིག་རྣམ་པར་དག་པར་ཤོག །

丹 策 南 巴达 巴 校

三昧耶戒悉清净

ཅེས་སོགས་སྨོན་ལམ་གདབ་བོ། །

以此等发愿

བླ་མའི་རྣལ་འབྱོར་ནི།

上师瑜伽：

ཨེ་མ་ཧོ།

诶玛吙

རང་སྣང་དག་པ་རབ་འབྱམས་ཞིང་ཁམས་སུ། །

让 囊 达巴喦 降 样 卡 色

浩瀚自现净土中

རང་ལུས་རྡོ་རྗེ་རྣལ་འབྱོར་མར་གསལ་བའི། །

让 哩多吉那 救 玛 萨 卫

自观金刚瑜伽母

སྤྱི་བོར་ཆུ་སྐྱེས་འདབ་སྟོང་ཉི་ཟླའི་སྟེང་། །

谢握切吉　达 咚涅笛　当

顶千瓣莲日月上

སྐྱབས་གནས་ཀུན་འདུས་ཨོ་རྒྱན་རྡོ་རྗེ་འཆང་། །

嘉　内 根　地 邬金 多吉羌

皈处总集莲师尊

དཀར་དམར་ཞི་འཛུམ་རྡོ་རྗེ་ཐོད་བུམ་བསྣམས། །

嘎　玛 也 则多吉拖 窝　南

白红文持杵颅瓶

ལོངས་སྐུའི་ཆས་རྫོགས་མཚོ་རྒྱལ་ཡུམ་དང་འཁྲིལ། །

隆　给 期 凿　措 嘉　耶 当 撤

报身装拥措嘉母

སྐུ་ལ་རང་བྱུང་རྒྱུད་སྡེའི་དཀྱིལ་འཁོར་རྫོགས། །

格拉让雄 杰 地　皆　扣　凿

身圆自生续坛城

རྩ་བརྒྱུད་བླ་མ་མཁའ་འགྲོ་དམ་ཅན་བཅས། །

匝结 喇嘛夸　竹　丹剑 吉

上师空行及护法

ཏིལ་གྱི་གོང་བུ་ཕྱེ་བ་བཞིན་དུ་བཞུགས། །

德结 工挝雪瓦印 德 耶

安住如开芝麻荚

ཛ་ཡབ་གླིང་ནས་དེ་འདྲའི་ཡེ་ཤེས་པ། །

阿压狼 内得 贼 益 西巴

妙拂洲中智慧尊

ཆར་ལྟར་བབ་པ་བསྒོམ་པའི་རྟེན་ལ་ཐིམ། །

恰 达 瓦巴 估 波 登拉特

如雨降临融修依

ཧཱུྃ༔ ཨོ་རྒྱན་ཡུལ་གྱི་ནུབ་བྱང་མཚམས༔

吽！ 欧坚意吉努向　参

吽！邬金刹土西北隅

པད་མ་གེ་སར་སྡོང་པོ་ལ༔

巴玛改萨 东波拉

莲花蕊茎之座上

ཡ་མཚན་མཆོག་གི་དངོས་གྲུབ་བརྙེས༔

雅参　乔 革 俄 珠 尼

稀有殊胜成就者

པདྨ་འབྱུང་གནས་ཞེས་སུ་གྲགས༔

巴玛炯　内 写 思扎

世称名号莲花生

འཁོར་དུ་མཁའ་འགྲོ་མང་པོས་བསྐོར༔

扣　德夸　　桌忙　布 果

空行眷属众围绕

ཁྱེད་ཀྱི་རྗེས་སུ་བདག་བསྒྲུབ་ཀྱིས༔

切 杰吉色 达 折 吉

我随汝尊而修持

བྱིན་གྱིས་རློབས་ཕྱིར་གཤེགས་སུ་གསོལ༔

新吉 拉 些 谢 色 所

为赐加持祈降临

གུ་རུ་པདྨ་སིདྡྷི་ཧཱུྃ༔

革日班玛斯德吽

革日班玛斯德吽

ཚིག་བདུན་གསོལ་འདེབས་བདུན་ནམ་གསུམ་བརྗོད་པས་

སྤྱན་དྲངས་ལ་བསྟིམས་ནས་ཡན་ལག་བདུན་པ་བྱ་བ་ནི།

诵此七句祈祷文七遍或三遍而迎请上师融入，随后作七支供:

ཧོ། རྡུལ་སྙེད་ལུས་བཏུད་གུས་པས་ཕྱག་འཚལ་ལོ། །

吙！德逆 理 德 给贝 香 擦 漏

吙！微尘数身敬顶礼

སྣང་སྲིད་གཞིར་བཞེངས་ཀུན་བཟང་མཆོད་པས་མཆོད། །

囊 折 耶 样 根桑 巧 贝 巧

现有基现普贤供

ཚེ་རབས་ནས་བསགས་སྡིག་ལྟུང་ཅི་མཆིས་བཤགས། །

才商 内 萨 德 冬解 期 夏

忏悔诸世积堕罪

འཁོར་འདས་དགེ་ཚོགས་ཀུན་ལ་རྗེས་ཡི་རང་། །

靠　地　给措　根拉吉　耶让

随喜轮涅诸善聚

འགྲོ་ཁམས་ཇི་སྲིད་རྡོ་རྗེའི་སྐུར་བཞུགས་ནས། །

桌　卡　结折多吉　格　耶　内

金刚身住尽有界

ཟབ་རྒྱས་ཆོས་ཀྱི་འཁོར་ལོ་བསྐོར་དུ་གསོལ། །

杂吉　秋结库　漏估　德　所

请转深广妙法轮

དགེ་ཚོགས་མ་ལུས་སངས་རྒྱས་ཐོབ་ཕྱིར་བསྔོ། །

给　措　玛哩　桑　吉　脱　些　哦

善资回向为成佛

གསོལ་བ་གདབ་པ་ནི།

祈祷:

ནུབ་ཕྱོགས་ཨོ་རྒྱན་དབང་གི་ཕོ་བྲང་དུ། །

讷　校　邬金　旺　格剖涨德

西方邬金自在宫

བདེ་གཤེགས་སྐུ་གསུང་ཐུགས་ཀྱི་སྤྲུལ་པ་སྟེ། །

得　夏　格　颂　特　结折瓦得

善逝身语意化身

འཛམ་བུའི་གླིང་དུ་འགྲོ་བའི་དོན་ལ་བྱོན། །

匝　韦 朗 德桌 卫 顿拉巡

为利众生降赡洲

རིག་འཛིན་མཁའ་འགྲོ་མང་པོའི་འཁོར་གྱིས་བསྐོར། །

热 怎　卡　竹 茫布　库　吉 锅

持明空行众围绕

པདྨ་འབྱུང་གནས་ཀྱི་ལྷ་ཚོགས་ལ་གསོལ་བ་འདེབས། །

巴玛炯 内　结拉措　拉索　瓦得

祈祷莲师之尊众

ཨོ་རྒྱན་པདྨ་འབྱུང་གནས་ལ་གསོལ་བ་འདེབས། །

邬金巴玛炯　内 拉 索　瓦 得

祈祷邬金莲花生

བདག་ལ་དབང་བསྐུར་བྱིན་གྱིས་བརླབ་ཏུ་གསོལ། །

达　拉旺　格　新吉　拉 德索

祈赐灌顶加持吾

ཞེས་མོས་གུས་གདུང་ཤུགས་དྲག་པོས་གསོལ་བ་བཏབ་ཅིང་འོད་ཟེར་བདུད་རྩིའི་རྒྱུན་གྱིས་སྤྱི་བོ་ནས་དབང་བསྐུར་བྱིན་གྱིས་བརླབས་པར་བསམ། གཞན་ཡང་ཨོ་རྒྱན་དང་ཡི་དམ་གང་ཡང་རུང་བ་དབྱེར་མེད་ཀྱི་བླ་མའི་རྣལ་འབྱོར་ལ་དཔེར་མཚོན་ན་རྟ་མགྲིན་ལྟ་བུ་ལ་ངོ་བོ་ཨོ་རྒྱན་ཆེན་པོ་ལ་རྣམ་པ་རྟ་མགྲིན་དུ་གསལ་བཏབ་ལ།

以强烈信解恭敬心猛励祈祷，观想光芒甘露流由经顶上赐予灌顶加持。此外，莲师与任意本尊无别之上师瑜伽：以马头明王为例，本体为邬金莲花生大师，形象观为马头明王：

དམར་ནག་གྲུ་གསུམ་དབང་གི་གཞལ་ཡས་ནས༔

玛　那 遮 色 旺　格压　宜那

红黑三角自在宫

བདུད་ནག་ཕོ་མོ་བརྫིས་པའི་གདན་སྟེང་དུ༔

德　那扑亩贼　波 单　当德

踩踏男女恶魔上

དབང་གི་རྒྱལ་པོ་པདྨ་ཧེ་རུ་ཀ༔

旺 各加波巴玛嘿日嘎

怀王班玛黑日嘎

པདྨ་རིགས་ཀྱི་ཁྲོ་བོ་རྣམས་ཀྱིས་བསྐོར༔

巴 玛　热结初屋南吉 谷

莲花部众怒尊绕

རྟ་མགྲིན་དབང་གི་ལྷ་ཚོགས་ལ་གསོལ་བ་འདེབས༔

达针　旺 各拉措　拉所　瓦得

祈祷马头明王众

ཨོ་རྒྱན་པདྨ་འབྱུང་གནས་ལ་གསོལ་བ་འདེབས༔

邬金巴玛炯　内 拉 索　瓦得

祈祷邬金莲花生

བདག་ལ་དབང་བསྐུར་བྱིན་གྱིས་བརླབ་ཏུ་གསོལ༔

达　拉旺 格　新吉　拉　德索

祈赐灌顶加持吾

ཞེས་སྨྲུར་བའི་ཚིག་བདུན་པོས་གསོལ་བ་བཏབ།

以七句祈祷

དེ་བཞིན་གཤིན་རྗེའི་གཤེད་ལ།

以大威德为例：

མཐིང་ནག་ཨེ་ལས་དྲག་པོས་གཞལ་ཡས་ནༀ

糖　那诶　雷札　布　压　噫纳

蓝黑诶（ཨེ）成威猛宫

གཤིན་རྗེ་ཆུ་གླང་བརྫིས་པའི་གདན་སྟེང་དུༀ

新吉切　狼　贼　波　单　当德

踩踏阎罗水牛上

འཇམ་དཔལ་ཡ་མནྟཀ་གཤིན་རྗེའི་གཤེདༀ

佳　华　雅曼达嘎新　吉　些

妙吉祥尊大威德

གཤེད་པོ་ཁྲོ་བོ་དྲེགས་པའི་འཁོར་གྱིས་བསྐོརༀ

些　波初屋札　波　靠　吉　锅

怒傲阎卒眷围绕

གཤིན་རྗེ་གཤེད་པོའི་ལྷ་ཚོགས་ལ་གསོལ་བ་འདེབསༀ

新　吉　些　布　拉措　拉索　瓦得

祈祷大威德尊众

ཨོ་རྒྱན་པདྨ་འབྱུང་གནས་ལ་གསོལ་བ་འདེབསༀ

邬金巴玛炯　内　拉　索　瓦得

祈祷邬金莲花生

བདག་ལ་དབང་བསྐུར་བྱིན་གྱིས་བརླབ་ཏུ་གསོལ༔
达　拉旺　格　新吉　拉　德索
祈赐灌顶加持吾

ཐུན་མཐར་དབང་བཞི་ལེན་པ་ནི།
结座受四灌顶:

བླ་མའི་གནས་གསུམ་ཡི་གེ་འབྲུ་གསུམ་ལས། །
喇咪　内　色　耶给折　色　雷
上师三处三字中
འོད་ཟེར་དཀར་དམར་མཐིང་གསུམ་བྱུང་ནས་སུ། །
澳　贼　嘎　玛　糖　色　雄　内色
放白红蓝三光芒
རང་གི་གནས་གསུམ་ཐིམ་པས་བྱིན་གྱིས་བརླབས། །
让各　内　色　特　毕新　吉　拉
融自三处作加持
སླར་ཡང་བླ་མ་འཁོར་བཅས་འོད་དུ་ཞུ། །
拉　样喇嘛库　吉　澳德耶
复师及眷化为光
ཚངས་པའི་ལམ་ནས་སྙིང་གི་ཐིག་ལེར་ཐིམ། །
苍　毕　兰　内　酿　格特雷　特
经梵穴融心明点
བླ་མའི་ཐུགས་དང་རང་སེམས་དབྱེར་མེད་པ། །
喇咪　特　当让　森　耶　麦巴
师意自心成无别

སེམས་ཉིད་གཉུག་མ་ཆོས་སྐུའི་ངང་བཞག་པས། །

森　涅　聂玛秋　给昂　压　贝

安住心性本法身

སྒྲིབ་པ་བཞི་དག་དབང་བཞིའི་ཡེ་ཤེས་ཐོབ། །

哲巴耶 达　旺　伊 益西 脱

净四障获四灌智

ལམ་བཞི་འབྱོངས་ཤིང་སྐུ་བཞི་མངོན་གྱུར་པའི། །

兰耶　炯　香　格　耶　问杰波

纯熟四道现四身

བྱིན་རླབས་དབང་བསྐུར་མ་ལུས་ཐོབ་པར་གྱུར། །

巡 拉　旺　格 玛 哩脱 巴 杰

尽得灌顶及加持

ཅེས་བསམས་ལ་གུ་རུ་སིདྡྷི་ཅི་ནུས་གདབ།

如是观想尽力念诵莲师心咒:

ཨོཾ་ཨཱཿཧཱུྃ་བཛྲ་གུ་རུ་པདྨ་སིདྡྷི་ཧཱུྃ།

**嗡啊吽班则革日班玛斯德吽**

མཐར་སྨོན་ལམ་གདབ།

最后发愿:

སྐྱེ་བ་ཀུན་ཏུ་ཡང་དག་བླ་མ་དང་། །
结瓦根德样达喇嘛当
生生世世不离师
འབྲལ་མེད་ཆོས་ཀྱི་དཔལ་ལ་ལོངས་སྤྱོད་ནས། །
札　梅 秋 结华　拉隆　修内
恒时享用胜法乐
ས་དང་ལམ་གྱི་ཡོན་ཏན་རབ་རྫོགས་ནས། །
沙当兰 结云单　鬲造　　内
圆满地道功德已
རྡོ་རྗེ་འཆང་གི་གོ་འཕང་མྱུར་ཐོབ་ཤོག །
多吉蔷 格顾旁　涅 脱 效
唯愿速得金刚持

སོགས་སྨོན་ལམ་གདབ་པར་བྱའོ། །
以此等发愿
སྔོན་ འགྲོའི་ ངག་ འདོན་ འདི་ ནི་ མི་ ཕམ་ འཇམ་ དཔལ་ དགྱེས་ པས་ བསྡེབས་ པ་ དགེ"""''
ལེགས་འཕེལ།
此前行念诵仪轨，麦彭蒋华吉巴撰写，增上善妙！

# 大圆满前行科判

# 大圆满前行科判

# 大圆满前行科判

# 大圆满前行科判

# 大圆满前行科判

# 大圆满前行科判

## 大圆满前行科判

# 大圆满前行科判

# 大圆满龙钦宁提

## 前行引导文

华智仁波切 著

索达吉堪布 译

敬礼一切三根本！（译礼）

顶礼一切具无缘大悲之至尊上师！

如来密意持明表示传，补特伽罗人中成善缘，

循胜士迹究竟二利者，三大传承上师前敬礼。

法性界中证法身密意，光明界中见报身刹土，

所化者前现化身利众，遍知法王尊者前敬礼。

明智照见一切所知性，大悲光明现于所化界，

开显深道顶乘教法者，持明无畏洲师前敬礼。
观音自在显现上师相，说法结缘令入解脱道，
随机调化事业无边者，大恩根本上师前敬礼。
圆满教法遍知传承论，窍诀精要即生成佛法，
正道前行内外共不共，教言分支捷径往生法。
显而易懂义深极稀有，无等上师无谬之口传，
依照自心定解此宣说，愿师本尊加持我相续。

此大圆满龙钦宁提内外前行，是依照无等殊胜上师的口传而记录下来的。

全文分二：甲一、闻法方式；甲二、所讲之法。

甲一（闻法方式）分二：一、发心；二、行为。

乙一（发心）分二：一、广大意乐菩提心之发心；二、广大方便秘密真言之发心。

丙一、广大意乐菩提心之发心：

我们应该这样想：其实，身处轮回中的一切众生，无始时以来无一未曾做过我的父母，做父母时他们都是无微不至地呵护我、恩宠我，最好的食物先给我吃，最好的衣服先给我穿，十分慈爱地抚育我成长。所有这些恩重如山的众生，虽然欲求安乐，却不知奉行安乐之因——十种善法；虽然不想受苦，却不知舍弃痛苦之因——十不善法，所想与所做背道而驰，糊里糊涂地步入了歧途，就像盲人遗留在荒野中一样，这些众生实在可怜！

再进一步观想：我如今听闻并修持甚深正法，目的就是为了使曾经做过自己的父母、现在为六道痛苦所折磨的一切有情，远离各自业感的一切痛苦和习气，获得遍知佛陀果位。

这样的发心，无论在闻法还是修法的过程中都相当关键。不管所修持的善根是大是小，如果以方便摄持，就称为加行发心殊胜；善根不被他缘毁坏，称为正行无缘殊胜；为令善根蒸蒸日上，在结尾以回向来印持，这就叫做结行回向殊胜。所有善行以此三殊胜摄持是必不可少的。

闻法也不例外，最初要将闻法方式放在首位，尤其是发心更居于主导地位。正如《功德藏》中所说：“只随善恶意差别，不随善恶像大小。”

如果我们带着图地位、求名声等今生世间利益的动机，那么无论听闻多少佛法也不可能变成正法。所以，最初向内反观，调整自己的发心至关重要。如果知道如此调整发心，就说明善法已被方便摄持，这样一来，就会成为大士正道无量福德的津梁。相反，如果不懂得调整发心，那么尽管装模作样地闻法、煞有介事地修法，也只能成为形象上的修行。

因此，无论是闻法修行也好，观修本尊也好，持诵密咒也好，顶礼膜拜也好，进行转绕也好，甚至口念一遍观音心咒都应当以菩提心摄持，这一点十分重要。

丙二、广大方便秘密真言之发心：

诚如《三相灯论》中所说：“一义亦不昧，不难方便多，是为利根故，极胜秘密乘。”此密宗金刚乘，不仅入门的途径多之又多，而且积累资粮的方便也不乏其数，加之具有不需要历尽千辛万苦就能现前圣果的甚深方便，这些归根到底就是依赖于转变意乐。如颂云：“诸法即缘故，住于意乐上。”

所以，我们在闻法时，不能将传法之处和上师等看成是这般平庸不净的显现，应当明观五种圆满而洗耳恭听。具体明观的方法：处圆满为密严法界宫，本师圆满即法身普贤王如来，眷属圆满也就是如来密意传、持明表示传的勇士勇母及男女本尊之自性；或者，将说法之处观成铜色吉祥山莲花光宫殿，传法上师明观为邬金莲花生大士，我们闻法的眷属观想成八大持明[1]、君臣二十五尊[2]及勇士空行的自性；或者这样明观：住处圆满为东方现喜刹土，本师圆满为报身金刚萨埵，眷属圆满观想成金刚部的尊众——勇士勇母的自性；也可以将处圆满观为西方极乐世界，本师圆满明观成无量光如来，眷属圆满观想成莲花部的尊众——勇士勇母、男女本尊的自性。无论是以上哪种明观方式，法圆满都是大乘法，时圆满就是本来常有相续轮[3]。

我们务必明确的是，之所以这样观想，是因为这些原本就是这般清净的，而并不是本不清净而观成清净。（为什么这样说呢？以上师为例，）上师本是三世诸佛之本体，身为僧的本体、语为妙法的本性、意即佛的本体，可见上师是三宝的总集；再者，身为上师、语为本尊、意为空行，上师是三根本的总集；也可以说，身为化身、语为报身、意为法身，总集三身；上师是过去诸佛之化身、未来诸佛之源泉、现在诸佛之补处。上师摄受了我们这些甚至贤劫千佛也未曾调化的浊世众生，从慈悲与恩德的方面来讲，上师已胜过了诸佛。如颂云："上师即佛亦即法，如是上师即僧众，一切能作乃上师，师为具德金刚持。"再者，我们所有闻法眷属也无不具有本基如来藏，并且获得了珍宝人身，又幸运地遇到了善知识，而且承蒙他们以方便教言摄受，可以说作为眷属的我们都是未来佛。如《二观察续》云："众生本为佛，然为客尘遮，垢净现真佛。"

乙二（行为）分二：一、所断之行为；二、应取之行为。

---

[1]八大持明：布玛拉美扎、吽嘎绕、文殊友、龙树、扎巴哈德、达纳桑智达、恙威格黑、新觉嘎吧。

[2]君臣二十五尊：吐蕃王赤松德赞时，莲花生大士应请入藏，为王及其臣僚讲授密法，从而得道证果的二十五人：赤松德赞、囊喀宁波、桑杰也协、杰瓦却阳、喀钦萨、拜吉也协、拜吉僧格、贝若扎那、涅·杂纳古麻惹、宇札宁波、多吉堆均、也协阳、索波·拉拜、祥·也协德、拜吉旺丘、丹玛则芒、噶瓦拜则、休布·拜吉僧格、杰瓦洛追、且琼洛、卧真·拜吉旺丘、马·仁钦却、拉隆·拜吉多吉、朗卓·衮却穷乃和拉松·吉瓦绛曲。

[3]常有相续轮：是密法中的不共法语，指永恒不变之意。

丙一（所断之行为）分三：一、法器之三过；二、六垢；三、五不持。

丁一（法器之三过）分三：一、耳不注如覆器之过；二、意不持如漏器之过；三、杂烦恼如毒器之过。

戊一、耳不注如覆器之过：

在闻法的时候，自己的耳识万万不可四处分散，而应当专心致志倾听说法的声音。否则，就如同在覆口的容器上倾注汁液一般，尽管身居听法的行列中，但恐怕连一句正法也不会听清。

戊二、意不持如漏器之过：

如果对于所听闻的法仅仅限于一知半解或者单单听听以敷衍了事而没有铭记于心，那就会像漏底的容器中注入多少汁液也无法留存一样，不管听了多少法也不会懂得融入相续而身体力行。

戊三、杂烦恼如毒器之过：

在闻法时，如果自己心存贪图名誉、谋求地位等有过患的动机，或者掺杂着贪嗔痴等五毒妄念而听闻，那么所谓的法非但对自心无利反而会变成非法，如同向有毒的容器中注入上好的汁液一样。

诚如印度单巴仁波切也曾经这样说：“闻法时要像野兽闻声一样；思维时要像北方人剪羊毛一样；观修时应如愚人品味一般；行持时应如饥牛食草一般；得果时应如云散日出一般。”意思是说，闻法时要像野兽闻声一样，野兽闻声是怎样的情景呢？野兽酷爱琵琶的声音，就算猎人从旁边射毒箭也不发觉，仍旧怡然专注地听着。同样，在闻法的过程中我们也要力求做到情不自禁身毛竖立、泪流满面、双手合十而全神贯注地谛听。否则，尽管身体坐在听法行列中，但心里却杂念纷飞，口中也打开了绮语的伏藏门，一边胡言乱语一边东张西望，心不在焉，这些通通是不应理的。

在闻法期间，甚至包括诵经、念咒等一切善行也要放下来而集中精力恭听。听闻之后应当将所讲的法义牢记在心，并且经常实地修行。正如释迦牟尼佛也曾经亲口说：“吾为汝说解脱之方便，当知解脱依赖于自己。”上师为弟子讲经说法，就是教导弟子如何闻法修法、如何弃恶从善、如何身体力行。作为弟子，务必要念念不忘、时时铭记上师传授的所有教言，进而付诸于实践，也就是实地修行。相反，如果将上师所传的法义抛之脑后而没有记在心间，虽然也可能有一点儿闻法的功德，但是对佛法的词义一点一滴也不能领会，由此看来，几乎与未曾闻法没有差别。

就算是将所闻之法记在心中，但如果与烦恼混在一起，也不能真实步入正法。就像无等塔波仁波切[4]所说：“若不如法而行持，正法反成恶趣因。”因此，对上师正法颠倒妄执，对于同行道友冷嘲热讽、不屑一顾、心怀我慢，诸如此类的恶分别念，都是恶趣之因，所以务必一概断掉。

丁二（六垢）分六：一、傲慢；二、无正信；三、不求法；四、外散；五、内收；六、疲厌。

依照《释明论》中所说：“傲慢无正信，于法不希求，外散及内收，疲厌皆闻垢。”闻法时必须断除的六种垢染，一、傲慢：傲气十足，认为自己已经远远胜过了说法上师；二、无正信：对上师、正法不起信心；三、不求法：不慕求正法；四、外散：心思旁骛，散于外境；五、内收：五根门向内收敛；六、疲厌：因讲法时间过长等而心生厌烦。

---

[4]塔波仁波切（1079—1153）：全名塔波拉杰·琐南仁钦，译言福宝，宋代西藏著名佛学家。继承玛尔巴、米拉日巴一派噶举传统，阐发弘扬成为塔波噶举体系的一代大师。幼年学医，稍长以医理医道驰名，有“塔波神医”之称。公元1104年出家受戒，从多师学法，约于1110年赴后藏甄地（聂拉木附近）投米拉日巴学法十三个月，奉师命回前藏专修。1121年于塔拉干波地方建干波寺，收徒布道。传授教法时著有《解脱庄严论》，融合嘎单派法于米拉日巴密法，以“大手印”为主，视徒众机宜分别传授“方便道”或“大手印”，开一代噶举教法新风，故称塔波噶举。

戊一、傲慢：

在所有烦恼当中，傲慢和嫉妒这二者可谓最难认识。所以，我们应当详细审视自相续。如果因为自己在世间或出世间某些方面有少许功德，便认为“我已如何如何了不起”而产生执著，这样一来，势必见不到自相续的过失，也发觉不到他人的功德，因此理当断除傲慢，恒时谦虚谨慎。

戊二、无正信：

如果不具备信心，就已阻塞了迈进正法的大门，为此，要具备四种信心[5]中的不退信心。

戊三、不求法：

希求正法可谓是一切功德的基础，求法有上中下三品，所以修行人也有上中下之分。如果对正法从来也没有向往希求之心，当然也就根本谈不上成就正法了。如世间俗语所说：“法本无主人，谁勤谁得大。”我等大师释迦牟尼佛也曾仅仅为四句正法，而经历了挖出身肉做成千盏灯后插入千根灯芯、纵身跳入火坑、身上钉入数千铁钉等百般苦难，真可谓“越过刀山与火海，舍身赴死求正法”。同样，作为追随者的我们，也应当以强烈希求之心，不顾一切艰难困苦、严寒酷暑而听闻正法。

戊四、外散：

心识散乱于六种外境是轮回一切迷现之根本、一切痛苦之来源。比如，由于眼识贪执色法，致使飞蛾扑火，结果自取灭亡；由于耳识贪执声音，使得野兽毙命在猎枪之下；由于鼻识贪执芳香，蜜蜂缠死在花丛当中；由于舌识贪执美味，鱼儿钓在铁钩之上；由于身识贪执所触，大象陷在淤泥之内。

此外，无论听法、传法还是修行时，都需要断除追忆往事、妄想未来及现在的分别念散于外境等现象。无著菩萨[6]说：“昔日感受苦

[5]四种信心：清净信、欲乐信、胜解信、不退转信。

[6]无著菩萨（1295—1369）：全名额曲土美桑波，意为无著贤，是观世音菩萨的化身，《佛子行》的作者。

乐如波纹，已尽无迹切莫追忆之，若念当思盛衰与离合，法外何有可依嘛尼瓦？未来生计如旱地撒网，舍弃无法实现之希冀，若念当思死期无定准，何有行非法空嘛尼瓦？暂时琐事如梦中生计，精勤无义是故当舍弃，如法食亦以无贪印持，所作所为无义嘛尼瓦！后得调伏三毒分别念，一切念境未现法身前，非思不可之时当忆念，莫纵妄念散乱嘛尼瓦！”另外也曾如此教诲道：“莫妄想未来，若妄想未来，则如月称父。”

（关于月称父，有这样的一个公案：）从前，一个穷人得到了许多青稞，他将这些青稞装入口袋里，挂在上方，自己躺在口袋的下方，不禁暗自思忖：我现在用这些青稞作为本钱，想必将会拥有大量财物，到那时娶上一位妻子，她必定会生一个儿子。那么，我该给儿子取什么名字好呢？这时，刚好看到月亮从东方升起。于是他想：干脆我就为儿子取名“月称”吧。正在这时，悬挂口袋的绳子被老鼠咬断了，袋子恰巧落在他的身上，他就这样一命呜呼了。

可见，过去未来纷繁复杂的妄念根本没有值得信赖的时候，只是自相续散乱之因而已，我们要全力以赴予以消除，具足正知、正念、不放逸而听闻正法。

戊五、内收：

如果我们在闻法时仅仅受持佛法的个别词义，就会像马熊挖雪猪子一样得此失彼，不可能有了知一切的时候。如果心思过于内收，也会出现昏昏沉沉、恹恹欲睡等弊端，所以一定要松紧适度。

从前，阿难尊者教诫昼辛吉修法时，昼辛吉有时紧张过度，有时异常松懈，而未能生起任何修法境界。于是他便前去请教世尊。

世尊问：“昼辛吉，你在家时擅长弹琵琶吗？”

他回答：“极为擅长。”

世尊又接着问：“那你弹奏时所出的妙音，是在琴弦极度绷紧时发出，还是在琴弦十分松弛时发出呢？”

昼辛吉呈白道：“这两种情况都不是，只有琴弦松紧适度时才能发出妙音。”

世尊教诲说：“那么，你修心也与之相同。”

昼辛吉依教奉行，最后证果。

玛吉拉准空行母也说：“不紧亦不松，彼具正见要。”

因此，心既不能过紧而内收（也不能过松而外散），要做到不松不紧、恰到好处，诸根悠然而住。

戊六、疲厌：

诸如，当遇到因讲法时间过长而感到饥饿难耐或者遭受风吹雨打、烈日曝晒等情况时，切切不可心生厌烦，进而不愿意继续听法，断然放弃。心里要这么想：如今我已经获得暇满人身，并荣幸地遇到了具有法相的上师，而且拥有听闻甚深教言的良机，实在是喜出望外，这是无数劫中积累资粮的果报。如今能听到甚深妙法，真好似百时享用一次饮食，可谓千载难逢，这多么令人高兴啊！所以，为了这样的妙法，理所应当安忍一切艰难困苦、严寒酷暑，欢欢喜喜来听法。

丁三（五不持）分五：一、持文不持义；二、持义不持文；三、未领会而持；四、上下错谬而持；五、颠倒而持。

戊一、持文不持义：

如果一味注重受持优美动听的词句，而不详细分析甚深的意义，那么就如同孩童采集鲜花一样，也就是说，推敲词句并不能使内心获得收益。

戊二、持义不持文：

如果认为一切文字结构只是泛泛空谈，没有任何实义，进而轻视词句偏重甚深的意义，这样一来，词句与意义就会互相脱离，因为不依赖于词句根本无法理解意义。

戊三、未领会而持：

倘若没有领会了义与不了义、秘密与意趣的各种说法而受持，就会导致误解词句和意义而违背正法的结局。

戊四、上下错谬而持：

如果上下错谬而受持，显然已违反了佛法的规律，如此一来，无论闻法、讲法或修法都会面临矛盾重重的处境。

戊五、颠倒而持：

假设颠倒而受持意义，则自相续会因邪分别念的滋生蔓延而毁坏，甚至会由此而成为佛法的败类。

所以，我们务必要断除上述过患，通过词句与意义上下毫不错谬的正确途径来受持。当遇到意义难解、内容繁多时，绝不能认为无法掌握而就此放弃，要以顽强的毅力坚持不懈地受持。遇到意义简单、词句鲜少之处时，也不能认为法义浅显而轻蔑藐视，必须牢记不忘。

总而言之，要按照上下文正确无误的相应关系，有条有理、一五一十地掌握一切词义。

丙二（应取之行为）分三：一、依止四想；二、具足六度；三、依止其他威仪。

丁一、依止四想：

如《华严经》中说："善男子，汝应于自己作病人想，于法作妙药想，于善知识作明医想，于精进修持作医病想。"我们自己从无始以来沉沦在此轮回大苦海中，就相当于是遭受因三毒、果三苦所折磨的病人。例如，病情非常严重的患者要想脱离病苦得到安乐，必须依止一位明医，并且遵照医嘱按时按量服用所开的药物。同样的，我们必须要依止一位如明医般具足法相的上师，百分之百地依师言教奉行，服用正法妙药，只有这样才能消除业惑苦难的疾病。

相反，尽管依止了上师，但如果没有依教奉行，就如同病人不遵医嘱，医生无济于事一样（上师也无法利益弟子）。如果自己没有实地修行良药般的妙法，那就像一位病人的枕边虽有不可计数的妙药和药方，但自己不曾服药也于病无补一样。

当今时代有许多人认为：只要祈求上师以大悲观照我就大有希望。好像自己即使累积了许许多多恶业也不需要感受果报，而仅以上师的悲心力，就能像抛石头一样将自己投到清净刹土。

但实际上，所谓上师的悲心，也就是以慈悲心摄受弟子，宣讲甚深教言及取舍的教理，依照如来言教开示解脱胜道，除此之外再没有任何更殊胜的大悲心了。当然依靠上师的大悲心，到底能否趋入解脱道关键还是靠自己。尤其我们如今已获得暇满人身，并且知晓取舍的要点，自己自由自在的此时此刻是计划永远行善或永远作恶的警戒线。所以，不折不扣地遵照上师的言教踏踏实实地修行而彻底分清轮回和涅槃的界限，这一点非常重要。

与此相反，当前有许多经忏师到亡人的枕边念诵“上去下去之关键，如马随辔头所转”。事实上，到了那时，除非是前世修道的大德以外，大多数亡灵都是背后为业力的狂风所驱逐，前面有阴森可怕的黑暗相迎接，就这样夹入中阴的狭长险道中，不可思议的阎罗狱卒口中喊着“杀杀、打打”穷追不舍。当时，无处可逃，无处可藏，无依无靠，处在这般无可奈何、无所适从的时刻，又怎么会是上去下去的关键呢？如邬金莲花生大士也说：“灵牌之上灌顶时已迟，灵魂漂泊中阴如愚狗，忆念善趣彼者有困难。”就像马的方向随着辔头所转一样，上去下去的关键时刻就是现在活着的这个时候。依靠即生的人身行持向上之善业的力量与其余五道相比遥遥领先，也就是说，此生此世完全可以永远舍弃天灵盖[7]；同样，这个人

[7]永远舍弃天灵盖：今世舍弃一次头盖（指人身）后，永远不再转生轮回之意。

身积累向下之恶业的能力也远远超过余道众生，换句话说，今生今世也可能成为决定无法脱离恶趣深渊的罪魁祸首。

如今我们已经幸运地遇到了如明医般殊胜的上师，获得了如起死回生之甘露妙药般的正法，此时应当依靠上述的四种真实想，修持自己所听闻的正法，趋入解脱道。应当断除四种真实想的违品——四种颠倒想。如《功德藏》中说："人性恶劣诳如绳，依止上师如捕獐，已得正法麝香物，实喜狩猎舍誓言。"这其中已经说明了所谓的四种颠倒想，也就是将上师看成是獐子；将正法看作是麝香；将自己当作猎人；将精进修行作为箭、陷阱等捕杀獐子的方便。求法不实地修持、不感念上师恩德的这些人，依靠正法积累恶业并终将成为恶趣的基石。

丁二、具足六度：

实际上，在闻法过程中也具足六波罗蜜多，正如一切法行之窍诀——《现证续》中所说："奉献花座等，随处戒威仪，不害诸含生，于师生正信，无散闻师教，解疑问难题，闻者具六支。"

（那么，闻法期间如何具备六度呢？）在闻法之前，摆设法座，铺陈坐垫，供养曼茶罗以及鲜花等，即是布施度；随处做些洒水清扫等善事，遮止自己不恭敬的威仪，即是持戒度；不损害包括蝼蚁在内的含生及忍受一切艰难困苦、严寒酷暑，即是安忍度；断除对上师及正法的邪见，满怀虔诚信心、满怀喜悦之情而闻法，即是精进度；心不散于他处而专心谛听上师的教言，即是静虑度；提出疑问、遣除怀疑、断除一切增益，即是智慧度。所有闻法者都应当具足六波罗蜜多。

丁三、依止其他威仪：

如《毗奈耶经》中说："不敬勿说法，无病而覆头，持伞杖兵器，缠头者勿说。"又如《本生传》中说："坐于极下地，当具温顺仪，以喜眼视师，如饮语甘露，当专心闻法……"依照此中所说，务必断除一切不恭不敬的威仪。

甲二（所讲之法）分三：一、共同外前行；二、不共内加行；三、往生法。

## 共同外前行

乙一（共同外前行）分六：一、暇满难得；二、寿命无常；三、轮回过患；四、因果不虚；五、解脱利益；六、依止上师。

### 一、暇满难得

丙一（暇满难得）分四：一、思维本性闲暇；二、思维特法圆满；三、思维难得之喻；四、思维数目差别。

丁一、思维本性闲暇：

总的来说，没有生于八无暇处而有空闲修持正法，就叫做闲暇。所谓的无暇是指八无暇处，如云："地狱饿鬼及旁生，边鄙地及长寿天，邪见不遇佛出世，喑哑此等八无暇。"

一、地狱：如果转生在地狱中，那么日日夜夜连续不断地感受寒热的剧苦，根本没有修法的机会。

二、饿鬼：如果投生为饿鬼，那么终日感受饥渴的厄难，也不会有机会修法。

三、旁生：如果转为旁生，那么遭受被人役使及相互残害的痛苦，也没有修法时机。

四、长寿天：如若转生到长寿天，那么一直处在无想的状态中虚度光阴，也同样不具备修法的时机。

五、边地：假设转生在边鄙地方，那里无有佛法，因而也不会有修法的机会。

六、持邪见者：如果投生为外道或成为随同他们的持邪见者，就会因为自相续被邪见染污而没有修法的良机。

七、佛不出世：如果出生在暗劫，那么连三宝的名号也听不到，不晓善恶，也就不会有修法的机会。

八、喑哑：如果投生为喑哑之人，则心相续无法调柔，由此导致无有机会修法。

八无暇处当中的三恶趣众生，由于往昔各自积累的恶业所感，夜以继日、连续不断地饱尝着寒热饥渴等苦果，而绝不会有修法的机会。

所谓的边地：据说有罗卡查族等共三十二种边地。边陲异教[8]的教徒们声称损害为正法，视杀生为善业。所有这些边鄙地的野蛮人，虽然外表看起来是人相，但内心顽固不化，根本不能转向正法方面。又有随行娶母为妻等自己祖辈所传下的恶习陋规，与如法行为背道而驰，反而对于杀生、狩猎等不善业的伎俩却极为擅长，所作所为全部是在造恶业。因此，他们中的多数人死后立即堕于恶趣。由此可见，边地纯属无暇之处。

所谓的长寿天，也就是无想天。那里的众生认为没有任何善念恶念的禅定是解脱，进而修行者转生在无想天。此处的天人于禅定中安住数个大劫，一旦引业穷尽时，将以邪见之因而下堕恶趣，因此他们不具备修法的机会。

持邪见者：一般而言，所谓的持邪见者是指置身于佛法之外持有常断邪见的外道。这些人自相续被邪见染污，对真实正法不起信解，因此也无有机会修行正法。但值得庆幸的是，在此藏地，因为昔日邬金第二佛（莲

[8]边陲异教：也称野人教。相传为一名“蜜慧”的人，于公元624年在麻喀地方创立的一种宗教。

花生大士）曾经嘱咐护地母十二尊[9]守护西藏，致使真正的外道无机可乘。可是，作为与之雷同、对正法和上师起邪见之类的人，也没有如理如实修持正法的时机。例如：善星比丘虽然承侍世尊已有二十五年之久，但是他对佛陀无有丝毫信心，唯生邪见，以致于最后在花园中堕为饿鬼。

佛不出世：也就是指转生在无佛出世的暗劫之中。一旦投生在佛未现身的空世中，就连三宝的名号也听不到，远离正法的光明，所以也属于无暇之处。

喑哑：假如转生为喑哑之人，自相续刚强难化，闻法、讲法、修法对他们来说实在是力所不及。所谓的喑哑，通常是指不具备知言解义这一人之法相的哑巴，他们也身处无暇之处。但由于意根喑哑之人愚不可及而无法领悟正法的含义，所以他们也属于无暇之处。

丁二（思维特法圆满）分二：一、五种自圆满；二、五种他圆满。

戊一（五种自圆满）分五：一、所依圆满；二、环境圆满；三、根德圆满；四、意乐圆满；五、信心圆满。

正如龙树菩萨所说："为人根足生中土，业际无倒信佛法。"假设没有获得人身，就不能值遇佛法，如今已经得到了暇满人身，故而所依圆满。如果生于无有正法的边鄙地方，也就不能逢遇正法，如今已生在佛教兴盛的中土，故而环境圆满。倘若诸根残缺不全，便会成为修法的障碍，如今无有此类过患，这就是根德圆满。如果业际颠倒，就会为非作歹、无恶不作而背离正法，而如今已对善法生起信解，因此意乐也圆满。如若于信心的对境——佛法不起诚信，内心也不能转向正法，而如今自心已能够转入正法，所以信心圆满。这五种圆满是观待自己方面应该具足的，因此

[9]护地母十二尊，又名永宁地母十二尊，立誓永远保佑藏土的十二尊主要地祇女神：遐迩名扬地母、页岩孚佑地母、普贤地母、魔后地母等为四魔女神；独具支眼地母、贤德明妃地母、刚烈尊胜地母、白衣龙后地母等为四药叉女神；藏土孚佑地母、太一济世地母、丽质冰心地母、翠聪绿炬地母等为四女医神。

称为五种自圆满。

己一、所依圆满:

要想如理如实修行真实妙法，转生为人是必备的先决条件。如果没有得到人身，那么三恶趣中最好的要算是旁生，可是现在居于人间的那些旁生，无论被认为形色美妙、价值昂贵等等有再多的优点，但你当下对它说“你现在只要念诵一遍‘嗡嘛呢巴美吽’便可成佛”。遗憾的是，它既听不懂心咒的词句，也全然不知意义，又不能说出一字一句，甚至现在马上就要被冻死，也只能低头忍受，坐以待毙，而不会想任何其他办法。如果是一个人，无论多么脆弱，最起码他也知道去岩洞或树下捡柴生火、烤火取暖。但是作为旁生却连这种能力也没有，更何况说修法的念头呢。

天人等虽然身体美妙绝伦，却不能成为别解脱戒的合格法器，所以他们的自相续不具备获得圆满佛法的机缘。

己二、环境圆满:

所谓的中土可分为地界中土与佛法中土。

地界中土：通常而言，南赡部洲中央印度金刚座是贤劫千佛成佛的圣地，远离四大的损害，甚至空劫也不会毁坏，宛如空中悬桶一般存留，它的中央有菩提树严饰。以金刚座为主（印度）圣地的所有城市，被称为地界中土。

所谓的佛法中土，是指佛教正法所在地。无有佛法的地方称为边地。自昔日佛陀出世以来，直到佛法住世期间，印度既是地界中土也是佛法中土。但是，据说当今印度金刚座已被外道所占，佛教似乎也销声匿迹，几乎变成了边地。（作者在世期间，确实被回教所占，如今又恢复成为佛法中土。）

藏地雪域这片领土，在往昔佛陀出世时期，人类众生寥寥无几，并且佛教也未得以弘扬开来，被普遍称为边鄙藏地。后来人类众生逐渐繁衍，许多圣者化身的国王纷纷应世。

在拉托托日年赞时期，《百拜忏悔经》和神塔小像印模[10]从天而降，落到王宫上，这标志着正法的开端。根据当时的授记，经过五个朝代以后会有人对经中含义心领神会。

大悲圣尊观音菩萨化现为国王形象的法王松赞干布在世期间，派遣译师囤弥桑布扎[11]前往印度学习声明、文字等，从而使西藏没有文字的历史就此告终，创立了前所未有的文字。当时的译师们将二十一种观自在经续及玄秘神物[12]等翻译成藏语。

后来，依靠法王大显神变以及大臣嘎尔东赞随机应变的护国策略，而迎娶了唐朝文成公主及尼泊尔的赤尊公主作为王妃，与此同时将堪为我等本师代表的两尊释迦牟尼佛佛像等许多三宝所依迎请到西藏，而且修建了以拉萨大昭寺、镇肢寺[13]和镇节寺[14]为主的数量可观的寺庙，自此正式开创了正法的轨道。

到了第五朝代天子赤松德赞时期，国王派人迎请三地无与伦比的密咒大持明者邬金莲花生大士等一百零八位班智达入藏，建造了桑耶不变自成大殿等身所依的寺庙；又教授大译师贝若扎那等一百零八位译师翻译风格，这些大译师翻译了印度圣地十分兴盛的经续论典为主的语所依；让预

[10]印模：刻有小佛塔或小佛像的模板。

[11]囤弥桑布扎：文殊菩萨的化身，赴印度学习梵文，首创藏文者。

[12]玄秘神物：在第二十八代吐蕃王拉托托日年赞时，有物从天降，内有《宝箧经》《六字真言》《诸佛菩萨名称经》和一座金塔，人无识者，因名之为玄秘神物。后世以此为佛教传入西藏之始。

[13]镇肢寺：镇肢寺庙。古堪舆家说西藏地形为罗刹女仰卧状，松赞干布时建以镇压女魔肩部和臀部的四座寺庙。即运如昌珠寺、也如藏章寺、布如噶采寺和如拉准巴江寺。

[14]镇节寺：镇节寺庙。古堪舆家说西藏地形为罗刹女仰卧状。松赞干布时倡建以镇压女魔肘部和膝盖的四座寺庙。即工布布楚寺、洛札孔迁寺、绛真格杰寺和绛札冻则寺。

试七人[15]等出家而始建意所依的僧团……自此佛教宛若太阳升起般繁荣昌盛。迄今为止，尽管期间几经沉浮，但实际上如来的教法与证法可以说经久未衰，方兴未艾。所以，藏地称得上是名副其实的佛法中土。

己三、根德圆满：

五根中任何一根不具足，也不能成为出家持戒的法器，并且因为无有亲见恭敬对境所依如来的身像等或者阅读、听闻、思维经典如意宝的缘分而不能胜任真正的法器。

己四、意乐圆满：

所谓的业际颠倒，主要是指生于猎人、妓女等种姓中从小就步入业际颠倒之道。但事实上，凡是三门违背正法的所作所为，都属于业际颠倒。虽说我们起初没有生在此类种姓当中，但将来也很容易变为业际颠倒之人，因此必须尽心尽力使自相续不违背正法。

己五、信心圆满：

如果对本该诚信的对境——佛法不起信心，那么无论对其他世间大力天龙等或外道教派是何等的虔诚信奉，他们也不能救度你脱离轮回和恶趣的痛苦。只有通过体会到如来教法和证法有理有据的特征而获得解信[16]之人，才是真正无谬的法器。所以说，信心是五种自圆满的根本。

戊二（五种他圆满）分五：一、如来出世；二、佛已说法；三、佛法住世；四、自入圣教；五、师已摄受。

如云："如来出世与说法，佛法住世入圣教，为利他故心悲愍。"如果未曾生在佛陀出世的光明劫，那么连正法的名称也全然无有，而今值遇佛陀出世的贤劫，所以为导师殊胜圆满；尽管佛陀已现身于世，但如果没

[15]预试七人：赤松德赞时，为观察藏人能否守持出家戒律，命试从静命论师依说一切有部出家的七人：巴·色朗、巴·赤协、贝若扎那、杰瓦却阳、款·鲁益旺波、马·仁钦却和藏勒竹。藏传佛教史籍中对预试七人名字不同的说法颇多。

[16]解信：由明白其有颠扑不破的理由而生起的信心。

有宣讲正法，我们众生也得不到受益，而如今佛陀已经循序渐进转了三次法轮，因此佛教正法圆满；虽然佛已讲经说法，但佛法如果已经隐没，也对众生起不到什么作用，而今佛法住世期尚未圆满，所以时间圆满；虽然佛法住世，但假设自己没有皈入佛门也无济于事，如今我们已步入佛门，因而自之缘分圆满；即便已经进入佛门，可是如果没有被顺缘的善知识所摄受，那么对正法的真理也将一无所知，如今已承蒙善知识慈悲摄受，所以为殊胜悲心圆满。这五种圆满需要观待他缘才能具足，因此称为五种他圆满。

己一、如来出世：

世间的成、住、坏、空四期称为一劫，其中圆满如来正等觉出世之劫称为明劫，佛陀没有现身于世的劫称为暗劫。过去的现喜大劫中有三万三千佛出世，随后出现一百个暗劫，后于具圆劫中有八十俱胝佛出世，随即又有一百个边鄙劫，其后具贤劫中有八十四俱胝佛出世，在此之后又有五百暗劫，接着在见喜劫中有八十俱胝佛出世，其后又出现七百暗劫，随之具喜劫中有六万佛出世。随后此贤劫便出现了。

在此劫形成之前，整个三千大千世界变成一大海洋，海中生出千朵千瓣莲花。净居天的众天人以神通观察其原因，结果得知在此劫中将有一千尊佛出世，他们不禁感叹说：“如今的此劫可谓是贤妙之劫。”于是便将此劫取名为贤劫。

从人寿八万岁时拘留孙佛出世直到最后人寿无量岁时胜解佛出世之间，有一千尊佛来到位于此娑婆世界南赡部洲中央的金刚座现前成就圆满正等觉果位，随即转妙法轮，所以此劫是光明劫。这一劫过后有六十恶种边鄙劫，再后于具数劫中有一万佛出世，其后又有一万恶种劫……暗劫和明劫就这样轮番交替出现。如果遇到了暗劫，就连三宝的名号也不复存在。

尤其是密咒金刚乘的佛法，只是偶尔出现于世。正如邬金莲花生大士所说："往昔初劫普严劫时，先生王佛的圣教中已广弘密法，现在释迦牟尼佛的圣教中也有密法出现，再经过千万劫以后，到了华严劫时，与现在的我姿态一致的文殊师利佛出世，他将广泛弘扬密法。因为只有这三劫的众生才堪为密法的合格法器，其他任何时候都不会出现密法，因为众生不能作为密法法器。"而如今在此贤劫中人寿百岁之时，圆满正等觉释迦牟尼佛出世，所以现今正逢光明劫。

己二、佛已说法：

虽然佛陀已出世，但如果恰巧赶上佛没有说法示道而安住在入定境界中，尽管佛陀在世，也不会有佛教正法的光明，如此与佛未出世几乎无有差别。比如，我等大师（释迦牟尼佛）在印度金刚座菩提树下现前圆满正等觉的果位后亲口说道："深寂离戏光明无为法，吾已获得甘露之妙法，纵于谁说他亦不了知，故当默然安住于林间。[17]"说完在七七四十九日内没有讲法，后来梵天、帝释天祈求世尊转妙法轮。

不仅仅是佛陀，就算是诸位持教大德，如果没有展开正法的讲闻事业，也很难以直接利益众生。举个例子来说：印度的美德嘉那尊者为了救度转生到孤独地狱的母亲而千里迢迢前往西藏。途中，因为译师不幸去世，使得尊者孤身一人漂泊在康区。又由于语言不通，他只好以牧羊为生，以至于未能以正法广利有情，便已示现圆寂。后来阿底峡尊者来到西藏听到此事后，不禁感慨万分道："呜呼！你们西藏人的福报实在太浅薄了！在我们印度东西两方的班智达中，无有一人能胜过美德嘉那大师。"说到这里，尊者情不自禁地双手合十，流泪满面。

如今释迦牟尼佛依次三转法轮，应机示现不可思议的身相以九乘次第法成熟解脱所化众生。

---

[17]《方广大庄严经》中，佛说："我得甘露无为法，甚深寂静离尘垢，一切众生无能了，是故静处默然住。"

己三、佛法住世：

虽然佛出世说法，但假设圣教住世期已圆满、正法已湮没，那么就与暗劫没有两样了。前一佛陀的圣教已经结束，到后一佛陀的圣教尚未出现之间，称为圣教空世。在此期间，除了具有因缘的福德刹土中有独觉出世以外，根本就不存在讲闻修行。就拿当今释迦牟尼佛的圣教来说，普贤密意的圣教期或果期为一千五百年，修期为一千五百年，教期为一千五百年，唯持形象期为五百年，总共有五千年。现在已经到了三千五百年或者近四千年之际，尽管眼下正值时世、众生、寿命、见解及烦恼五浊炽盛的时候，但教法与证法还没有真正隐没，依然存在于世，这说明圣教正法圆满也已具足。

己四、自入圣教：

尽管圣教存住于世，但如果自己没有步入佛门，那么自相续依然不能得受教法和证法，就像太阳虽已高挂空中但对盲人来说无利无害，或者到了海边自己不饮水则无法解渴一样。如果进入佛门是为了今生的消灾祛病等，或者是因为害怕来世的恶趣痛苦，那么虽然已经皈依佛门，但法也只能称为救怖之法，人也不可能真正趋入正道。再者，如果单单为了今生的丰衣足食等或者仅仅追求来世的人天乐果，那么即便已经皈入佛门，法也只能称为善愿之法（，人也没有真正趣入正道）。只有真正认识到生死轮回皆无实义，为求解脱而趣入佛门，才能称得上是真正的入道者或者说佛教徒。

己五、师已摄受：

虽然已经皈依了佛门，但如果善知识没有摄受我们，也得不到什么收益。如《般若摄颂》云："佛法皆依善知识，功德胜主佛所说。"因为佛经浩瀚无垠、圣教多之又多、所知无穷无尽，假设没有依靠上师的窍诀，就不会懂得总结诸法的要领而加以修行。

从前，阿底峡尊者来西藏时，库鄂仲三人[18]曾经向尊者请教道："一个修行人要获得解脱或遍知果位，经论教典与上师的窍诀二者哪一个重要呢？"

尊者不假思索地说："当然是上师的窍诀重要。"

三人又问："这是为什么呢？"

尊者答道："即使对读诵传讲三藏无所不知，对诸法的法相无所不晓，但如果实地修行时不具备上师指点的实修口诀，就会造成正法和行人互相脱离的结局。"

三同门继续请教道："如果完整地归纳上师口诀的修法，能否概括为净持三种律仪与三门勤奋行善呢？"

尊者回答说："这样概括还不足够。"

三同门问："这又是为什么呢？"

尊者答言："即便三戒守护得清清净净，但如果对三界轮回没有心生厌离，仍然是轮回之因。即使是三门日日夜夜勤勤恳恳地奉行善法，但如果不懂得将善根回向圆满菩提，那么善法也会被颠倒分别念一扫而光。纵然具备智慧超群、戒律清净、讲经说法、观修境界等一系列功德，但如果没有舍弃世间八法，一切所为也只能成为现世的生计，而不可能获得来世之道。"

所以说，得到上师善知识的摄受是非常非常的重要。

我们要认认真真观察自相续，如果八闲暇十圆满这十八种暇满已完整无缺地具足，那么自己的这个身体就称为具备十八暇满的人身。

此外，全知法王（无垢光尊者[19]）在《如意宝藏论》中还讲述了暂

---

[18]库鄂仲三人：阿底峡尊者三位主要弟子，库·尊珠雍中、鄂·勒巴协绕和仲·杰瓦穷乃三人总名。

[19]无垢光尊者：龙钦绕降·直墨兀色，宁玛派祖师，生于前藏札恰地方，与噶举大司徒菩提幢同时，著有《龙钦七宝藏》《四心滴》《三大休息》《三自解脱》等佛教书籍二百余种。

生缘八无暇及断缘心八无暇，不被这些逆缘所转也同样至关重要。《如意宝藏论》云：“五毒愚痴魔所持，懈怠恶业如海涌，随他救怖伪法相，暂生缘之八无暇。”又云：“紧缚现行极下劣，不厌轮回无少信，行持恶业心离法，失坏律仪三昧耶，断缘心之八无暇。”

暂生缘八无暇：

一、五毒粗重：对怨敌恨之入骨、对亲友爱恋贪执等五毒烦恼十分粗重的人们，虽然偶尔会生起修持正法的念头，但大多数时间都是被自相续中力量强大的五毒烦恼所控制而不能修成正法。

二、愚昧无知：毫无慧光、极其愚痴的人们虽然已经步入佛门，但对正法的句义一点一滴也不能领悟，根本没有闻思修行的缘分。

三、被魔所持：如果被宣扬颠倒见行的魔知识所摄受，那么自心将转入邪道而违背正法。

四、懈怠懒惰：尽管自己渴望学修正法，但是丝毫也不精进，这样懒惰的人一味懈怠、一拖再拖而绝不可能实现修法的心愿。

五、恶业涌现：罪障深重之人恶业的大海波涛汹涌澎湃，即使兢兢业业地修法，可是自相续却生不起功德，他本人不知这是自己所造恶业的果报，反而对正法心灰意冷、大失所望。

六、为他所转：身不由己被他人奴役的人们，虽然有修法的愿望，但由于受到他人控制而得不到修法的机会。

七、求乐救怖：为了今生的温饱或者因为害怕其他灾难临头而步入佛门的人，由于对正法没有深信不移的定解，一旦旧习复苏、故态复萌，又会重操旧业，行持非法。

八、伪装修法：贪求资具、名闻利养等道貌岸然的那些行人，虽然在他人面前装腔作势地摆出一副修行人的模样，可是自己心里所追求的目标就是今生今世的利益，而距解脱正道却有千里之遥。

上述八种人也无有修持正法的机会。

断缘心八无暇：

一、为今束缚：被今世的财产受用、子女亲属等紧紧束缚，只是为了他们的利益辛勤劳作而散乱度日，荒废光阴，而没有时间去修法。

二、人格恶劣：性情恶劣之人，连芝麻许的善良人格也不具备，所作所为始终无有长进。正如古大德的教典中所说："弟子学识诚可改，秉性下劣实难移。"这种人即便遇到了真正的善知识，也很难转向正道。

三、无出离心：对于所讲述的恶趣等轮回过患，或者今生的何等痛苦，如果内心生不起一丝一毫的畏惧感，那么根本不会生起作为趋入佛法之因的出离心。

四、无有正信：如果对真实正法与上师连一丝一毫的信心也没有，那显然已经封闭了佛法的入门，这样一来，也就不可能踏上解脱正道。

五、喜爱恶行：喜好不善恶行之人三门桀骜不驯，远离殊胜功德，拒正法于千里之外。

六、心离正法：对于不具备善法功德与正法光明的人来说，就像在狗面前放青草一样对正法毫无兴趣，结果自相续也就不会生起功德。

七、毁坏律仪：如果进入了共同乘后退失发心、失毁律仪，那么只会堕入恶趣而别无出路，脱离不了无暇之处。

八、失毁誓言：如果进入密乘后以上师和金刚道友为对境而破三昧耶戒，那么不仅自食恶果而且也殃及他众，当然也就断绝了成就的缘分。

上述八种无暇远离妙法，称为解脱灯灭。

如果没有善加观察这十六种无暇，那么在当今乌烟瘴气的浊世，有些人表面上看起来暇满无不齐全，也持有修行人的外相，然而，包括高高座上的大法王、精美伞下的大上师、久居深山的苦行者、云游四海的舍事者这些自我感觉良好的人在内，如果已经落入了这些无暇[20]之因的控制

[20]这些无暇：指《如意宝藏论》中提到的十六种无暇。

中，那么尽管矫揉造作地修法，但终究不能迈入正道。

因此，我们绝不能匆匆忙忙、草草率率提前进入形象上的修法，而首先必须要仔仔细细观察自相续，看自己到底具不具足这三十四种（藏文原文中为二十四种，请作观察）暇满的自性。如果的的确确已经具足，那实在是值得高兴的事，并且诚心诚意反反复复地想：如今我已获得如此难得的暇满人身，一定不能白白空耗，而必须要尽心尽力修持正法。假设这些暇满还没有完全具备，就应该想方设法全力以赴使自己具备。随时随地都务必集中精力来观察自相续是否具足此等暇满的功德。如果没有经过这样一番详细观察，那么就算是这些暇满功德中只有一种不齐全，也不具备真正修行妙法的缘分。

甚至成办俗世中眼前的一件平常小事也需要许许多多因缘、缘起聚合，而作为长远目标的修行正法，又怎么会不需要众多因缘、缘起聚合呢？打个比方来说：一个人在途中烧茶，也需要具备烧茶的茶器、水、火等许多因缘。其中单单生火也是一样，必须具足火燧、火石、火绒等许多因缘，如果其中仅仅火绒不具备，就算是其余用品样样俱全也无济于事，只好从根本上放弃烧茶。同样的道理，假如这些暇满的功德中仅有一种不具足，也根本不具备真正修法的机缘。

所以说，如果详详细细地观察自相续，那么单单具足十八暇满也必定有相当大的困难。即使获得了闲暇，但是十圆满完整无缺具足的人恐怕还是寥寥无几。尽管已经得到了人身，并且诸根完好无损，也有幸生在了中土，但是如果入于业际颠倒的邪道，不信仰佛教，那就只具备三圆满。如果后两者其中之一不具足，就只具足四圆满。尤其是做到业际无倒非常困难，如果三门造恶业，一切所作就是为了今生的目标，虽然被人们共称为贤者或智者，但实际上也是属于业际颠倒之人。

五种他圆满中，虽然佛已出世并传讲妙法，佛法也住留于世，但如果自己没有进入佛门，那就只具足三种圆满。尽管皈入了佛门，但只是表面上求点法或得点法的人也算不上是真正的佛教徒。

作为真正趋入解脱道者，必须要了知轮回一切的一切无有任何实义而生起无伪的出离心。而身为步入大乘道的行者，还必须在相续中生起无伪的菩提心，至少也要对三宝有“纵遇命难也不退转”这样坚定不移的诚信，如果没有这种决心，那么仅仅是装腔作势地诵读经文、身上穿着僧衣等等也不一定就是真正的佛教徒。因此，如理如实正确无误地了知、观察暇满之自性至关重要。

丁三、思维难得之喻：

佛在经中说：在波涛汹涌的海面上漂浮的木轭孔与海底盲龟颈相遇极为困难，而得到人身与此相比更是难上加难。意思是说，假设整个三千界变成一大海洋，在海面上有一连接耕牛角用的木材，通称为木轭，在它的上面有一孔隙。木轭随着波浪刹那不停地四处飘荡。在海底有一只盲龟，每一百年上升到海面一次。可想而知，这两者相遇必然十分困难，因为无心的木轭没有寻找盲龟的念头，而盲龟也不具备能看得见木轭的眼睛。当然，如果木轭静止在一处，它们也有可能相遇，可是它却一刹那也不停留。同样，假设盲龟经常游在海面，它们也有相遇的可能性，可是它每百年才浮到海面一次，所以这两者相遇相当困难。但是凭着偶尔的机缘，盲龟的颈也可能进入木轭的孔隙内，而获得暇满人身比这更为困难。依据经中所说的意义，怙主龙树对乐行王教诫道：“大海漂浮木轭孔，与龟相遇极难得，旁生转人较此难，故王修法具实义。”寂天菩萨也说：“人身极难得，如海中盲龟，颈入轭木孔。”此外，《涅槃经》等佛经中也以“光壁撒豆，颗粒难留”以及“针尖堆豆颗粒不存”等比喻加以说明。由此，我们应当深刻地认识到人身实在是得之不易。

丁四、思维数目差别：

如果稍加审视众生的数量及次第，就会发现获得人身的众生实在是微乎其微。如经中说：“地狱众生犹如夜晚繁星，而饿鬼则如白昼之星；饿鬼众生犹如夜晚繁星，而旁生则如白昼之星；旁生众生如夜晚繁星，而善趣众生则如白昼之星。”此外又说：“地狱众生犹如大地的微尘，饿鬼众生犹如恒河沙，旁生犹如酒糟，阿修罗犹如弥漫大雪，而人及天人仅仅如指甲微尘。”总之，善趣的身份少之又少。

当下我们可以进行观察，比如，在夏季里，仅仅一方草地上存在的含生或一个蚁穴中的蚂蚁数量，也超过了南赡部洲的人数。人类与旁生的比例多少是显而易见的。

人类也是一样，如果观察无有佛法光明之边地的人数，就会认识到生在有佛法光明地方的人极为罕见。尤其是具足暇满的人身更是绝无仅有……对此深思一番之后，想到自己如今已获得了真实暇满，应当感到无比欣慰、喜悦。如果暇满的所有功德十全十美，那么从今天起就已实现了所谓的珍宝人身。假设还有缺憾不足，那么即便世间法方面聪明伶俐、智勇双全，但也不能称得上是珍宝人身，只能算是普通人身，或者称为相似者、灾祸者、无心者、空返者。这种人就像手握如意宝却无义空耗，或者已到珍宝金洲却空手而归一样。如颂云：“获此人身宝，得摩尼难比，诸无厌离人，岂不见空耗？遇殊胜上师，得王位难比，诸无恭敬者，岂不视等伴？求发心律仪，得官位难比，诸无悲心者，岂不见抛石？得续部灌顶，轮王位难比，诸无誓言者，岂不付东流？见心性本面，见诸佛难比，诸无精进者，岂不见迷乱？”

这样的暇满人身也并非是偶然或侥幸获得的，而是多生累劫中积集二种资粮[21]的果报。大智者称幢[22]说：“得暇满人身，非由力强得，乃是积福果。”

虽然得到了人身，但对于无有正法光明而无恶不作的人来说，甚至

[21]二种资粮：福德资粮、智慧资粮。

[22]称幢：札巴坚赞，译言称幢（1147—1216）。宋代藏传佛教萨迦派高僧，萨钦衮噶凝波之第三子，26岁继承萨迦法位，为萨迦五祖之第三祖。

比恶趣众生还下劣。如米拉日巴尊者对猎人怙主金刚说："本来佛说暇满人身珍贵难得，但看见像你这样的人，便会觉得人身并没有什么珍贵难得的。"因此说，再没有比人身更容易成为恶趣坠石的了。

如今无论是行善还是造恶，主权都掌握在自己的手中，如颂云："此身行善即是解脱舟，此身造恶便是轮回锚，此身一切善恶之奴仆。"由往昔积累的福德力，如今获得了具有十八种暇满的人身，如果没有求得殊胜妙法精华，而在追求今生的衣食住行和世间八法中无义虚度枉然耗尽，那么在临终时只能是手抓胸口，追悔莫及，那该是多么令人痛心疾首的事！《入行论》中说道："既得此闲暇，若我不修善，自欺莫胜此，亦无过此愚。"

可见，今生就是决定永善或永恶的关键一步。我们要深深思索：如果今生没有得到坚固地（佛果），来世也很难再度获得这样的闲暇人身；一旦转生到恶趣之中，那么根本没有正法的光明，而且对取舍之处懵然不懂，后果只能是越来越向下堕入无边无际的恶趣中，所以从现在开始就必须百般努力。在观想的过程中一定要以加行发心、正行无缘、后行回向三殊胜来摄持。对于以上道理，我们必须屡次三番地观修并付诸于实践。

经过这般实地修行，在自相续中对暇满难得生起定解的界限到底是怎样的呢？

应当像金厄瓦格西[23]一样。见到金厄瓦格西从来都是彻夜不眠，全心全意修持善法，善知识仲敦巴不禁关切地说："弟子呀，身体的疲劳还是要消除，否则会导致四大不调的。"金厄瓦格西回答说："身体恢复固然应该，但我一想到此暇满难得时，就觉得无有空闲休息。"金厄瓦格西

[23]金厄瓦格西：本名楚逞巴，曾师事仲敦巴，得秘密指授，又曾师事南交钦波、滚巴瓦等，得二谛指授，对性空义有所悟解，通梵文，能翻译，颇有影响，开噶当派教授一派。

总共念诵了九亿遍不动佛心咒，终生从未睡眠过。在相续中没有生起这样的定解之前，我们务必要精进修持。

虽得闲暇而乏真实法，虽入佛门而耽非法行，

我与如我愚痴诸有情，获得暇满实义祈加持。

暇满难得之引导终

## 二、寿命无常

现见三有无常幻化相，舍弃今世琐事如唾涎，

苦行修习追随先辈迹，无等上师足下我敬礼。

丙二（寿命无常）分七：一、思维外器世界而修无常；二、思维内情众生而修无常；三、思维殊胜正士而修无常；四、思维世间尊主而修无常；五、思维各种喻义而修无常；六、思维死缘无定而修无常；七、思维猛厉希求而修无常。

丁一、思维外器世界而修无常：

由众生共同福德所形成，被认为是坚不可摧的四大洲、须弥山、天界以及铁围山等外器世界，虽然存留时间可长达数劫，但它们也是无常的，最终必定将因七火一水而毁于一旦。具体来说，在此大劫毁灭之时，内情众生由下而上逐渐化为乌有，到第一禅天以下所有众生无一存留。在此之后，天空中依次出现七个太阳，第一个太阳出现而烧尽一切树木园林；第二个太阳出现使得一切溪流池沼无余干涸；第三个太阳出现使一切大江河水全部干涸；第四个太阳使得无热恼大海也滴水不剩；第五个太阳出现时，外界深达一百由旬的大海之水荡然无存，随后逐渐干涸到两百由旬、七百由旬、一千、一万直至八万由旬深度，剩下的水，又从由旬、闻距开始，到最后连蹄印许的水也干涸无余；第六个太阳的出现焚毁大地雪山；第七个太阳出现时，须弥山、四大洲、八小洲、七金山[24]及铁围山全部烧成一片火焰[25]。火焰盘旋向下炽热到极点，焚尽一切地狱之处，火舌

[24]七金山：《阿毗达磨论》中说，是自内而外逐层环绕须弥山周围的七重大山，即担木山、持轴山、持双山、善见山、马耳山、持边山、象鼻山。

[25]七日出现导致的大地变化，在《长阿含经》中有详述。

又直冲上方烧燃梵天所有空空荡荡的无量宫殿。此时此刻，光明天的小天子们惊惶失措地大呼小叫道："如此大火燃烧起来了！"老天子们安慰他们说："这样的大火以前也是烧到梵天以后就无影无踪了，不要惊惶，莫要害怕。"

就这样，经过七次大火之后，二禅天便形成了水云层，紧接着轭木、箭矢般的倾盆大雨从天而降，光明天以下犹如盐溶入水般毁灭消失。经过了七火一水毁灭结束之后，下基的十字杵金刚风向上翻滚，三禅天以下犹如风卷尘埃般地灭绝一空。这样，容纳在一个三千大千世界中一百俱胝数的四大洲、须弥山及天界全部同时灭亡，最后万事万物变成一大虚空。

既然大千世界也有变成空无一物的时刻，那么我们如秋蝇一样的人身，又有什么恒常稳固的呢？

对于上述的道理，我们要认真思维，诚心实修。

丁二、思维内情众生而修无常：

上至有顶下到地狱底层的所有众生没有一个能逃脱死亡的。如《解忧书》云："地上或天间，有生然不死，此事汝岂见，岂闻或生疑？"意思是说，有生必然有死，从善趣天界以下，有生而不死的事情可以说见所未见、闻所未闻，也绝不会有"到底死还是不死"这种模棱两可的怀疑。

尤其是我们生在寿命不定的南赡部洲，又时逢末世，死亡很快就会临头。实际上，自从出生的那一天起我们便一步一步地向死亡靠近。人的寿命从来不会增加而只有减少，而且死魔犹如夕阳西下的阴影般片刻不停地越来越向我们逼近，在何时何地死去原本就无法确定，谁也不能肯定明天或今晚甚至仅仅现在呼吸间不会命归黄泉。如《因缘品》云："明日死谁知，今日当精进，彼死主大军，岂是汝亲戚？"

又如怙主龙树说：“寿命多害即无常，犹如水泡为风吹，呼气吸气沉睡间，能得觉醒极稀奇。”这其中的意思是说：人们处于安然的沉睡中，平缓地向内吸气向外呼气，可是也不敢肯定在这期间就不会死亡，对于在睡眠期间没有死去而能安然醒来，也应当看成是一件非常稀奇的事。

现在我们这些人虽然知道总有一天要死，但因为相续中没有生起“死期不定”的观念，以至于时时执著常有的生计，在患得患失中虚度人生，正当我们沉湎于辛辛苦苦追求今生的安乐、幸福、名誉之时，死主阎魔很可能手持黑索、紧咬牙关、獠牙毕露突然来到我们面前，到那时，纵然拥有英勇的军队、强大的势力、丰富的财产、智者的辩才、美女的身色、奔驰的良驹也都无济于事；即便钻进一个无隙可乘的铁箱子里，外面有数十万勇士手持锋利的兵刃，箭矛的尖端指向外面围绕保护着，也丝毫守护不了、遮挡不住。当死主阎魔将黑索套在他的脖子上时，他只能是面色铁青、泪眼汪汪、五体僵硬地被带到后世的大道中。此时此刻，勇士无法救护，大德不能吩咐，饮食无法引诱，无处可逃、无处可躲，无依无怙、无亲无助、无计可施，也无有任何尊者的大悲（所能庇护），哪怕是药师佛亲自降临也无法延缓寿命已尽的死亡。因此我们切切不可懒惰懈怠、一拖再拖，而应诚心修持临终时决定有益的殊胜正法。

丁三、思维殊胜正士而修无常：

在此贤劫中，以往出世的胜观佛、宝髻佛等七佛[26]，及其不可思议的声闻、缘觉、阿罗汉众眷属，虽然曾经以三乘佛法利益无量无数的所化众生，可是如今只剩下释迦牟尼佛的教法，除此以外诸佛都已趋入

---

[26]七佛：毗婆尸佛（即胜观佛）、尸弃佛（即宝髻佛）、毗舍浮佛、拘留孙佛、迦那迦牟尼佛、迦叶佛和释迦牟尼佛。

涅槃，他们的教法也依次隐没。在现今的这一教法中，尽管各大声闻及其五百阿罗汉眷属众也曾纷纷现身于世，但他们同样都依次于法界中趋入无余涅槃。

此外，在印度圣地，曾经出世过具足地道功德、众多神通、无碍神变、结集经教的五百阿罗汉，及二胜六庄严[27]、八十大成就者等等，然而如今已无一人在世，仅有记载他们出世情况的传记留在人间。

在藏地雪域，邬金第二大佛陀广转成熟解脱法轮时，出世了君臣二十五大成就者、耶瓦八十大成就者等，之后又涌现了旧派（宁玛巴）的索宿努三师[28]、新派的玛尔米塔三师[29]等不可思议的智者及成就者。他们大多数都已经证得成就果位，可以自由自在地驾驭四大，示现有实变为无实、无实变为有实等离奇之神变，火不能焚、水不能溺、土不能压、不堕险地，完全远离了四大的损害。

例如，米拉日巴尊者在尼泊尔的尼祥嘎达雅山洞中禁语而住，当时来了许多猎人。他们问："你是人还是鬼？"尊者一言不发，一直端坐着凝视虚空。于是乎这些猎人开始向尊者放射大量的毒箭，然而都没有能够射中，接着他们又将尊者拖到水中、丢下深渊，可是尊者却纵身向上依然返回到原地安坐。最后猎人们在尊者的身上堆积木柴点火，火却怎样也烧不起来。

尽管曾经出世这样的大成就者委实不乏其数，但最终他们都显示了无常的本性，现在仅有传记留存而已。我们这些人以往昔恶业为因，被恶缘

[27]二胜六庄严：二胜谓精通佛教最胜根本，即戒律学的两大论师释迦光和功德光。六庄严谓装饰南赡部洲的六庄严：精通中观学的龙树和圣天；精通对法学的无著和世亲；精通因明学的陈那和法称。

[28]索宿努三师：旧译密乘中最早的三位佛学家的合称，即索·巴协旺丘，宿·释迦穷乃和努钦·桑杰巴协。

[29]玛尔米塔三师：塔波噶举派创始人玛尔巴译师，米拉布衣师和塔波医师三人的合称。

之风所吹，由恶劣习气相连，心相续依靠四大假合的不净肉身，无法确定这一虚假的身体于何时何地毁灭，因此从现在起三门应当策励行善修福。一边这样观想一边修行。

丁四、思维世间尊主而修无常：

寿达数劫、威德圆满的诸位天神和仙人也不能摆脱死亡。诸如梵天、帝释天、遍入天、大自在天等世间尊主可谓万寿无疆，他们可以住留数劫，伟岸身躯高达一由旬[30]及一闻距[31]，其身所拥有的光彩甚至比日月更胜一筹，可是他们也同样免不了一死。《功德藏》中说："梵帝自在转轮王，无法摆脱死主魔。"再者，具足五种神通的天人及仙人，虽然依靠神变的威力可逍遥自在畅行空中，但是到了最后他们也无法逾越死亡的命运。《解忧书》云："大仙具五通[32]，能行于虚空，然而却不能，诣于无死处。"

在这个人类世界也是一样，财富力强高居于首的所有转轮王，以及印度圣地的众敬王沿袭下来的统治南赡部洲不可思议的君主，还有三巴拉王和三十七赞扎王等印度东西方地位显赫、财产丰厚为数不少的国王虽然曾经纷纷降临于世（，可是如今都已成了辉煌的历史）。

在西藏雪域，自从除盖障菩萨的化身国王涅赤赞布[33]以来，已出世

[30]由旬（逾缮那）：古印度长度单位名。五尸为弓，五百弓为一俱卢舍，八俱卢舍为一由旬，约二十六市里许。

[31]闻距（俱卢舍）：古印度长度单位名。古印度以人寿百岁时代所用弓之长度为一弓，一俱卢舍为五百弓，相当于二十五市尺。

[32]五通：神足通、天眼通、天耳通、宿命通、他心通。

[33]涅赤赞布：《青史》作赤赞鹘提。吐蕃王朝第一代国王。其出处有说是色界第十三天光明天子下凡，有说是释迦王族后裔。初在西藏泽当附近赞塘阁希山间，被当时的十二个氏族酋长和苯波教徒共同拥立为王，舁于肩上，称为涅赤赞布，义译肩座王，为吐蕃天座七王之首。

了天座七王、地贤六王、中德八王、初赞五王、幸福十三代、极乐五代等（现在都已不复存在）。

（观音菩萨的化身）法王松赞干布在世期间，依靠幻化的军队征服了上至尼泊尔下至中国的大片领域。

（文殊菩萨的化身）天子赤松德赞在位期间，也统辖了南赡部洲三分之二的领地。

法王赤热巴巾时期，在印度恒河岸边竖立起一块铁碑，作为印度与西藏界限的标志，而且他也收服了印度、中国、格萨、达苏等许多国家作为附属国。从此之后，每逢新年宴会，各国使臣需要在同一天内聚会拉萨城，举行献礼进贡等等仪式。

尽管他们曾经拥有如此威力，然而现在这些也都成了历史记载，除此之外无有任何留存下来。

如果思维上述的道理，那么我们现在所拥有的住房、受用、眷属、权势等，自以为是何等何等的优越，但与以上诸位先贤比较起来，简直就成了蜂巢一样。这样的世间欲妙又有什么恒常性、稳固性可言呢?

我们应当深思并观修以上的道理。

丁五、思维各种喻义而修无常：

总体来思维劫的增减，也同样是无常迁变的性质。

吐蕃王朝世系表

<table>
<tr><th>在位时间</th><th>汉译名</th><th>备注</th></tr>
<tr><td rowspan="7">约公元前360年至公元前2世纪</td><td>涅赤赞布</td><td rowspan="7">天赤七王</td></tr>
<tr><td>穆赤赞布</td></tr>
<tr><td>拉赤赞布</td></tr>
<tr><td>当赤赞布</td></tr>
<tr><td>傲赤赞布</td></tr>
<tr><td>贝赤赞布</td></tr>
<tr><td>贡赤赞布</td></tr>
</table>

续表

| 在位时间 | 汉译名 | 备注 |
| --- | --- | --- |
| | 直贡赞布<br>布德贡杰 | 上丁二王 |
| 约公元前2世纪至公元2世纪 | 拉肖勒<br>告如勒<br>仲西勒<br>倜肖勒<br>陶肖勒<br>俄肖勒 | 地上勒六王 |
| | 萨内森德<br>德楚布<br>南象赞<br>德诺布<br>德诺南<br>赛诺南<br>赛诺布<br>德杰布 | 地德八王 |
| 约公元2世纪至公元629年 | 杰布真赞<br>陶日隆赞<br>赤赞南<br>赤扎帮赞<br>赤脱脱日宁谢 | 赞王五代 |
| | 赤宁松赞（揭利失若）<br>仲宁德乌（勃弄若）<br>达日宁色（讵素若）<br>南日松赞（论素赞） | |

续表

<table>
<tr><th>在位时间</th><th>汉译名</th><th colspan="2">备注</th></tr>
<tr><td>唐贞观三年至唐高宗永徽元年，公元629—650年</td><td>松赞干布（弃宗弄赞）</td><td rowspan="4"></td><td rowspan="9">幸福十三代</td></tr>
<tr><td>公元650—676年</td><td>芒松芒赞（乞黎拔布）</td></tr>
<tr><td>公元676—704年</td><td>都松芒布吉（器弩悉）</td></tr>
<tr><td>公元704—755年</td><td>赤德祖丹（弃隶缩赞）</td></tr>
<tr><td>公元742—797年</td><td>赤松德赞（娑悉笼腊赞）</td><td rowspan="5">极乐五代</td></tr>
<tr><td>公元797—798年</td><td>牟尼赞布（足之煎）</td></tr>
<tr><td></td><td>牟笛赞布</td></tr>
<tr><td>公元798—815年</td><td>赤德松赞</td></tr>
<tr><td>公元815—838年</td><td>赤热巴巾（可黎可足）</td></tr>
</table>

在往昔初劫时，空中本无日月，所有的人都是凭借自身的光芒照明，依靠神变行走空中，身体高达数由旬，以甘露为食，幸福美满可与天人相媲美。然而由于众生的烦恼和不善业所致，使得人们各种福报日趋直下，以至于变成了如今这种状况。现今的人们烦恼越来越粗重，由此势必导致福德越来越减弱，寿命越来越短暂，最后到了人寿十岁时，各种疾疫劫、战争劫、饥馑劫盛极一时，南赡部洲的众生几乎濒临灭绝。到那时，弥勒菩萨所示现的化身将为剩下的人们传扬断除杀生的妙法。此时人类的身高到了一肘左右，人寿增长到二十岁，尔后逐渐递增，到了人寿八万岁时，怙主弥勒出世，示现成佛转大法轮。这样往返增减满十八次以后，人类的寿命达到无量岁时，胜解佛[34]出世，此佛住世寿量是前面贤劫千佛寿量的总数，饶益众生的事业也等同于千佛事业的总和。到了最后，这一贤劫也杳无踪影。所以观察劫之增减也不离无常的本性。

分别观察四季变迁也是无常的：夏季，所有草地一片青翠，雨水犹如甘露般普降，人们也尽情享受舒心悦意的美景，五颜六色的鲜花争奇斗

[34]胜解佛：贤劫千佛中的最后一佛。

艳、绚丽多彩，真好似天境一般；秋季，瑟瑟的冷风将绿野变成黄色，所有的花草也渐渐枯萎凋零；到了冬季，地冻如石，滴水成冰，寒风凛冽，就算是经过许多马路[35]寻觅也找不到夏季生长的一朵鲜花。如此春去秋来，寒来暑往，秋季、冬季、春季等依次出现，前前季节的一切显现都会变成另一番情形，这些是我们有目共睹的无常实例。同样，如果思量昨天和今天、今天早晨和今天晚上、今年和明年……时时刻刻都在迁变之中。所以说，无论何事何物都没有恒常、可信、稳固的。

特别是我们在自己所住的城市、村落、寺庙等之中也可以清楚地看到：从前财产丰厚、兴旺发达之人，现今也有沦落衰败甚至家破人亡的现象；昔日穷困潦倒、势单力薄之人，如今变得财运亨通、势力雄厚……这些现象都离不开无常的本性。

我们生活在一个家庭中的人也是如此，历代宗亲祖辈父辈全部相继过世，现在只剩下他们的名字而已，自己同辈的兄弟姊妹等也有许多已经离开人世，时过境迁，此时此刻我们全然不知他们转生在何处。

许多人前些年财势圆满犹如人间之庄严[36]，可是今年却只有名字留在人世。现在有钱有势、众人羡慕的富豪，明年的此时或下个月还在不在世谁也不知道。乃至观察观察自家牲口圈里的牛羊狗等，以前已死去多少，现在又剩下多少，这一切最终又变成了什么样，都不超出无常本性。百年以前在世的人们如今没有一个未死而遗留下来的，现今南赡部洲的所有人在百年之内也会一个不剩地全部死亡。

所以，内外器情所摄的万法当中，恒常坚固的一事一物也不存在，可以概括为生际必死、积际必尽、合久必分、堆际必倒、高际必堕。此外，亲怨、苦乐、贤劣及一切分别念也都是无常的。

生际必死：无论是任何人，即便他高如天空、厉如霹雳、富如龙王、

[35]马路：一匹马一天所走的路程。许多马路即一匹马许多天所经过的路程。
[36]人间之庄严：人间具有名望、德势之人。

美如天仙、艳如彩虹，可是当死亡突然到来之时，他也没有刹那的自由，只能赤身裸体、赤手空拳地离开人间，只能在对财产、饮食、亲友、部属、弟子、仆从等眷属所有受用依依不舍之中抛下一切，就像从酥油中抽出一根毛般独自而去。纵然是数以千计僧人的上师也不能带走一僧一徒，即便是数以万计部落的首领也不能带走一奴一仆，哪怕是拥有南赡部洲一切财产的主人也无法带走一针一线，就连自己最为珍爱、精心保护的身体也必然要舍弃。

有些人在活着的时候，身着绸缎、口饮茶酒、地处高位、美如天仙，但他们的身体死后也只是一具尸体，东倒西歪地放在那里，令人见而生畏。如米拉日巴尊者言："见而生畏之尸体，本为现在之身体。"人死以后，他的尸体被绳子捆绑，用布幔遮盖，以土石垫靠，生前用的碗也被扣在他的枕边[37]，无论活着时是多么端严可爱，到那时都将成为悲惨至极、令人发呕之处。以前在世时躺在层叠舒适的床上，身穿温暖羔皮，头枕柔软皮毛，甚至睡觉醒后稍有不适，也要翻来覆去。但死后，只是在身下垫上一块石头或者草坯，头上布满灰尘。

当今，有些一家之主认为：如果我有个三长两短，那我的家人或者挨饿受冻而死，或者被怨敌所毁，或者为大水溺死，因为现在他们所拥有的财产和幸福等一切的一切全部是依靠我才得到的，所以他们绝不能没有我。可是，这些人死后，他们的亲人将其尸体火化或投到水中，或者丢到尸陀林，之后便心安理得了。人在死亡的时候只有自己孑然一身，孤独无助地漂泊在中阴界，当时所能依靠的唯有正法。因此从现在起就必须一心一意、尽心尽力地勤修正法。

对以上道理要反反复复思维。

积际必尽：同样，一切积聚终将散尽，这是自然规律。即使是统治南赡部洲的国王，也有沦落为乞丐的时候。许多人上半生受用圆满，下半生

[37]这种将死者生前用的碗扣在他的枕边是藏族民俗。

却因弹尽粮绝而饿死；有些人去年拥有数百头牦牛，但遭到大雪或其他灾难，今年沦为一贫如洗的乞丐；昨日是地位显赫、腰缠万贯的富翁，也有被仇敌毁得一无所剩，今天成为乞丐的……许许多多我们亲眼目睹的事实足可说明，财产受用不可能恒常拥有，一定要慷慨布施。

对以上道理，我们要再三深思熟虑。

合久必分：一切聚合终将分离，某地的大市场或大法会虽然集聚了来自四面八方、成千上万的人，最终也都会各奔东西。尽管现在我们中的师徒、主仆、施主福田、道友、兄弟、夫妻等彼此慈爱，和睦相处，但最终无论如何也无法不分离。如果突然遭到死亡或偶然性的恶缘，那么当下就会分道扬镳，这些都是没有固定性的。现在朝夕相处的道友、家人等在不久的将来必定各奔前程，所以彼此之间千万不要怒气冲冲、恶语中伤、争吵不休，甚至发生大打出手等现象。应当想到大家不一定能够长期相处，很快就会分离，因此在极为短暂的岁月中理当互敬互爱，和平共处。如帕单巴尊者这样说道："夫妻无常犹如集市客，切莫恶语争吵当热瓦[38]。"

堆际必倒：一切修砌成的建筑都将土崩瓦解。从前，繁荣昌盛的村落及寺庙都有贤德之士管理和住持，可是如今却只剩下一片废墟，而且已经变成了鸟窝雀巢。比如说，天子赤松德赞时期，由幻化工人[39]修建、邬金第二佛（莲花生大士）开光的桑耶[40]三层宝顶宫殿也因遭受火灾而毁于一旦。法王松赞干布时，如尊胜宫[41]般的红山[42]宫殿，如今已片瓦不存，连基石也无影无踪了。我们对现在如同虫穴般的城市、住宅、寺庙等如此珍爱耽著又有什么用呢？而要追循噶举派诸前辈大德的足迹：背井离乡，奔赴异地，居住岩洞，与野兽朝夕相伴，将衣食、名誉抛之脑后，最后彻底依止

[38]当热瓦：音译，指当热地区的人。
[39]幻化工人：赤松德赞由印度迎请来的工人。
[40]桑耶：山南札囊县一地名。
[41]尊胜宫：帝释天所居宫殿名，在善见城中央。
[42]红山：布达拉宫所在的山。

噶当四依处，也就是心依于法，法依于贫，贫依于死，死依于干涸之壑。

对于以上道理，我们应当诚心诚意思索、观想。

高际必堕：高高在上的地位、英勇无比的军队也都不会长存。举个例子来说，我乳轮王是统治四大部洲的金轮王，同时又主宰了三十三天，与帝释天王平起平坐，在与阿修罗交战的沙场上无往不胜，但最终他也是一落千丈，而在贪得无厌之中死去[43]。如今我们在现实生活中也可以发现，一国之君、宗派教主及地方官员等凡是有权有势、拥有高官厚禄的人，也没有一个能始终如一地稳坐其位。去年为他人判刑的法官，也有今年锒铛入狱而成为阶下囚的，这种现象可谓屡见不鲜。无常的地位又有何用呢？所以我们必须修成无衰无退、人天应供、圆满正等觉的果位。

对于以上道理，我们必须认真观想、深入思维。

亲与怨也同样是无常的。从前，嘎达亚那尊者前去化缘，看到一位施主怀里抱着儿子，在津津有味地吃着鱼肉，并用石头击打正在啃骨头的母狗。尊者以神通观察，发现那条鱼原本是施主父亲的转世，那条母狗正是他母亲的转世，前世杀害自己的仇人转生为他的儿子来偿还宿债。如此洞晓之后，尊者说了这样的偈颂："口食父肉打其母，怀抱杀己之怨仇，妻子啃食丈夫骨，轮回之法诚稀有。"今生今世成为不共戴天的仇人们，也有后来变成志同道合的朋友而互相交亲，情投意合非同寻常，这种现象不在少数。相反，就算亲生父母、骨肉同胞，也有为微薄财产受用而怀恨在心进而互相残害的。即使是夫妻或亲属，也有因为暂时鸡毛蒜皮的小事而反目成仇甚至自相残杀。由此可见，无论是亲友还是怨敌都是无常迁变的。所以，我们应当怀着慈悲的心肠爱护所有的众生。

苦与乐也是无常的。有些人上半生富裕快乐，下半生穷困潦倒；也有些人上半生痛苦不堪而下半生幸福美满；还有些人上半生身为乞丐而下半

[43]此公案在《佛说顶生王因缘经》《中阿含经》《大般涅槃经》等中皆有详细描述。

生变成国王等等。比如，米拉日巴尊者的伯父，上午（为儿子）迎娶新娘而大摆喜宴，下午房屋倒塌而痛苦哀嚎，悲惨的情形简直令人无法想象。

然而不同的是，为了求法，尽管暂时历尽苦行、饱经沧桑，但终会苦尽甘来，最后将获得无上安乐，就像往昔出世的诸佛以及米拉日巴尊者等前辈那样。

有些人通过造罪而积累受用，虽然暂时获得了快乐，但终究会感受漫无边际的痛苦。例如，从前尼洪国家，最初七日天降粮食雨，接着降了七天的衣服雨，之后又在七天中降下珍宝雨，最后降下土雨使所有的人葬身土下，死后转生到恶趣[44]。因此，对于无常的苦乐，我们不要患得患失，而应当将此生尘世的一切幸福受用弃如唾液，为了正法甘心情愿地承受身体的苦行及精神的磨难，追随佛陀及前辈大德们的足迹。

对上述道理，我们要真心真意地思维、观修。

好与坏同样是无常的。从世间法方面来说，能言善辩、知识渊博、机智勇敢的人们，也有一败涂地的时候。此时往昔积累的福德已经耗尽，思维颠倒，万事不顺，受人挖苦而暗自神伤，常常遭到别人欺侮，以前仅有的少分功德似乎全部荡尽，已是一无所有。与之相反，也有许多人以前无有智慧，见识浅薄，往往被人贬为骗子、虚伪者，后来当他们获得了财富、受用时，便赢得别人的信任，被看成是精明能干、见多识广之人。正如俗话所说的：“狡者年老成主人。”

从出世间法方面而言，有这样的俗话：“具证年老求学问，舍事年老积财物，法师年老成家长。”许多人虽然上半生是抛弃一切世间琐事的舍事者，下半生却努力积聚财物；也有上半生是为人传法的阿阇黎，下半生却成了猎人、窃贼或强盗；还有些上半生是持戒清净的戒师，下半生却子嗣成群。反之，有些人上半生唯造恶业，下半生唯一修持正法而获得成

[44]详见《杂宝藏经》卷第十之“优陀羡王缘”。

就，或者即使没有获得成就但也已经皈入佛门，死后往生清净刹土。

所以，现今的贤劣显现可以说瞬息万变，没有任何现象是始终不渝、牢不可破的。可是，有些人偶尔生起一点点出离心和厌世心，只是装模作样地修行似是而非的法，世间人也将他看作是了不起的人物，后来又有了施主和弟子在足下恭敬顶礼，这时他们本人没有详细观察自相续，反而真的认为“我已如何如何了”，以傲慢蒙蔽相续，内心飞扬浮躁，一反常态，而认为“我什么事都可以做了”，这种人真正是鬼迷心窍、着了魔。

在尚未断除我执，没有生起无我之智慧获得圣者果位之前，贤劣的表象都是无常的。所以，我们应当恒时修习死亡无常，审察自相续的过失，常常身居低位，生起厌世心与出离心，三门寂静调柔、谨小慎微，观修一切有为法皆为无常，思维轮回的痛苦，恒时处于强烈的信心和深深的厌离心之中。如米拉日巴尊者亲言：“无人山谷岩洞中，恒具出离厌世心，上师乃为三世佛，强烈坚信永不离。”我们也务必要依此而实地修行。否则，由于暂时的分别念是无常的，根本无法确定将来会变成怎样。从前有一人，由于密友成仇、众叛亲离而步入佛门，经过一番修行而成了一位了不起的唐巴比丘，风心获得自在，可以在虚空中飞行。有一天，他在供施食子时，集来了许多鸽子。此人心想：如果我有这样庞大的军队，就足能消灭那些敌人。由于当时的恶念没有转为道用，导致他后来还俗成了军队首领。

同样，暂时依靠良师益友的助缘，使我们拥有了修法的时机，但是，凡夫的想法没有恒常可信的，所以应当夜以继日勤奋修法，活到老，修到老。

对于以上道理，一定要认真观想，深深思索。

经过这般思维各种喻义，我们应该深信，上至三有之顶下至无间地狱，无有丝毫恒常稳固的，都是迁变增减的本性。

丁六、思维死缘无定而修无常：

我们南赡部洲的人，自从出生那一时刻起就必定会走向死亡，但死的方式、死的因缘和死的时间却决定不下来。即于何时何地、以何种方式、以何因缘死亡谁也不能确定。在这个世界上，生缘可谓少得可怜，而死缘却多如牛毛，如圣天论师说："死缘极众多，生缘极稀少，彼亦成死缘。"诸如火、水、毒、险地、野人、猛兽等等，所面临的死缘多之又多，而生缘却微乎其微，而且自以为是生缘的衣食等也有成为死缘的，食用有毒的食物或者自认为是无毒食品而抱着有利于身体的希望来享用，可是也有变成毒物或者发生不适应中毒[45]以至于成为死缘。这种现象频繁出现。

尤其是在当今时代，大多数人由于过分贪爱荤腥食品而肆无忌惮地享用血肉，因此似乎没有不染上"玛敦"病或"夏珍"病的[46]。此外，由于饮食不当，患肿瘤、涎分、水肿病而成为死缘的也不计其数。为了追求财富和名誉等而奔赴沙场或者遭遇凶猛野兽、随意渡水等成为死缘的事情不可胜数。

正因为死缘各种各样，致使死期无法确定。有些在母胎中便已死亡；有些人刚刚出生就已断气；还有些人刚刚学会爬行就已夭折；又有些人在壮年时离开人世；有些人在垂暮之年寿终正寝；有些是因为没有得到及时治疗而死；有些人因为久病不愈卧床不起而在瘦骨嶙峋中死去，并且死不瞑目；也有很多患了"洞特"病[47]的人在食物还未吃完、话还未说完、事情还未做完中死去；还有些人自杀身亡。在以上数多的死缘之中，生缘却如风中残烛般力量微薄。也许现在死亡就会突然降临，谁也无法确定明天会不会转生为头上长角的旁生，所以应当诚信死期不定、生处不定的道理。

丁七、思维猛厉希求而修无常：

我们随时随地要唯一观修死亡，观想行、住、坐、卧一切所为都是此世最后的一次，口中也如此言说，心中也这样诚挚观修。如果去往其他地方也想可能会客死他乡而没有重返故土的机会；启程上路或者在台阶上

---

[45]不适应中毒：不宜合并的食物一经合并食用，即对身体发生不良反应引起中毒。

[46]玛敦、夏珍：因肉食所致两种病的名称。

[47]洞特：一种病，患此病者会突然昏倒，需立即放血。

休息时也想可能会死于此处；无论坐在何处也都应观想可能会死在这里。晚上睡眠时也要想：今晚会死在睡觉的地方，明天不一定还活在人间；早晨起床时也要想：在今天当中也许就会命绝身亡，今天晚上不一定还有睡觉的机会。要发自内心情不自禁唯独观修死亡。从前，噶当派的格西们在晚上睡觉之前常常思维：不知道明天早晨还用不用生火。因此他们往往不盖火[48]并且将碗也是倒扣放置，每时每刻心中都对死亡有坚定不移的胜解。我们要像他们那样身体力行。

仅仅修习死亡还不够，因为人在临终时绝对有利的只有正法，所以我们必须恒时不离正知正念，深刻地认识到轮回的一切琐事均无有恒常、无有实质，时常督促自己修持正法。本来身心的暂时组合就是无常的，为此不要将假合的身体执著为我。所行的道路是无常的，一举手一投足都要如理如法，《般若摄颂》中云："唯看一木轭，行走心不乱。"身居的处所是无常的，应当将它观想为净土；饮食受用是无常的，应当享用禅定的美食；躺卧睡眠是无常的，应当将迷乱修成光明境界；富有的珍宝是无常的，应当依靠圣者七财；亲朋近邻是无常的，应当栖身静处激发出离；名誉地位是无常的，应当恒常身居低位；言谈话语是无常的，应当督促自己念咒、诵经；信心出离也是无常的，应当为誓言得以稳固而精进；想法妄念通通是无常的，应当具备贤善的人格；验相证悟是无常的，务必要至达法界尽地。到那时候，已经了脱生死，生死完全掌握在自己的手中，有自在操纵死亡的把握，获得无死的坚地，就像雄鹰翱翔在虚空中一样，死亡到来也无所畏惧，从此之后无需修行。

诚如米拉日巴尊者说："吾初畏死赴山中，数数观修死无定，已获无死本坚地，此时远离死畏惧。"

无等塔波仁波切也亲口教诫我们道："开始的时候，害怕生死所追，务必像鹿子逃出笼子一样义无反顾，中间的时候，务必像农夫辛勤耕耘田

[48]盖火：西藏人一般都晚上盖火，为方便第二天容易生火。但修无常者想若晚上死了，就不需准备故常不盖火。

地那样做到死而无憾，到了最后，要像大功告成的人一样做到心安理得。也可以说，最初的时候，务必要像箭中人的要害一样认识到没有空闲，中期阶段要像死了独子的母亲一样专心致志地修行，最终要了达无所作为，如敌赶走牧童牛[49]。”在未生起如是定解之前务必唯一观修死亡无常。

世尊也曾金口玉言这样赞评观修无常：“多修无常，已供诸佛；多修无常，得佛安慰；多修无常，得佛授记；多修无常，得佛加持。如众迹中，象迹为最，佛教之内，所有修行，观修无常，堪为之最。”又如《毗奈耶经》中说：“对我眷属中如妙瓶般的舍利子及目犍连等百名比丘供斋供物，不如刹那念有为法无常更胜。”

有一位居士请问博朵瓦格西：“如果想专门修行一法，那么修什么法最为重要呢？”

格西答道：“如果想专心修行一法，无常最为重要。倘若修行死亡无常，首先可以作为进入佛法之因，中间可作为勤修善法之缘，最后作为证悟诸法等性之助伴。倘若修行无常，最初可作为断除此生绳索之因，中间可作为舍弃贪诸轮回之缘，最后可作为趣入涅槃圣道的助伴。又最初可作为生起信心之因，中间可作为精进之缘，最后可作为生起智慧的助伴。如果观修无常，并且能在相续中真正生起的人，起初可成为求法之因，中间可作为修法之缘，最后作为证悟法性的助伴。倘若修行无常，并且能在相续中生起无常观，则初始可作为擐甲精进之因，中间可作为加行精进之缘，最终可成为无退精进的助伴。”

帕单巴[50]尊者也曾经说过：“如果相续中生起了无常观，最开始可作为步入正法的因，中间可作为精进的鞭子，最终也能获得光明法身。”所以，相续中如果没有不加改造而生起无常观念，那么仅仅在表面上求求

[49]如敌赶走牧童牛：牧童的牛被敌人赶走后，愣在那里，不知所措。

[50]帕单巴：出生于印度南方，曾依止莲花生大士、龙猛菩萨等五百位上师获二殊胜成就，住世571年，后于藏地弘扬佛法。

法、修修法，最终只能成为佛教油子[51]的因。

单巴仁波切又说："在西藏修行人当中，没有看见一个人有死亡的念头，也没有发现有一个人遗留在世。身着僧衣的人累积财产，难道是要供养阎罗王吗？收藏一切奇珍异宝，难道企图暗地里贿赂阎罗卒不成？目睹这些西藏修行人，会让人禁不住仰天哈哈大笑！谁具广闻我慢高，修行好者积财宝，谁依静处多散乱，谁离故乡无羞愧，彼为形象修法者。彼等喜爱造恶业，虽已见到他人死，然却不知自将亡，此等一切诸过患，皆由未修无常致。"

所以，观修无常是开启一切修行之门的前提条件。

一居士向博朵瓦格西请求消除恶缘的窍诀。博朵瓦格西回答说："你应当屡屡思维死无常，如果心中生起必定死亡的唯一观念，那么净除罪业也无有困难，奉行善法也无有困难。如若在此基础上，你能够常常修持并在相续中生起慈悲心，那么利益有情也不是难事。倘若在此基础上，再多多修行诸法实相空性，而且在自相续中已经生起，到那时清净迷乱也不会有困难。"

如果相续中真正生起了无常观，那么就一定能够彻底舍弃对今生世间一切事物的贪执，就像呕吐症患者不愿取油食一样。

我的至尊上师（如来芽尊者）也不止一次地说过："我无论看见世间如何高贵、如何权威、如何富裕、如何俊美之人，也不会生起羡慕之心，而注重前辈高僧大德的事迹，这就是因为自己的相续中生起了少许无常观的缘故。我除了无常以外也再没有其他更殊胜的教言传授给别人。"

那么在相续中对无常生起定解的界限是怎样的呢？

应当像喀喇共穹格西那样。格西在后藏的觉摩喀喇山修行时，岩洞口有一荆棘丛，常常挂到他的衣服。开始他想砍除，但转念一想：唉，我也许会死在此山洞中，也不知道是否再有出去的机会，还是将修行妙法放在首位。当他再次出洞的时候又想：不知道能否再度返回这个山洞。而一直

[51]佛教油子：入佛门闻法修法越多其相续越难调化，终成与佛法背道而驰之人。

没有砍除荆棘丛。就这样，他连续在这个洞里修行了多年，最后已经获得成就，可依然没有砍除荆棘丛。

还有一个修无常观的表率，那就是持明无畏洲尊者。持明无畏洲尊者有一个秋季七月沐浴的水池，没有阶梯，进入时很困难。弟子问："是否应在此修一阶梯？"他回答："不知道明年还有没有在这里沐浴的机会，那么费事有什么用呢？"他也常常教诫弟子修无常法。

所以，我们这些人在相续中没有生起这样的定解之前，一定要在加行时发心，正行时千方百计调整自心，反正在相续中没有生起不加改造的无常观之前就要修持，后行时以回向印持。务必要追循圣者前辈的足迹，尽心尽力勤奋努力修持。

无常现前反而执常有，老年到来反而以为幼，
我与如我邪念诸有情，相续生起无常祈加持。

寿命无常之引导终

## 三、轮回过患

了达轮回诸事无实义，唯以大悲利益诸有情，

不贪有寂依教行大乘，无等上师足下我敬礼。

丙三（轮回过患）分二：一、总的思维轮回痛苦；二、分别思维六道各自痛苦。

丁一、总的思维轮回痛苦：

正如前文中所说的一样，尽管我们已经拥有了难得的暇满人身，但它也不可能长期住留，最终必将走向死亡。如果死后也如同灯灭或水干一样一了百了，当然也就没有别的可说了，可是死后不可能完事大吉，而必然要投生，有了投生就离不开生死轮回。

总的来说，所谓的轮回，就像陶师手中的轮盘、井中的水车、瓶中的蜜蜂一样接连不断地旋转。比如，将蜜蜂放在瓶内封闭瓶口，那么蜜蜂只能在瓶中飞来飞去。同样，无论生于善趣或堕入恶趣都超不出轮回的范围。善趣的人间天境如同瓶内上面的空间，三恶趣就像瓶内下面的空间，六道众生就这样以有漏的善业和不善业为因，连续不断地投生流转，为此叫做轮回。

我们这些人无始以来一直漂泊于轮回之中，一切众生彼此之间没有不当过父母、亲友、怨敌或平常人的。

假设把整个大地的土抟成枣核许的丸子，口中数着“这个众生的母亲是这个，那个有情的母亲是那个”，待到土丸的数量已经穷尽，然而各个众生互相当过母亲的次数却还不能到尽头。这以上是经中说的。怙主龙树也说：“地土抟成枣核丸，其量不及为母数。”一切有情，从无始以来到现在没有谁不是这样转生的，在此期间，因为利欲熏心而断过的头颅和肢

体不计其数。假设将曾经投生为蚂蚁等小含生的所有肢体堆集一处，那一定比须弥山王还高；因为口中无食、背上无衣，感受饥寒交迫、唇干舌燥等痛苦而哭过的泪水，假设尚未干涸而收集起来，肯定远远多于所有的汪洋之水；仅仅生在地狱时所喝过的铜汁铁水也比局部四大海洋的水还多。

尽管事实原本如此，可是仍旧对轮回不生刹那的出离心一味执迷不悟而受束缚的人们，在漫无边际的轮回当中必然还要变本加厉地受苦受难。就算是依靠随福德分的些微善果获得了梵天和帝释那样万寿无疆、富足圆满、威风凛凛、相貌堂堂的身体，最终也摆脱不了死亡的命运，并且在命终之后还要饱尝恶趣的悲惨痛苦，那么暂时拥有的荣华富贵、健康无病等微不足道安乐的人们，在几年或几个月甚至仅仅几天的时间内，也会因为善趣的乐果耗尽而变成一贫如洗、可怜兮兮，或者不愿意也要感受恶趣那难以忍受的痛苦。

所以说，现在暂时的幸福快乐就好似梦中正在兴旺发达之时突然醒来一样，有什么实质可言呢？眼前依靠一点点善果而表面看起来似乎幸福快乐的人们，一旦引业耗尽之后，没有刹那住留的权利，即便是坐在天衣铺陈的如意宝座上尽情享受五种欲妙、快乐无比的天王，当寿命结束后也会在睁眼闭眼的瞬间大头朝下堕入地狱，在炽燃铁地上感受痛苦。再者，太阳和月亮尽管拥有普照四洲的光芒，但最后也会有转生到伸手不见五指、漆黑一片之暗处[52]的时候。似是而非的轮回安乐，根本没有任何可信赖的。

我们要下决心：今生今世一定全力以赴脱离轮回大苦海，获得永久安乐圆满正等觉果位。

上述道理，要完整具足加行、正行、后行来实地修行。

丁二（分别思维六道各自痛苦）分六：一、地狱之苦；二、饿鬼之

[52]暗处：太阳和月亮本为天子，所以也有堕落之时。

苦；三、旁生之苦；四、人类之苦；五、非天之苦；六、天人之苦。

戊一（地狱之苦）分四：一、八热地狱；二、近边地狱；三、八寒地狱；四、孤独地狱。

己一（八热地狱）分八：一、复活地狱；二、黑绳地狱；三、众合地狱；四、号叫地狱；五、大号叫地狱；六、烧热地狱；七、极热地狱；八、无间地狱。

从复活地狱逐渐向下到无间地狱之间就像高楼大厦一样层层叠叠。这些地狱的地面与周围全部犹如打造的烧铁一般，一经落脚就没有丝毫的舒适感，在熊熊烈火之中只会觉得火烧火燎，热到极点。

庚一、复活地狱：

无量无数的地狱众生由业力所感，好似暴风雪般同时聚集到烧铁地上火红的余烬中间。它们由于嗔恨的引业而感召这样的同行等流果：所有众生如同见到不共戴天的仇敌一样，相互之间生起嗔怒之心而奋力争斗，手中握着业力幻化不可思议的兵器而打得你死我活，最后全部亡命。这时从空中传来“愿你们复活”的声音，随即所有众生死而复生，又一如既往地争斗不休，就这样辗转死去复活，轮番交替，极其痛苦。

我们再来看一看复活地狱有情的寿量：人间五十年是四大天王天的一天，三十天为一个月，十二个月为一年，四大天王所在的天界五百年是复活地狱的一天，这样计算复活地狱三十天为一个月，十二个月为一年，此地狱众生自寿为五百年。

庚二、黑绳地狱：

阎罗狱卒们把形如柴烬的地狱众生带到炽热的铁地上，在它们的身上用黑线划分为四份、八份、十六份、三十二份等，然后用火红的铁锯锯割，这些众生刚刚被锯开的部位马上又粘连在一起，就这样反反复复地感受着剖割的痛苦。

寿量：人间一百年是三十三天的一天，三十三天的一千年是黑绳地狱的一天，此地狱的有情寿量长达千年。

庚三、众合地狱：

数不胜数的地狱众生，被关在大如地域般的铁臼内，狱卒们挥舞着须弥山般的铁锤锤打它们。所有的众生哭哭啼啼，在无法想象气息分解的痛苦和万分恐怖的状态中死去。当阎罗卒们举起铁锤时，它们又再度复原，依然如故感受痛苦。

此外也有这样的情形：在川谷中所有相对的山岭变成自己以前杀害的鹿子、黄羊、山羊等动物的头像，它们的角尖燃火，并且角抵角而相斗。地狱的无量众生由于业力所牵，来到两座山中间，当两山互相碰撞时，这些众生全部死去，当山分开时它们就恢复如初，又像前面一样感受着众合等巨大的痛苦。

寿量：人间二百年是夜摩天[53]的一天，夜摩天的二千年是众合地狱的一天。此地狱的众生自寿为两千年。

庚四、号叫地狱：

这一地狱的众生身陷无门的炽热铁室内，倍受煎熬之苦，想到无有从此解脱之时，不禁失声惨叫。

寿量：人间四百年是兜率天[54]的一天，兜率天的四千年是号叫地狱的一天，此地狱众生自寿长达四千年。

庚五、大号叫地狱：

阎罗狱卒们手持许多令人毛骨悚然的兵器，将地狱的无量众生驱赶到双重铁门的炽热铁室中，然后用铁锤等锤打它们。这些众生想：内外两个

[53]夜摩天（时分天）：居于须弥山前上空，按时行乐，故名时分，不与阿修罗作战，故名离诤天。

[54]兜率天：又名喜足天、睹史多天，六欲天之一，妙欲资具胜于以下诸天，身心安适，且喜具足大乘法乐，故名喜足。

门都是用铁水浇铸，即便能逃脱内门也逃不出外门。于是声嘶力竭地大呼大叫。

寿量：人间八百年是化乐天[55]的一天，化乐天的八千年是大号叫地狱的一天，此地狱众生的寿量达八千年之久。

庚六、烧热地狱：

大如三千大千世界的铁器内装满了沸腾的铁水，地狱的无量有情在里面遭受熬煮之苦。每当它们浮到水面时，阎罗狱卒们就用铁钩将它们钩住，用铁锤锤打它们的头部，于是它们便昏迷不醒，此时已经全无苦受，（当它们醒来之后）便以为那是一种安乐，这些有情始终处在水深火热之中，苦不堪言。

寿量：人间一千六百年是他化自在天[56]的一天，他化自在天的一万六千年是烧热地狱的一天，此地狱众生自寿长达一万六千年。

庚七、极热地狱：

在火势熊熊的铁屋内，阎罗卒们用火焰炽燃的三尖铁矛从此地狱众生的两足掌和肛门刺入，结果从双肩和头顶径直穿出，并且还用燃烧的铁片在它们身外缠绕，这些有情极度痛苦。

寿量：此地狱众生的寿命长达半个中劫，因此无法用人间的年数衡量。

庚八、无间地狱：

周围有十六个近边地狱围绕的燃火铁屋内，阎罗卒将地狱的无量众生放到堆积如山、好似木炭般燃火的铁块中央，借助豹皮和虎皮所制的皮火筒[57]的风力，有情的身体与烈火燃成一体，感受极其强烈的痛苦，只能发出凄惨号叫的声音而身体却显露不出来。它们不断地萌生想要解脱的念

[55]化乐天：六欲天之一，自己任意变化欲界资生妙具，尽情享受，故名化乐天。

[56]他化自在天：六欲天之一，夺他所化妙欲资具而自享用，故名他化。

[57]皮火筒：藏族烧火的工具，用动物皮制成，在火的周围吹气可助火燃旺。

头，可是解脱之时却遥遥无期。有时候它们认为火门稍稍打开了一点而企图逃之夭夭，结果又遭到狱卒们用铁弩、棍棒、铁锤等一顿毒打，而且口中也被灌注沸腾的铁水等，需要饱尝前七种地狱的所有痛苦。

寿量：此地狱的有情寿命长达一个中劫，由于再没有比这更强烈的痛苦，所以称为无间地狱。

造无间罪业的众生或者进入密乘对金刚阿阇黎产生邪见的人将投生到这一地狱，而以其他业力绝不会转生于此。

己二（近边地狱）分五：一、糖煨坑地狱；二、尸粪泥地狱；三、利刃原地狱；四、剑叶林地狱；五、铁柱山地狱。

无间地狱的四方，各有糖煨坑、尸粪泥、利刃原及剑叶林四个地狱。东方有四个，南方四个，西方四个，北方四个，共十六个。东南有一座铁柱山，同样西南、西北、东北各有一座铁柱山。

庚一、糖煨坑地狱：

无间地狱的众生由于业力有所减轻而走出无间地狱之门，这时它们看见远处有一片黑漆漆的凉荫或妙壕，满心欢喜疾步前往，结果却陷入了剧烈燃烧的炭火坑里，被烧得骨肉焦烂，痛苦不堪。

庚二、尸粪泥地狱：

从糖煨坑地狱中解脱出来的有情，又看见远方有一条河流，因为在前一大劫毁灭期间一直身处火堆之中倍受煎熬，所以感到口干舌燥，渴到极点，一见到水不禁喜出望外，飞奔前去饮用。（可是到了近前，）哪里有什么水？结果陷入了人尸、马尸、犬尸等腐烂尸体臭气冲天、到处弥漫昆虫的污泥内，淹没过头顶，具有锋利铁喙的昆虫群起而上竞相啄食，真是苦不堪言。

庚三、利刃原地狱：

从尸粪泥地狱中解脱出来的有情，看到有一赏心悦目的青青草原，欣然前往，结果遇到的却是一片兵器所成的利刃原，整个大地长满了形状如草锋利燃火的铁刺。右脚踏在上面右脚被戳穿，左脚踩下左脚被刺透，当脚抬起时又恢复如初，再度踩踏之时又如前一样被穿透，痛苦难忍。

庚四、剑叶林地狱：

从前面的地狱中刚刚解脱出来的众生，又看到舒心悦意的林苑，兴高采烈地狂奔而去，哪里有什么悦意的林苑？遇到的却是一片剑叶林，只见铁树上生长着许许多多叶状的利剑，随风摆动，将这些众生碎尸万段，之后恢复如初，又再度割截，它们就这样感受着被切割的痛苦。

庚五、铁柱山地狱：

这里是毁坏梵净行、破戒律的出家人或行邪淫的有情转生的地方。由于业力的牵引，它们来到阴森可怖的铁柱山前，这时听到山顶上有昔日苦苦爱恋的友伴呼唤自己，于是便向山上攀登，结果身体被铁树上生长着朝向下方的树叶刺穿。当爬到山顶的时候，乌鸦、鹰鹫等飞禽又前来啄食它们的眼油。这时，又听到山脚下传来呼喊它们的声音，于是一如既往地向山下奔去，所有的树叶又转向上方，从它们的前胸刺入，径直穿透后背。到了山脚下时，等候在此万分恐怖的铁男、铁女将它们拥抱入怀，又将它们的头颅活活吞入口中细嚼慢咽，并不时从嘴角两边流出白色的脑浆，它们感受诸如此类的异常痛苦[58]。

对于以上八热地狱、十六近边地狱和铁柱山地狱的痛苦，自己经过一番详细分析之后，到一个寂静的地方开始闭目观想：我如今已经真真切切地转生在那些充满恐惧和痛苦的地狱之中。又转念沉思：啊！我现在并不是真正生在那些地狱里，仅仅是内心意念，竟然那么恐怖、那么痛苦，而如今真正堕落于地狱中的众生不可胜数，这些有情都是自己前世的父母，也无法确定现世的生身父母、亲朋好友等许多人命终之后不堕入地狱。其

[58]这在《正法念处经》中有同样的描述。

实，转生到那些地狱的主因就是嗔恨心，而我们这些人在前世和今生之中肯定造下了数之不尽的嗔恨烦恼恶业，由此后世一定会转生到上述的那些地狱中。如今我们已经获得了暇满人身，并有幸遇到了具有法相的上师，聆听了甚深窍诀，拥有了行持佛法成就佛果的机会，此时此刻务必下决心：为了从今以后不转生到那些恶趣之处，一定要锲而不舍地努力修持。反反复复思维上述道理。而且，痛悔以往所造的深重罪恶，诚心忏悔，并立下坚定誓愿：今后即使遇到生命危险，宁死也绝不造堕落地狱的恶业。一方面这样忏前毖后，一方面对现在身陷地狱的有情生起强烈的悲心而发愿：但愿这些众生当下从恶趣中解脱……

以上道理要以圆满加行、正行、后行来修持。

己三、八寒地狱：

通常而言，八寒地狱处在中央与周围雪山、冰川的环抱中，到处是狂风四起、暴雪纷飞，居此地狱的众生在这种处境中赤身露体而遭受寒冻的苦难，身体上不时长出水泡，由此称为具疱地狱；水泡破裂而形成疱疮伤口，由此称为疱裂地狱；有情难以忍耐寒冷的折磨，禁不住牙关紧咬，由此称为紧牙地狱[59]；有情不断发出呼寒叫冷的声音，由此称为阿啾啾地狱[60]；有情呼寒叫冷的音声已经间断，只能呼呼呼地长声叹息，由此称为矐矐婆地狱；有情的皮肤冻成青色，裂成四瓣，由此称为裂如青莲花地狱；皮下之肉冻成红色并冻裂成八瓣，由此称为裂如红莲花地狱；更有甚者，冻成黑红色，裂成十六瓣、三十二瓣或无数瓣，由此称为裂如大莲花地狱，沦落在此地狱的有情冻裂的伤口中爬入许多铁喙的昆虫咬噬着，与之同时还要遭受寒冻之苦。因为有八种全然不同的痛苦，所以才安立了八种名称，这些统称为八寒地狱。

---

[59]紧牙地狱：也叫安嘶吒地狱。

[60]阿啾啾地狱：也叫虎虎婆地狱。

八寒地狱的寿量：二百藏升[61]的大盆里装满芝麻，具疱地狱的每一百年从中取一粒芝麻，直到将所有的芝麻全部取完，才是具疱地狱众生寿量结束的时刻。其余地狱次第呈二十倍递增，从上而下，寿量越来越长，痛苦越来越强，也就是说：疱裂地狱的寿量是具疱地狱的二十倍，紧牙地狱的寿量是疱裂地狱的二十倍，依此类推。

接下来，我们还是像前面那样结合自相续而观修这些寒地狱的痛苦，首先观想：如果在这个人间，寒冬季节一丝不挂赤裸裸地在外面停留短短的一瞬间，尚且也无法忍受寒冷的痛苦，假设真正转生在那些地狱里，又怎么能忍受得了呢？对于自相续的罪业，要忏前戒后，并对已经沦落到地狱中的有情生起大悲心……如前一样具足加行、正行、后行来实修。

己四、孤独地狱：

孤独地狱的处所没有固定性，痛苦也是变化不定。有的夹在山岩间，有的困在磐石内，有的冻在冰块里，有的煮在沸水中，有的烧在烈火内……有的众生藏在树木里，当樵夫砍伐树木之时，它们的肢体被千刀万剐等，近取蕴受尽苦难，还有些转生为人们日常使用的杵臼、笤帚、瓦罐、门、柱子、灶石、绳子等形象，也以识蕴感受这些苦楚。

例如：大成就者卓滚朗吉日巴[62]在雅卓耶湖中看到的鱼，大成就者唐东加波[63]所见石头内的青蛙等等。

关于雅卓耶湖的来历，据说以前益西措嘉空行母在修行时将苯波教徒投来的一枚金币变成为此湖，它是四大名湖[64]之一。这一湖泊的源头起自得龙刚亲（地名），尽头流入贼玛格热（地名），中间要历经数日

[61]藏升：为革萨拉城市所用容量单位。

[62]卓滚朗吉日巴（1128—1188）：修持七年七月七日证悟法相，并创立了拉朴寺。

[63]唐东加波：噶举派一位传承上师。

[64]四大名湖：马法木湖（今西藏自治区普气县境内），纳木湖（今西藏自治区当雄县境内），青海湖，雅卓耶湖。

的路程。

一次，大成就者卓滚朗吉日巴向湖中观望，随后竟然悲泣着说："哎哟哟，千万不要享用信财[65]！千万不要享用信财！"

弟子迷惑不解地问："上师，到底发生了什么事？"

尊者悲哀地说："在这条湖泊当中，一位享用信财的上师神识转生为孤独地狱的一条大鱼，它正在感受众多痛苦。"

弟子请上师示现给他们看。于是，尊者大显神变顷刻之间使此湖干无一滴。这时，眼前出现一条巨鲸，庞大的躯体遍及整个湖泊，身上密密麻麻布满了数不胜数的含生在争相蚀食，只见它痛苦难忍而满地翻滚。

弟子问："承受此恶报者是谁的转世？"

上师开始讲述："这是后藏黑马喇嘛的转世。后藏的那位黑马喇嘛，咒力和加持力非同小可，对于鬼迷心窍的人只需看上一眼就会立竿见影，成了前后藏四翼[66]地区众所周知的供养处。他超度亡人只是念一声'啪的'便开始收取大量牛马等牲畜，他死后转生为这条大鱼。"

大成就者唐东加波在一块大石头上修气脉瑜伽时，结果石头裂开两瓣，里面有一只大青蛙，身体上粘附了无数的微小生灵在蚀食，只见它张着黑洞洞的口，苦不堪言。

弟子问："上师，这是怎么回事呀？"

上师告诉他们："这个众生的前世是一个作血肉供养的上师。"

在当今时代，享受血肉的喇嘛随处可见。每当施主们宰杀膘肥体胖的羊只，在咽喉或脾脏等内脏里装上血肉放在脊椎骨的精肉上来供养这些喇嘛时，他们则拉起披单甩到头后，接着便像婴儿咂奶一样津津有味地吮吸着里面的东西，又从怀中掏出小刀慢慢悠悠地吃着外面的肉。当饱餐完毕

---

[65]信财：信众供养的财物，此中也有亡财之义。

[66]前后藏四翼：古代藏文典籍中藏地为上中下三区。上区阿里，中区卫藏，下区青康。

的时候嘴上油腻腻的，头顶也是热气腾腾，简直与餐前判若两人，已成了红光满面、昂首阔步的形象。今生这样肆无忌惮地享用血肉的人，后世要用自己的身体来偿还血债，到那时，孤独地狱中不堪设想的大苦头会恭候着他们的！

大堪布具德护法在德格期间，有一天，对弟子们说："今天俄达河里出现什么都不要放掉。"

许多僧人去河边守候，一直到午后时分，才看到有一段树干随波漂来，于是他们打捞上来，禀告上师说：除了这一截树干以外，其他什么也没有发现。具德护法让弟子劈开这段圆木，众人惊奇地看到一分为二的圆木中有一只大青蛙，身上有许多含生在吃着它。上师为它做了沐浴仪轨……并说这只青蛙是德格管理信财的监院师哦吉的转世。

所以说，如今作威作福、恃强凌弱的官员们，想到这些地狱，举止言行也应当小心谨慎。

往昔世尊在世时期，所住的城中有一位屠夫晚上守持不杀生戒（而白天大开杀戒）。当他死后转生到孤独地狱，夜晚身居舒心惬意的美妙宫殿里，有四名花枝招展的美女供奉饮食、受用，快乐无比；到了白天，美宅变成了燃烧的铁屋，四名美女则变成了恐怖的花斑杂色恶狗来啃食他[67]。另有一个邪淫者白天守持不邪淫戒（晚上非法邪淫），死后堕入孤独地狱，与前相反，白天尽情享乐，夜间受尽苦厄[68]。这些是昼辛吉尊者亲眼目睹的真情真事。

在一座环境幽雅的寺庙里居住着五百比丘，每天中午击犍椎[69]集聚僧众供斋时，经堂即刻变成了燃烧的铁屋，钵碗等餐具则变成兵器，僧人

---

[67]此公案详见唐朝义净法师所译的《根本说一切有部毗奈耶皮革事》。

[68]此公案详见《根本说一切有部毗奈耶皮革事》。

[69]犍椎：打木、檀板，义译声竭，集合僧伽的响器之一。《毗奈耶经》中所说尺度，木质为栴檀、木瓜树、巴罗沙、柴檀、醋柳、桐树等，长八十四指，宽六指，厚二指，削去四角成为八方，四角断口，各长二指，两端剖成蛤蟆头形。

们开始互相殴打，供斋时间过后，又依然如故地各自分开。这是以前迦叶佛时许多比丘午饭时发生争执的异熟果报。

以上八热地狱、八寒地狱共有十六个，再加上近边地狱和孤独地狱，合计起来有十八个，这就是人们通常所说的十八层地狱。我们应当深入细致地了解这些地狱的数目、寿量、所受的痛苦以及转生到此的原因等等道理，进而对生在地狱中的有情生起悲心，并且千方百计竭尽全力使自他一切众生从此之后不堕地狱。否则，仅仅是浮皮潦草地听一听佛法，便置之不理，而没有脚踏实地加以修行，只会变成傲气十足的佛教油子之因，而成为圣者呵责、智者羞辱的对象。

从前，一位仪表庄严、趾高气扬的比丘前来拜见上师扬仁波切。

仁波切问他："这位比丘，你对佛法认识得如何？"

那位比丘自吹自擂地回答："我对佛法，广闻博学。"

上师又问："那么，十八地狱是指哪些呢？"

这时，比丘支支吾吾地答道："八热地狱、八寒地狱共有十六个，嗯……再加上噶玛巴黑帽、红帽两个，总共有十八个。"其实，这位比丘并不是因为不恭敬噶玛巴才将他们列入地狱的数目中，而是因为忘记了孤独地狱和近边地狱的名称，由于当时噶玛巴黑红帽二位尊者大名鼎鼎，所以就随随便便地算在了地狱的数目里。如果到了这种地步，姑且不谈求法修行，甚至连字面词句上还是懵懵懂懂，这实在是令人感到惭愧之处。

戊二（饿鬼之苦）分二：一、隐住饿鬼；二、空游饿鬼。

己一（隐住饿鬼）分三：一、外障饿鬼；二、内障饿鬼；三、特障饿鬼。

庚一、外障饿鬼：

此类外障饿鬼甚至在数百年之中连水的名称也没有听过，整日饥渴交迫，经常为寻找饮食而四处游荡，结果也是一无所获。有时候看到远处有清清流淌的碧绿江河，以僵直的肢体艰难地支撑着巨大的腹部，异常痛苦同时又疲惫不堪，踉踉跄跄地走去，可是到了近前，所有的水已干无一滴，仅仅剩下河床[70]，于是它们感到万分苦恼。有时候远远望见果实累累、郁郁葱葱的绿树，依然如前一样赶去，当到了跟前时所有的树木已干枯成了树干。有时候，看见品种繁多的饮食、美不胜收的受用，可是到了近前时，却遭到许多全副武装的看守用兵器殴打、驱赶，真是说不出的痛苦。对于这些饿鬼来说，夏季月亮也显得火烧火燎，到了冬季感到太阳也是寒气逼人、清清凉凉，实在是受尽了折磨。

很久以前，昼辛吉尊者到饿鬼境内，结果中了饿鬼吝啬的毒气，感觉口干舌燥。看见一座铁城的大门前有一个令人不寒而栗的黑面红眼饿鬼，便急不可待地问："哪里有水？"

他的话音刚落，居然集来了一大群形似烧焦树干的饿鬼。它们争先恐后地祈求说："无比尊贵的大师，你行行好，给我们一点水吧。"

尊者说："我也得不到一滴水，同样在求水，你们到底是谁呀？"

它们可怜巴巴地回答说："我们自从投生在这座山谷以来已经有十二年了，可是到今天才听说水的名字。"[71]

庚二、内障饿鬼：

这类内障饿鬼嘴巴小得像针眼一样，本想开怀畅饮大海里的水，怎奈水却无法流进它们那细如马尾毛的咽喉，而且在这中间已被口中的毒气一扫而光。就算是有一星半点的水进入了咽喉，也满足不了它们那大如盆地的腹部。即使腹内稍稍有一点饱的感觉，在夜晚期间腹内也会燃起大火，烧尽心肺等所有内脏，是何等的痛苦。当它们想走动的时候，灰白色茅草般的肢体却难以支撑大如盆地的腹部，真是痛

[70]河床：大河两岸中间容纳流水的部位。

[71]此公案详见《根本说一切有部毗奈耶皮革事》。

苦到了极点。

庚三、特障饿鬼：

在每一个特障饿鬼的庞大躯体上，都居住着成群的小饿鬼，这些小鬼不停地啖食着大鬼。除此之外还有许许多多不定的疾苦。

很久很久以前，有一次，昼辛吉尊者来到饿鬼的领域，他举步进入一座无量宫殿，发现里面有一位相貌端严、婀娜多姿、十分可人的美女饿鬼，珍宝饰品装点的宝座四条腿上拴着四个饿鬼。美女饿鬼奉送给昼辛吉尊者一些食品，并且千叮咛万嘱咐："如果这些饿鬼向您要食物，一丁点儿也不要给它们。"说完美女饿鬼就出去了。于是尊者开始享用这些食品，这时，饿鬼向他讨要。尊者顺手给了一个饿鬼，没想到食物竟然变成了糠秕，当给另一个饿鬼的时候，食物变成了铁锤，尊者接着抛给剩下的两个饿鬼，食品到了它们的手中，一个变成了它自己的肉，另一个成了脓血。

正在这时，美女饿鬼回来了，她不满地说："我不是嘱咐您不要给它们吗？难道您的悲心已经胜过我了吗？"

尊者不解地问："它们与你究竟是什么关系？"

她一一介绍说："这是我前世的丈夫，这是我的儿子，这是我的儿媳，这是我的仆女！"

尊者又问："你们是以什么业力转生到这里的？"

她说："南赡部洲的人生性好疑，很难相信，即使说了也不会有人当真，还是不说为好。"

尊者说："我已亲眼见到了，怎么还会不相信呢？"

于是那位美女饿鬼开始有声有色地讲了起来："我前世是某某城市的一名婆罗门女，在一个佳节吉日的前夕，我准备了丰美的食品。

第二天，正巧嘎达亚那尊者来到城中化缘。我怀着虔诚的信心供养斋食，不禁暗想：如果能让我的夫君欣然随喜供养，那该是多么令人高兴的事。于是便告诉丈夫说：‘我今天向佛陀的弟子嘎达亚那大尊者敬献了斋饭，但愿你也能随喜。’可是万万没有想到，丈夫听后火冒三丈、破口大骂：‘在没有供奉婆罗门、没有孝敬诸位亲朋之前，你居然先供养了那个光头，那个光头怎么不去吞糠秕呢？’

我又将此事对儿子说了，儿子也气急败坏地说：‘光头怎么不吃铁锤呢？’

当天晚上，我的亲戚们给我捎来了美味食品，结果被儿媳一人独吞，她将粗茶淡饭给了我。我问她：‘你是不是没有将美味佳肴交给我而私自吃了，却将这些粗茶淡饭拿给我？’她妄言回答：‘我吃你的食物，还不如吃自己的肉呢！’

此外，我让仆女捎给亲戚的食物，她也悄悄地偷吃了。当我质问她时，她信口胡说：‘我偷吃你的食物，还不如喝脓血呢！’

面对这一连串的打击，我暗自立下毒誓：但愿我将来转生在能看到他们感受各自报应的地方。正是因为这样的恶愿，才使我转生为大力饿鬼，否则以供养圣者斋食的功德，我完全能生到三十三天。您如果去我曾住的城市，请转告我那沦为娼妓的女儿说：‘我已见到了你的父母等，这一业报是令人痛心的。’告诉她断除非法的恶业，改过自新。”美女饿鬼稍稍停顿一下又说：“如果她不相信，就告诉她：‘你父亲生前的房间里有四个装满黄金的铜锅，还有金盘及金瓶。取出这些财宝，时常供养嘎达亚那圣者，然后念诵我们的名字作回向，这样一来，可以使我等的业力逐渐减轻，直到消尽为止。’”[72]

还有一则实例，哲达日阿阇黎出游时到了饿鬼界，一名带有五百个孩子、相貌丑陋的饿鬼母对他哭诉：“我的丈夫去印度金刚座寻觅食物已有

[72]此公案详见《根本说一切有部毗奈耶皮革事》。

十二载，到现在还没有回来。尊贵的大师，您如果去印度金刚座，请捎口信给它说‘如果还不快快归来，孩子们就要饿死了’。”

哲达日为难地问：“你的丈夫长什么样子啊？所有的饿鬼都一模一样，我能认出来它吗？”

饿鬼母满有把握地说：“绝不会认错的，它是一个大嘴巴、塌鼻子、小眼睛具足九种丑相的饿鬼。”

哲达日来到了金刚座。有一次，当一位沙弥大量泼洒供水、供施食子的时候，聚集了一大批饿鬼争食，尊者发现其中就有饿鬼母的丈夫。于是转告了它妻子的口信。

那个饿鬼也一筹莫展地向尊者诉说苦衷：“我背井离乡流浪到这里虽然已有十二年之久，可只有一次在一位清净的比丘擤鼻涕时，众多饿鬼蜂拥而上争夺，我才得到了一点点，除此之外一无所获，而且我自己在争抢鼻涕时，被其它饿鬼打得鼻青脸肿、遍体鳞伤。”

如此看来，无论生在饿鬼中的任何一处，都同样遭受着以饥渴为主各种各样的痛苦。对于这种情形我们应当诚心观修。想想看，我们这些人，仅仅没有吃早饭，便会觉得何等的痛苦？如果真的转生到长年累月连水的名字也听不到的地方那将如何面对呢？而投生为饿鬼的主因就是自己一毛不拔的吝啬和阻碍他人布施的悭吝，想必我们每个人以往所造下这样的恶业数也数不清，现在我们必须下定决心，尽己所能绝不转生到恶趣。修行时，要圆满具足加行、正行、后行而诚心诚意观修。

己二、空游饿鬼：

空游饿鬼包括妖精、王鬼[73]、死魔、厉鬼[74]、鬼女、独角鬼等等。这些饿鬼始终都处于提心吊胆、担惊受怕以及恍恍惚惚的错觉状态中，经

[73]王鬼：是厉鬼的一种。

[74]厉鬼（魑魅）：是一种魔鬼，梵音译作部多。

常居心不良，怀有歹意，精勤于害他的恶业，它们死后的下场多数都是立即坠入地狱等恶趣的深渊。

尤其难忍的是，这些饿鬼不管生前是因病身亡、利刃所毙，还是悬梁自尽等途径横死的，每隔七天，它们都要感受一次以那种方式死亡的痛苦。它们希望把这种痛苦转移给别人，所以无论到哪里都是损人不利己。本来满心欢喜地来到昔日的亲朋好友面前，结果却使他们重病缠身或者精神疯狂等遭受不幸。

瑜伽士们做诅烧抛[75]仪轨时，这些饿鬼被镇压在地下黑咕隆咚的地方长达数劫，或者被烧在作火施的烈焰中，有时候咒师们抛撒驱邪芥子或石子，使这些饿鬼的头颅裂成百瓣、肢体断成千截而粉身碎骨。它们时刻都摆脱不了痛苦，也同样要感受一般饿鬼所感受的冬季太阳寒冷、夏季月亮酷热等反常现象的苦恼。

有些饿鬼则以鸟、狗等令人讨厌的形象遭受各种意想不到的痛苦。

因此，我们应当怀着一颗慈悲的心肠观想，但愿自己能代受那些饿鬼的痛苦，圆满具足加行、正行、后行来修持。

戊三（旁生之苦）分二：一、海居旁生；二、散居旁生。

己一、海居旁生：

在一望无际的大海当中，鱼、鲸、螺、龟、虾等就像酒糟一样密密麻麻。其中长蛇、鲸鱼等大动物的身量可以围绕须弥山数周，小的水生动物则如微尘或针尖一般。这些海居旁生也是弱肉强食，大的吞食小的，小的径直刺入大的身体蚀食它们，每一个庞大动物身上都有成群的小含生筑窝居住并以其为食。有的生在暗无天日的岛屿上，连自己屈伸肢体也无法看

[75]诅烧抛：采用压胜（镇压）焚魔、抛掷朵马、食子等方式以消灾祈福的密宗的一种降魔方式。

见，格外痛苦。作为旁生几乎都是呆头呆脑、愚昧无知而根本不懂得取舍的道理，终日处在无边无际的痛苦之中。

己二、散居旁生:

散居旁生尽管身在人间天境，但也都在感受着愚昧和被役使的痛苦。比如，龙王常常遭受大鹏鸟的威胁及降临热沙雨的危害，而且愚痴呆笨、心狠手辣、毒气冲天等等，非常可怜。

尤其是我们可以清楚地看见，人间的旁生中，无有主人饲养的野兽等时时刻刻都处于万分恐惧的心态中，即使吃一口食物也不得安稳，经常面临互相啖食、遭猎人捕杀、被猛兽吞食等险情。“鹞鹰捉鸟雀，鸟雀吃小虫”已充分地表明这些旁生本身无时无刻不在造互相残杀的恶业。而且，猎人们精通伤害残杀这些众生的技巧，如设陷阱、撒网罟、射火箭等，瞬间便可以使它们丧命。有些旁生因为自己身上所长的角、毛、皮等而遭杀，例如，人们为了珍珠而采集海贝；为了象牙、象骨猎杀大象；为了兽皮而捕杀老虎、豹子、水獭以及狐狸等；为了麝香而捕杀獐子；为了获取血肉杀害野牛、野马等等。这些动物自己的身体反而成了送命的因，真是痛苦至极。

作为主人所饲养的动物：由于愚痴呆笨的缘故，就连屠夫手拿刀剑来到面前时，也只是眼睁睁地看着，根本不知道逃避。此外，这些动物没有一个不感受如被人挤奶、驮运货物、遭人阉割、穿透鼻孔、辛勤耕地等众多役使的痛苦。牛马等牲口背上即使已经伤痕累累却仍然要驮运货物、被人乘骑而艰难行路。当它们实在走不动时，狠心的主人就用鞭子抽打或用石头猛击这些牲口，从来也不曾想过身为动物同样有辛苦疲惫、病患疼痛。成群的牛羊，从身强力壮到老气横秋，只要还没有到派不上用场或气绝身亡之前，就无有休止地被主人使用，一旦衰老得不成样子的时候，或者被主人一刀结果性命，或者被卖给别人，无论如何都摆脱不了被宰的厄运，自然死亡的几乎一个也没有。作为旁生，所受的痛苦实在是我们常人无法想象的。

每当我们目睹遭受这样痛苦的众生时，应该深深地思索、设身处地观想，如果这般剧烈的苦痛落到自己身上，那将如何忍受得了……

我们每个人不但要对生于总的旁生界有情生起强烈悲心，尤其对于自己饲养的动物，更要多一分仁慈，多一分爱心，尽力保护它们。事实上，乃至虫蝇及细微含生以上的所有动物都同样有苦乐的感受，而且这些旁生无一例外都当过自己的父母，对它们生起慈悲心是理所当然的事。

对于上述的道理，我们要以圆满具足加行、正行、后行来实修。

由此可见，不管是投生在三恶趣中的任何一处，都必然要受苦受难，而且这种苦难的数量也是多不可数，程度也是无比剧烈，时间也是极其漫长。更悲惨的是，三恶趣的有情由于愚昧无知、无有正法光明致使所作所为仍旧逃不出恶趣的因。一经生到恶趣后，就很难再有出头之日，也可以说要想再度解脱实在是难之又难。

我们自相续中在今生或他世一定积存了许许多多转生恶趣的罪业，所以现在就务必要诚心诚意努力忏悔以往所造的恶业，立誓今后绝不再犯。并且对生在恶趣中的有情生起强烈的悲悯心，一边发愿“将自己三世所积的一切善根回向给沦落恶趣的这些众生，但愿它们能早日脱离恶趣”，一边思量发心：我如今幸运地遇到了大乘正法，有了行持成办自他二利正道的机缘，一定要刻苦求法、精进修行，将来好接引恶趣的所有众生到清净刹土，愿上师三宝加持我获得这样的能力。并且祈祷上师本尊、念诵、发愿……最后将善根回向众生。

对于上述道理，我们要以回向等三殊胜摄持来实地修持。

如果有人想：生在三恶趣中的的确确是痛苦的本性，可是善趣该是安乐幸福的吧?

实际上，善趣也同样无有快乐可言。

戊四（人类之苦）分二：一、三大根本苦；二、八支分苦。

己一（三大根本苦）分三：一、变苦；二、苦苦；三、行苦。

庚一、变苦：

现在的人们所拥有的片刻快乐也是瞬息万变，可以说转眼间就会变成痛苦。比如说，本来食用对身体有利的饮食以后，正当觉得吃饱喝足、心情愉快的时候，没想到胃肠里生了寄生虫，突然染上了严重的浪踏病[76]，痛苦不堪。正当快快乐乐的时候，忽然间，怨敌赶走了家畜、大火烧毁了房屋、病魔缠身或者听到别人的恶语中伤等等，顷刻之间就会乐极生悲。从这一点来说，在这个生死轮回中，表面拥有的安乐、幸福、名誉，其实都没有一丝一毫的恒常性、稳固性，终究离不开痛苦。因此，我们一定要对轮回生起厌恶之心。

庚二、苦苦：

所谓的苦苦，是指前面的痛苦还没有烟消云散，后面的打击又接踵而至，可以说一波未平，一波又起。比如说，麻风病还没有痊愈又生毒痈[77]，毒痈还没有好转又生疮；父亲不幸逝世，紧接着母亲又撒手离去；被怨敌抢劫一空，又加上心爱之人命归黄泉。在这个轮回中，无论是生在任何地方，都唯有以苦上加苦而消磨时光，连一刹那安安稳稳、快快乐乐的机会也没有。

庚三、行苦：

现在我们这些自以为安乐的人们，表面看起来好像没有亲身受苦，但实际上也绝没有摆脱痛苦之因，比如，吃饭穿衣、住房受用、装饰设宴等等这一切都可能成为造罪业的因，所作所为完全是罪恶的伪装，这一切的后果无疑就是痛苦。

---

[76]浪踏病：肠胃绞痛。由于寒热交攻，胃及大小肠中寄生虫动乱妄行，突发剧痛，如牛角尖压刺胸腹。

[77]毒痈：头疽，疮初起顶如粟米，后来根盘扩大，状如蜂巢。

下面我们就以茶叶与糌粑为例来说明这一道理。

茶叶是汉地生长的一种植物，在播种、剪叶等一系列的过程中杀死的众生数也数不清。从康定以下，依靠人力运上来的时候，每个人需要携带重达六十二卡[78]的分量。人们将大茶顶在头上运来，以至于前额的皮肤被磨得一干二净，甚至到了白骨清晰可见的程度，他们仍然还在不停地运送。从康定以上，依靠犏牛、牦牛、骡子等驮运上来的时候，所有牲口都是腹背疮伤[79]、毛脱皮烂等。不仅在运输过程中人畜要感受这般令人无法想象的役使痛苦，而且在经销茶叶的时候，买卖双方都是通过弥天大谎、不顾廉耻、发誓赌咒、背信弃义等欺骗手段或大吵大闹来销售的。这些商品基本上都是用绵羊毛和羊羔皮来兑换的。

这些绵羊毛也是一样，夏季时，每一只羊的身上虱子及吸血虫等含生与它的羊毛数量不相上下。当人们用剪刀剪羊毛时，这些含生大多数断头断腰、内脏脱出而亡命，剩下来的也是与羊毛绞在一起，憋得喘不过气，当然最后也只有死路一条。

羊羔皮也不例外，小羊羔刚刚出生，诸根圆满具足并有了苦乐的感受，身体正在发育成长，刚刚感受到生存的快乐之时，就立即被宰杀了。虽然是愚昧无知的畜生，也同样渴望生存、畏惧死亡、害怕遭受气息分解的痛苦。遭杀的小羊羔的母亲就像死了独子的慈母一样悲痛欲绝，这些都是我们在现实生活中亲眼目睹的事实。只要稍微思索一下诸如此类的商品买卖，我们就能清楚地认识到，仅仅是喝一口茶也已成了恶趣的因。

再来说一说糌粑，在最初开垦田地期间，地上的所有虫类被活活埋到地下，地下的所有昆虫被翻到地面上来，耕牛不论走到哪里，随之而来的乌鸦、鸟雀等都会跟在后面不停地啄食着小虫。当灌溉田地的时候，水里

[78]卡：藏地茶叶的计量单位。

[79]腹背疮伤：指牦牛驮货时，背部被鞍子或货物磨伤，腹部肚带紧勒，行走时将腹部磨伤。

所有的含生干涸而死，旱地上所有的含生溺水而亡。到播种、收割与舂磨等时，所杀的含生也不可胜数。如果想到这些，我们吃糌粑就如同在吃虫蝇粉末一样。

有的人可能认为，被称为三白三甜[80]的酥油和牛奶等，该是无罪清净的食物吧。但事实并不是这样。大多数小羊羔和牛犊被杀，未被杀的刚刚生下来也很难吃到一口甘甜的母乳。主人用绳子将它拴在桩子上，行走的时候两个牛犊互相连在一起，吃一口母奶的权利也被剥夺了，而主人则从牛奶中提炼出酥油。本来，母亲身体的精华是孩子生命的源泉，牛奶被夺走以后牛犊处于不死不活的地步。虽是体魄健壮的母牛，（因主人日日抽取其身体的精华，）到了春季时，它们从卧处爬也爬不起来，已是精疲力尽、奄奄一息。大多数牛犊、羊羔也因饥饿而死，侥幸活下来的那些也是干瘪羸弱、四肢萎缩、步履艰难、濒临死亡，成了拨炒棍头[81]一样。可以想象，现在我们认为幸福的所有事物，包括口中吃的、身上穿的，一切财物、食品、受用都唯一是通过造罪业才得来的，这一切一切的果报最终必将要感受漫漫无边的恶趣痛苦。因此说，现在一切表面的快乐都是行苦的本性。

己二（八支分苦）分八：一、生苦；二、老苦；三、病苦；四、死苦；五、怨憎会苦；六、爱别离苦；七、求不得苦；八、不欲临苦。

庚一、生苦：

南赡部洲的人们大多数是胎生的，中阴寻香[82]的神识进入父母的精血中间，逐步形成凝酪、膜疱、血肉、坚肉和肢节……体验住胎

[80]三白三甜：乳汁、乳酪和酥油为三白，冰糖、蔗糖和蜂蜜为三甜。

[81]拨炒棍头：炒青稞时用以在锅内翻拨的木棍。藏族风俗习惯中对牲口身体瘦弱的一种比喻。

[82]寻香：食香者，欲界中有或中阴身，各依因缘善恶，吸食种种香、臭气味，故名寻香。梵语译作乾达婆。

的痛苦。

那么，到底人在住胎时有什么痛苦呢？到了肢肢节节诸根都齐全的时候，胎儿会觉得母胎里非常狭窄、臭气扑鼻、漆黑一片，仿佛感到了关在监狱里的痛苦。当母亲吃热的饮食时，胎儿会像置身火里烧灼一样的痛苦；母亲食用凉的饮食又会给他带来浸在冷水中一样的痛苦；母亲睡觉之际，他感到如同被大山压着一样的痛苦；母亲饱足的时候，他又觉得像夹在山崖间一样痛苦；母亲饥饿的时候，他会有如堕入万丈深渊般的痛苦；母亲在行住活动的时候，他也觉得像被狂风席卷一样的痛苦。

就这样住胎月数圆满以后，紧接着就面临出生的时刻。人在出胎降生时，由于三有业风的吹动，致使头足倒转，也就是大头朝下，当通过产门时，好似被一个大力士拉着脚拽出来摔在墙壁上一样痛苦。从经过整个盆腔中间出来的过程中，就好像通过（铁斧头上的）铁孔一样痛苦。如果母亲产门过于狭窄而生不下来，也许就这样惨死在母亲的肚子里，或者母子二人同归于尽，就算侥幸没有送命，但也已经感受到了接近死亡的痛苦。莲花生大士曾经形象地说："母子二人中阴迈半步，母除颌骨余骨皆分裂。"

婴儿生下来之后被放在垫子上，这时他觉得像落到了荆棘丛中一样；当护士剥脱背上的胎膜时，他又觉得似乎活活剥皮一般；在擦拭他身上的不净物时，也感受好像在用荆棘鞭子抽打自己；当母亲满怀慈爱将他抱在怀里的时候，他反而觉得像雏鸡被鹞鹰叼捉一样的痛苦；当在他的头顶涂敷酥油[83]时，犹如被捆绑起来丢进坑里一样；当把他放在睡床上时，他感到沉溺在粪尿里一样。当然，作为婴儿，不管是饥饿、口渴、疼痛还是苦恼，他也只能是嗷嗷啼哭。

随着岁月的流逝，昔日的婴儿也在不断地发育成长，当到韶华之年，表面看来青春美满，但实际上人的生命在一天天地缩短，正一步步地走向死亡。

---

[83]涂敷酥油：藏族的风俗，小孩出生后祝愿吉祥的仪式。

今生尘世的一切琐事没完没了，就好像水面的波纹一样此起彼伏、不断涌现，而且这一切也都是与罪业紧密相联，结果也只能成为恶趣之因罢了。

庚二、老苦:

轮回的事情无有实质性可言，也始终没有一个完结的时候，正在吃喝玩乐享受生活之中，不知不觉就已感受到了衰老的痛苦。人到了垂暮之年，周身体力逐渐衰退，再香再好的食品也消化不了；眼根视力减退，老眼昏花，根本看不到远处的景物或细小的物体；耳根衰退，无论别人说话声音大小，都听不清楚；舌根衰退，品尝不出饮食的味道，而且说起话来也是口齿不清；意根衰弱，神志不清、非常健忘，总是昏昏沉沉；口中原有的两排牙齿脱落，嚼不动坚硬的食物，说起话来吞吞吐吐；体温失调，衣服稍微有些单薄，便会感觉冷得要命；支撑力下降，实在无法承受沉重的衣服；虽然他们渴望欲妙受用，怎奈心有余而力不足；由于身体的风脉衰退而造成承受力、忍耐力极其薄弱；经常受到众人的欺辱，感到万分绝望，徒生苦恼；因为身体的四大紊乱，又要遭受百病萦身、多重损恼的折磨，行住坐卧、活动活动也是气喘吁吁，感到困难重重。

米拉日巴尊者说：“拔出牧桩之起式，悄捉小鸟之走式，重物落地之坐式，倘若具足此三时，祖母身衰心意败；外皮集聚诸皱纹，内失血肉现凹凸，痴哑盲聋境迷乱，倘若具足此三时，祖母示现忿怒母；身着沉重褴褛衣，口进冰冷浑浊食，睡处四层皮垫褥，倘若具足此三时，人狗践踏似证士。”

正如尊者所形容的那样，年事已高的老人，站起来的时候，不能自然而然立即起来，必须要两手撑地，那姿势简直就像从坚硬的大地中拔出木桩一样；行走的时候，也是弯腰低头，双足不能速起速落，慢慢腾腾蹒跚而行，的确就像儿童蹑手蹑脚地去捉小鸟一样；坐下的时候，由于手脚所有关节疼痛难忍，不能轻缓坐下，身体沉重落下时，如同重物坠落到大地上一样。由于体肉几乎耗尽、皮膜聚集，几乎每一位老年人的身上、脸上都是沟壑纵横，布满皱纹；体内的血肉减少，使得骨节暴露无遗，牙腮骨、关节头也全都凸出在外；意念减退，已到了如痴如哑、如盲如聋的地步；内心也始终处在迷迷糊糊的状态中。全身体力衰退，想要梳妆打扮的念头已经消失，以至于穿的衣服总是破破烂烂，沉甸甸的；吃的饮食也是残羹剩饭，再加上舌的功能丧失，感觉所有的食物都是冷冰冰、脏兮兮；由于身体沉重，无论怎样都感到不舒适，即便四周都有依靠物，也不能经常从床上起来。人到了这时候，外面的幻身老朽不堪，里面的意识完全颓败，这该有多么的痛苦；昔日的容颜美貌早已消失得无影无踪，皮肤上皱纹累累，显然已示现了丑陋忿怒母的形象；即使众人百般欺辱、在他头上跨来跨去，也站不起来了，真好似无有净垢分别的证悟者一样。因为实在承受不了这种衰老的痛苦，所以他们希望尽快死去，但是实际上所有的老人都非常害怕面临死亡，诸如此类。这种老苦，其实也相当于恶趣众生的痛苦了。

庚三、病苦：

人的这个身体本是四大组合的性质，当四大不调时，必然遭受风、胆、涎等各种各样疾病的折磨而苦恼万状。就算是精力充沛、容光焕发、神采奕奕、精明强干的壮年人，可是一旦不幸染上疾患，也会像被石头击中的鸟雀一样身衰力竭，无精打采，甚至卧床不起，身体稍作运动也很困难。如果问他：你哪里痛啊？他连迅速回答的能力都没有，讲起话来也是有气无力。睡眠时辗转反侧，如何躺卧也没有一个舒适的时候，夜不成眠，而且觉得白天晚上都极其漫长，简直度日如年。食欲不振，不想吃不想喝，虽然一百个不情愿，可万般无奈还是要品尝又苦又涩的药味以及放血火灸的针灸等痛苦。想到依靠这场大病死亡可能会突如其来，于是心惊胆战。由于遭到魔障或恶缘的牵制，使得身心无法自主，那真是迷乱中的迷乱，也有因此而自寻短见、自杀身亡的。如果患了麻风或脑出血之类的重症，活着几乎和死了没有什么两样，被逐出人群，自己也将自己看成行尸走肉。总而言之，病情严重的患者连生活都不能自理，暴躁易怒，动不动就大发雷霆，对别人所做的一切事都看不顺眼，性格也比以前要固执得多。如果病期过长，护理的人也不能一如既往地耐心照顾。身为病人，时刻遭受着疾患折磨而万分痛苦。

庚四、死苦：

人到了临终之时，躺在床上不知起身，见到饮食也无动于衷，遭受死亡的摧残而郁郁寡欢、闷闷不乐，丧失了以往英勇无畏的胆识与不可一世的傲慢，等候在前的就是迷乱的显现。已到了大限来临之际，尽管亲朋友人在四周团团围绕，可是也不可能延缓他的死期，这时候只有死者独自一人感受气息分解的痛苦。纵然拥有不可估量的财产眷属也无法带走一分一文、一人一仆，虽然心中对此难割难舍，但是他们也不可能随身而行。当回忆往日所造的恶业，实在是痛心疾首，想到恶趣的苦难而又异常恐惧，死亡这么突然地到来，那么令人措手不及，当然会感到满目凄凉。生存的景象就这样化为泡影，怎么能令人不感到绝望、惶惶不安？如果是一个罪孽深重的人，他在弥留之际，回想起以前所造的罪业而害怕堕落恶趣，回想自己自由自在的时候没有修成对临终有利的正法，真是追悔莫及，心里说不出的刺痛，禁不住手抓胸口，结果就在胸前留下深深的指甲印痕中完结了一生。如米拉日巴尊者说：“若见罪人死亡时，为示因果善知识。”人在奄奄一息的时刻，恶趣的使者已经来到面前，所有景象都十分恐怖，一切感受都唯生痛苦，身体的四大内收，呼吸窘迫，上气不接下气，肢体颤抖，意识迷乱，白眼上翻、直直不动，这时候，说明已经离开了人间。随着阎罗使者的到来，中阴的境界全然呈现，那时，才真是无依无怙，孤苦伶仃，就这样赤身裸体、赤手空拳地离开了人世。

我们谁也不能确保这种死亡今天就绝不会临头。而在死亡时除了正法以外再没有其他可依仗的对象。如云：“念法始从母胎生，初生之时忆死法。”对于每一个人来说，不管是老是幼，死亡都可能突然降临到他的身上，所以我们诞生到这个世界以后，就必须修持对命终有益的正法。只可惜，我们在这之前并没有忆想死亡的观念，而一直在扶亲灭敌、醉生梦死中虚度时光，整日为了住宅、财产等而奔波忙碌，为了亲戚朋友等，竟然以贪嗔痴蹉跎岁月，浪费光阴，这的确是令人感到遗憾的事。

对于以上道理，我们要深思熟虑。

庚五、怨憎会苦：

我们再来看看怨憎会苦是怎样的情形。很多人都是担心财产遇到怨敌的打劫而白天守护、夜间巡逻。大多数人为了养家糊口等终生忙忙碌碌地度日，可结果却无济于事，一切财产受用也会意想不到地落入仇人手中，白天土匪明目张胆地抢夺，晚上盗贼偷偷摸摸地窃取，有时豺狼猛兽等会不期而至恣意糟蹋，弄得一片狼藉。总之，无论何等的富裕，都同样免不了给人带来积累、守护、增长等无穷无尽的痛苦，诚如怙主龙树所说：“积财守财增财皆为苦，应知财为无边祸根源。”又如米拉日巴尊者所说：“财初自乐他羡慕，虽有许多不知足；中被吝啬结束缚，不舍用于善方面，乃为着魔之根源，自己积累他人用；最后财为送命魔，希求敌财刺痛心。应断轮回之诱饵，魔之财富我不求。”

一个人，他拥有多少财产，就会有与之同等的痛苦。例如，拥有一匹马的主人也会担心它被敌抢走、被贼偷走、草料不足等等而整天顾虑重重，虽然只有一匹马，却给自己增添了许许多多的苦恼。同样拥有一只羊也会有一只羊的苦楚，甚至仅仅有一条茶叶也必定会有一条茶叶的痛苦。如云：“若无财产远离敌。”假设一个人清贫如洗，那么他绝不会有仇敌的骚扰，实在是一种莫大的快乐。所以，我们一定要追随往昔出世的诸佛、圣者前辈的足迹，根除对财产受用的贪执，像鸟雀寻找当天食物一样无牵无挂地唯一修持正法。

对此以上道理，我们要认真思维，反复观修。

庚六、爱别离苦：

流转世间的一切众生都是对自方爱恋有加、对他方恨之入骨，明显堕入亲戚、朋友、眷属的包围之中，结果为了他们而受尽苦难。实际上，亲戚朋友之间暂时相聚，也同样是无常离别的本性。对于大多数人来说，亲人离开人世，或者流离失所沦落他乡，或者被怨敌逼得走投无路，自己甚至比受害者本人还痛苦。

特别是，身为父母双亲都十分慈爱怜愍子女，一会儿担心他挨冻受凉，一会儿顾及他饿了渴了，一会儿又忧虑他生病死亡。如果是宝贝儿子或女儿生病，他们宁愿以自己死去的代价来换取子女的健康，他们挥之不去的唯一心事就是子女，总是为了孩子而劳心费神，含辛茹苦。同样，如果与亲友之间情意缠绵……势必也要感受与他别离的忧苦。

然而，我们如果认认真真加以观察，就会发现，亲人也不一定是真正亲，父母等虽然自以为对孩子情深意切、甚为慈爱，可是这种慈爱的方式其实完全是颠倒的，最终只能是坑害了他们。为什么这样说呢？你想想：儿子小的时候，衣来伸手、饭来张口，父母亲为他们做好所有的事情，到了成家立业之时，又为他迎娶作为终身伴侣的妻子，这实际是把他们捆缚在轮回的绳索上，并且教给他们如何制伏敌人，如何扶助亲友，如何发家致富等等作恶的方法，这无疑会导致他们无法从恶趣深渊中获得解脱，恐怕再没有比这更为严重的坑害了。

子女们又是怎样对待亲生父母的呢？最初吸取父母身体的精华，中间抢夺他们口中的饮食，最后夺取他们手中的财产。父母再怎么疼爱儿女，他们反过来却与父母作对，父母双亲将毕生不顾千辛万苦、不顾罪大恶极、不顾臭名远扬而积累下来的所有财富毫不吝惜地全部给予了子女，可是他们却无有一点一滴的感激之情。就算只是给了一个普通人一把茶叶，他也会喜不自禁地连连道谢，可是哪怕给了自己儿子五十两银板他也满不在乎，觉得这没什么，还认为我自己父母的财物由我本人来享用这是天经地义的事。而且，兄弟姐妹之间也常常为了自己能得到财产而你争我夺，互不相让。就算父母给了他们，也没有答谢之意，即使父母已倾囊相送，可是子女却一要再要，甚至父母的念珠里有一颗记数用的精致珍珠，他们也是死皮赖脸地要走。如果是贤惠善良的女儿，也将成为别人家的荣耀，对自己方面也起不到什么作用；如果是恶劣的女儿，就是返回家中使家人痛苦。

其他的亲戚也不例外，当自己财力十足、幸福美满的时候，所有的人把你看成神仙一样，竭尽全力帮助你、利济你，明明不需要，他们也会主动将饮食财产送上门来。一旦自己身败名裂，即便没有做一丝一毫的错事，也会受到仇人一样的待遇，诚心利益他们所得到的却是恩将仇报。由此可见，子女、亲友等无有丝毫实义。

正如米拉日巴尊者所说："子初悦意如天子，慈愍之心难形容，中间过分催索债，虽施一切无悦时。别人之女迎入内，大恩父母逐出外，父亲呼唤不答复，母亲呼唤不应声，后成冷淡之邻居。勾结狡者造恶业，自生怨敌刺痛心，应断轮回之耙绳，世间子孙我不求。"又说："女初笑颜如仙童，掠夺财宝具大力，中间讨债无尽头，父前公开索要走，母前暗地偷偷带，施给不知报恩德，嗔恨大恩之父母，后成红面罗刹女。若善他人之荣耀，若恶自己祸害源，祸害魔女刺痛心，断除无觉之忧愁，祸根之女我不求。"并再一次指出："亲友初遇见欢颜，密切来往漫山谷，中间酒肉如还债，送他一次还一度，后成贪嗔争吵因，恶友讼因刺痛心，舍弃乐时之食友，世间亲友我不求。"

庚七、求不得苦：

在这个世界上，可以说没有一个人不希望自己幸福快乐，可是几乎谁也不能如愿以偿。有的人为了舒适安乐而建造房屋，可没想到房屋倒塌自己丧命；有的人为了充饥果腹而享用饮食，结果却染上疾疫危及生命；有的人为了获取胜利而奔赴战场，结果一命呜呼；有的人为了谋求利润而拼命经营，结果被仇人毁得倾家荡产，沦为乞丐等等。

虽然人们为了今生的幸福、受用得到满足，而尽心尽力、勤勤恳恳地劳作，但是如果没有前世的福德因缘，甚至解决暂时的温饱也成问题，不仅自讨苦吃，而且连累他人，到头来，所得到的只是堕入恶趣深渊无法解脱。

所以，古大德说："勤劳如山王，不及积微福。"无有终止的轮回琐事究竟有什么用呢？从无始以来直到现在，很多人将全部精力都放在这些轮回琐事上面，可结果呢？只是痛苦而已。以前为了今生俗世的目标，大多数人的上半生与下半生都在百般努力，如果把这份辛勤努力用在修持正法上，恐怕现在已经成就佛果了，即使没有成佛，也绝不至于再度感受恶趣的痛苦。我们心中要这样想：如今已经知道弃恶从善的分界，此时此刻，千万不能再将精力放在成办没完没了的轮回琐事上了，一定要修持真实的正法。

庚八、不欲临苦：

我们可以肯定，希望自己受苦受难的人在这个世界上一个也没有。但是，不愿意也要感受。比如说，以往昔的业力所感成为国王的臣民、富翁的奴仆等那些人，他们完全是身不由己，不愿意也必然受主人们的控制。哪怕仅仅犯了微不足道的错误，也会大难临头，措手无策，即使当下被带到刑场，也只好硬着头皮跟着去，根本逃脱不了。以此为例，我们就能明白所谓的不欲临苦。如全知无垢光尊者说："家人亲友虽欲恒不离，相依相伴然却定别离；美妙住宅虽欲恒不离，长久居住然却定离去；幸福受用虽欲恒不离，长久享受然却定舍弃；暇满人身虽欲恒不离，长久留世然却定死亡；贤善上师虽欲恒不离，听受正法然却定别离；善良道友虽欲恒不离，和睦相处然却定分离。今起该披精进之铠甲，诣至无离大乐之宝洲。于诸生深厌离道友前，无有正法乞人我劝勉。"

只有自己往昔积德的善因才能出生财产受用、幸福名誉等的果，如果有了这样的因，那么善果不求自得。相反，如果不具备这样的因，那么就算是再怎样兢兢业业、勤勤恳恳，非但不会如愿以偿，反会适得其反，遭遇不幸。所以，我们应当依靠知足少欲这一取之不尽、用之不竭的财宝。如果我们没有集中精力修行正法，入了佛门之后还是忙碌今生尘世间的琐事，那只能是自我痛苦，受到圣者呵责。

米拉日巴尊者说："本来佛陀世间主，为摧八风[84]说诸法，如今自诩诸智者，岂非八法反增长？如来护持诸戒律，为断俗事而宣说，如今持戒诸尊者，岂非琐事反增多？往昔僧人之威仪，为断亲属佛宣说，如今僧人诸威仪，岂非过分顾情面？总之若未念死亡，修持正法徒劳矣！"

总的来说，四大部洲世界的人类都无有安乐可言，尤其是我们这些生在南赡部洲的人们，如今正处在五浊恶世[85]，没有一丝一毫安乐的时候，唯有感受痛苦。年复一年，月复一月，日复一日，朝朝暮暮，转瞬即逝，时世越来越污浊，劫时越来越恶劣，佛法越来越衰败，众生的幸福逐渐减灭低劣，想到这些，伤感之情就会油然而生。再者说，南赡部洲是业力的地方，一切贤劣、苦乐、凶吉、善恶、高低、法与非法等都是不一定的。通过审视我们日常生活中有目共睹的这些事实，自相续必然会进行取舍。

全知上师无垢光尊者说："有时观察自现之顺缘，了知自现觉受现助伴；有时观察有害之逆缘，即是断除迷执大要点；有时观察道友他上师，了知贤劣促进自实修；有时观察四大之幻变，了知心性之中无勤作；有时观察自境建筑财，了知如幻遣除迷现执；有时观察他人眷属财，生起悲心断除轮回贪。总之于诸种种显现法，观察自性摧毁迷实执。"我们要依照尊者所说而实地修行。

[84]八风：指世间八法。

[85]五浊恶世：劫末寿等渐变鄙恶，如渣滓故名为浊世。五浊：寿浊，烦恼浊，众生浊，劫浊，见浊。

戊五、非天之苦:

本来，非天的财富受用可与天人相媲美，可是由于往昔妒贤嫉能、好争好斗的恶习业力所牵而感得阿修罗的身份。这些非天嫉妒心极为粗重，就是在自己的范围内，区域与区域之间、部落与部落之间，也总是争斗不息，格格不入，始终在战火纷飞中过日子。他们看见高居上方的天人财富、受用尽善尽美，一切所需都是从如意树上生出，实在是忍无可忍，更令他们怒火中烧的是，如意树的树根居然是长在自己的境内……在这种无法容忍的嫉妒心驱使下，非天将士身披盔甲、手持兵刃全副武装前去与天人决一死战。

与此同时，诸位天人从粗恶苑[86]里取出兵器乘着护地神象，天王帝释骑在大象中间的头上，三十二眷属骑在大象的其余三十二个头上，由不可思议的天兵天将围绕，发出震耳欲聋的声音，威风凛凛，势不可挡。双方在浴血奋战的过程中，天人的金刚、宝轮、短矛、铁弩等好似雨点般降下，他们依靠自身的神变能将大山抱在怀里顺手抛出，以往昔的业力所感，这些天人身材伟岸魁梧，高度相当于笔直站立的七个人，相比之下，阿修罗就显得又矮又小。而且，天人除了断头以外，其余部位再怎么受伤，只要用天界的甘露涂敷就会立即恢复，绝不会导致死亡。然而，阿修罗却与人一样，击中要害部位便会丧命，所以他们经常惨遭失败。当天人在醉天象的鼻上系上宝剑轮，派遣出天象时，顷刻间可使数十万的阿修罗死于非命，他们的尸体从须弥山上滚下来，落入游戏海[87]中，整个海水被染成一片血红。这些非天就是这样始终以战争虚

[86]粗恶苑：粗涩园。帝释天所居善见城南有一林苑，池塘、林木以为装饰，行至其地，即生粗暴之心。

[87]游戏海：与须弥山外围七重金山交相间隔的六重大海，充满八功德水，为诸龙王嬉游之处。

度光阴。[88]

因此，我们要发自内心地观想非天不离痛苦本性的情景。

戊六、天人之苦:

一般来说，天人在活着的时候应有尽有，快乐幸福，受用圆满，整天就是在散乱中消磨时日，根本没有修持正法的念头。虽说天人的寿命长达数劫，但在他们自己的感觉中只是刹那显现，稍纵即逝，在散乱迷茫中寿命就到了尽头，已经接近死亡的边缘。

从四大天王天到他化自在天，无论生在哪里都要感受死亡的痛苦。以前每个天人身体的光芒可以照射一由旬或一闻距，而当临近死亡时，他们身体的光芒全然消失；以前如何坐在宝座上也不会觉得不乐，此时不愿意坐上宝座，而且甚感不适，心里也是老大不高兴；以前天人的花鬘经过多久也会不枯萎，此时全部已凋谢；以前天衣如何污染也不会沾上污垢，此时天衣陈旧、沾满垢秽；以前天人身上不会流汗，此时身上出现汗水。当以上这五种死相现前时，他们自己也知道末日即将来临，内心十分痛苦。其他天子天女也知道他们将要死亡，也无法来到他们身边，只能在远处散花祝愿道："但愿你从此死后，转生在人间，行持善业，再生天界。"这样祝愿之后就纷纷离开了，只留下自己孤孤单单，凄凄惨惨。而且这时天人通过天眼观察，了知自己后世转生何处。当看到转生之处的痛苦时，本来死亡的痛苦还没有消除，现在又加上堕落的痛苦，无形之中痛苦就增长了两三倍，他们禁不住放声哀嚎。这种悲惨的情形要延续七天，三十三天的七天可相当于人间的七百年啊！临终的天人回想起往日的快乐幸福，而如今无有自主继续住留，感受即将死亡的痛苦；看到后世生处的悲惨，感受堕落之苦，遭受这两种痛苦的折磨，内心忧伤，这种痛苦已经超过了地狱的痛苦。上面的两天界（色

[88]详见《观佛三昧海经》《起世因本经》。

界、无色界）虽然没有现行的死亡痛苦，可是一旦引业[89]穷尽以后将如梦初醒般堕入下趣，也是非常痛苦。如怙主龙树菩萨说："梵天离贪获安乐，后成无间烧火薪，不断感受痛苦也。"

我们通过上述的道理不难看出，不管是投生在六道中的任何一处，都离不开痛苦的本性，超不出痛苦的范围，自始至终被痛苦萦绕，就像处在火坑、罗刹洲、漩涡、刃锋、不净室中一样，根本不会有丝毫安乐的机会。《念处经》中说："地狱有情受狱火，饿鬼感受饥饿苦，旁生感受互食苦，人间感受短命苦，非天感受争斗苦，天境感受放逸苦。轮回犹如针之尖，何时何地皆无乐。"弥勒菩萨说："五趣之中无安乐，不净室中无妙香。"邬金莲花生大士也说："佛说轮回如针尖，永远无有安乐时，稍许安乐亦变苦。"

我们要好好思索诸如此类的教言，心里默默地想：在这个生死流转的轮回当中，上至三有之顶非非想天，下到无间地狱，不管是转生在任何地方，既没有少许安乐也没有丝毫实义，我们务必要彻底断除对轮回的贪执，就像有胆病的人见到油腻食物一样不生向往希求之心。对于轮回的种种痛苦，绝不能只是局限于表面听听，而必须从内心深处去体会这些痛苦，一定要达到坚信不移的程度。如果已经深信不疑，也就不需要刻意提防恶业、欢喜善法，自然而然就会断恶行善。

举个例子来说[90]，在很久以前，世尊的弟弟难陀因为贪恋妻子而不愿意出家。佛陀利用各种权巧方便使他入了佛门。尽管身已出家，可是他不学律仪。正当他准备溜之大吉的时候，佛陀依靠神变把他带到雪山上，指着那里的一只盲眼母猿问他："这只盲猿与你的妻子班匝日嘎[91]比起来，谁更美些啊？"

---

[89]引业：引发总报，能令生于某处某趣之业。

[90]此公案详见《大宝积经》《佛本行集经》。

[91]班匝日嘎：意为白莲花。

他回答："当然我的妻子美，这盲猿不及她百千分之一。"

世尊说："那么我们再去天界看看。"于是又把他带到天堂，世尊悠然坐在一个地方，对难陀说："你自己去看吧。"

于是难陀四处游览，看见所有的天子都是在各自的无量殿中被成群的天女围绕着，享受着不可思议的安乐受用。他最后来到一座无量宫殿中，发现里面有许多天女，却没有一个天子。难陀心里纳闷，不禁问道："这是什么原因？"

天女们回答说："在人间，世尊的弟弟难陀守持戒律，他将来从人间转生天界，这是为他预备的无量宫殿。"

难陀满心欢喜，返回到世尊面前。

世尊问："你看到天境了吧？"

他回答："看到了。"

世尊又问："天女与你的妻子相比谁美啊？"

他回答说："众天女美。相比之下，白莲花简直就成了盲眼母猿一样，实在有着天壤之别。"

返回人间后，难陀护持清净戒律。但世尊对众比丘说："难陀只是为了得到善趣果报而出家，你们是为了获得涅槃安乐才出家的，你们走的完全是不同的路，所以不要和难陀讲话，不要与他畅所欲言，不要与他坐在同一坐垫上……"所有的比丘都依教奉行。

为此，难陀非常苦恼。他想，其他比丘舍弃了我，但阿难是我的弟弟，应该慈爱我吧。于是他到阿难跟前，没想到阿难也是一样，从座位上起身便走。难陀追着问："你们为什么这样对待我啊？"阿难说这是世尊的教导，他才知道原来是世尊教他们不要理睬自己的，心里十分悲伤。

这时世尊来问："难陀，你想不想去地狱看看？"他回答："想看。"

世尊又依靠神变把他带到地狱境内，让他自己去看。难陀去那里见到了地狱的情景，在一处他看见一口空锅，下面燃烧着熊熊的烈火，许多狱卒围绕在旁，禁不住地问："锅里为什么没有众生？"

他们告诉他："世尊的弟弟难陀为了获得天人的安乐而守持戒律，他将来转生天界享受安乐，当善果穷尽以后会堕落到这里。"

他听后非常害怕，心有余悸地返回人间。从此以后，他深刻地意识到即便上升天堂最终也会堕入恶趣，善趣果报同样无有实义，而真正生起了出离心。正因为他已经亲眼目睹了地狱，所以清规戒律一尘不染，细微的学处也从没有违犯过。世尊也说："（在我的教法中，）难陀护持根门第一[92]。"

不用说是身临其境亲眼见到地狱的景象，哪怕仅仅看到地狱的图画也会令人生起恐怖、畏惧的心理，萌发出离。因此，世尊也说应当在寺庙的门上绘画五分轮回图[93]。怙主龙树菩萨说："即便见闻地狱图，忆念读诵或造形，亦能生起怖畏心，何况真受异熟果？"这样思维众多轮回痛苦，理当发自内心放下今生尘世的一切琐事。如果内心死执不放今生的琐事，那么即使表面上装出一副修法的模样，也不可能真正踏上正法之路。

阿底峡尊者接近圆寂时，一位瑜伽士请问道："尊者您圆寂之后我就去修行？"

尊者说："修行难道就能趋入正法吗？"

瑜伽士："那么我去讲经说法？"

尊者依然说："讲经说法难道就能趋入正法吗？"

他问："那么我应该做什么呢？"

尊者斩钉截铁地说："你的一切修行应当依止仲敦巴，主要就是舍弃

[92]护持根门第一：即持戒第一。

[93]五分轮回图：寺院门上绘制的生死五道轮回图。

今世[94]。”

一位僧人转绕“热振[95]”寺时遇到了仲敦巴格西[96]。仲敦巴格西说：“尊者转绕[97]固然值得欢喜，但是如果能修持一个卓有成效的法门不是更好吗？”

当时那位尊者想：读诵大乘经典比转绕的修法功德更广大吧。于是他就到经堂的走廊去诵经。

仲敦巴格西说：“诵经固然值得欢喜，如果能修持行之有效的一个法门不是更好吗？”

那僧人又想：修持禅定该比诵经修法功德更广大吧。于是放下经书，在床上闭目而坐。

仲敦巴格西又说：“参禅也是值得欢喜的，如果能修持一个行之有效的法门难道不是更好吗？”

这时那位僧人实在已想不出别的修法了，只好问格西：“尊者啊，那么我该修什么法呢？”仲敦巴格西回答：“舍弃今世！舍弃今世！”

即生尘世间的一切琐事，会导致自己现世直至永远无法从轮回的痛苦中解脱出来，我们务必要彻底斩断此生的牵连，学修后世菩提，而能巧妙为我们开示了脱生死、证得圣果的人唯有具足法相的上师，再没有任何人能做到这一点。因此，对于今生的父母双亲、亲属友人、财物受用一切的一切要弃如唾液，衣食住行等随遇而安，全心全意地修行正法。印度单巴桑吉说：“此事此物好似过往云烟，千万不要执著为常有！一切名誉犹如空谷回音，千万不要逐名求利，应当修行法性！漂

---

[94]舍弃今世：指不求今生的世间八法，唯求来世的解脱。

[95]热振：寺庙名。是噶当派的第一座寺庙，为开创教派者仲敦巴所倡建，到1738年七世达赖将其赠给自己的老师甘丹池巴阿旺乔登。从此，阿旺之历代转世皆称热振活佛。

[96]仲敦巴格西：阿底峡的及门弟子，宋代西藏佛学家。

[97]转绕：根据佛经记载：右绕佛塔、寺庙、佛像等有极大功德。

亮衣裳宛若绚丽彩虹，应当身着破旧衣衫而修行！自己的这个身体是脓血、黄水的臭皮囊，千万不要执著珍爱！美味佳肴也是粪便的因，千万不要整日都是为了充饥果腹而奔波忙碌！感觉外界会招致怨敌四起，应当安住在深山等寂静的地方！迷乱的荆棘会刺入内心，所以应当修持平等性！一切需求都来源于自己的心，务必严加守护自己的这颗心！如意宝自身固有，万万不要一味贪著饮食财物！闲言碎语过多只能成为诤讼的根源，应当像哑巴一样默默不语！心本身显现种种业，千万不要围着饮食团团转！加持原本是从内心生起，应当祈祷上师本尊！长期住在一个地方，甚至对佛陀也会看出过失，不要长年累月地住在一个地方！时时刻刻谦虚谨慎，万万不要骄傲自满！岁月飞逝，时不待我，一定要当机立断修行正法！今生的我们就像旅客一样，千万不要费尽心机苦苦营造作为暂时栖身之处的房屋！任何琐事都没有点滴的利益，应当脚踏实地修行正法！自己的身体总有一天要被小虫所食而消失无影，而且这一天什么时候来临也无法确定，万万不能一直庸庸碌碌散乱在此生的景象中！亲朋好友就像林中的小鸟，不要总是对他们牵肠挂肚！虔诚的信心好似良田，切切不可置之不理让它变成烦恼的贫瘠荒地！暇满人身恰似如意宝，千万不能送给贪嗔的怨敌！誓言犹如瞭望楼，千万不能被罪业的过患染污！金刚阿阇黎住世时，万万不要懈怠修持正法！”

所以，如果想要扎扎实实地修行正法，就必须竭尽全力认识到整个轮回的万事万物没有任何实质。而相续中能生起这种观念的因，绝对就是观修轮回的过患。在自相续中没有深深生起这样的理念之前要努力修行。

那么观修轮回过患在相续中生起的标准是怎样的呢？

要像朗日塘巴[98]尊者那样。一次，侍者对上师说：“其他人都管上

[98]朗日塘巴（1054-1123）：阿底峡尊者六大弟子之一，博朵瓦格西二大高足之一。

师叫黑脸朗日塘巴。”朗日塘巴尊者说：“想到三界轮回的痛苦，怎么会有笑容呢？”据说，有一天，一只老鼠悄悄地来偷尊者曼茶盘上的一颗松耳石，可它怎么搬也搬不动，于是它就“吱吱”地呼唤来另一只老鼠，然后这两只老鼠一推一拉将“成果”搬走了，看到这副情景，尊者情不自禁地露出了笑容。除此之外，任何时候也没有现过笑脸。

观修轮回的痛苦是内心趋入正法、诚信因果、舍弃今世、慈悲众生等一切圣道功德的根本。释迦牟尼佛次第转了三次法轮，初转法轮时首先对众比丘说：“此乃痛苦，当知痛苦。”所以，相续中没有生起这样的定解之前，必须踏踏实实地观修轮回痛苦。

虽见轮回痛苦仍贪执，虽畏恶趣险地仍作恶，

我与如我邪道众有情，看破放下今世祈加持。

轮回过患之引导终

## 四、因果不虚

取舍善恶因果依教行，行为依照九乘次第上，

真知灼见于何皆不贪，无等上师足下我敬礼。

丙四（因果不虚）分三：一、所断之不善业；二、应行之善业；三、一切为业之自性。

众生以各自所积累的善恶之业为因，而转生到轮回的善趣恶趣当中。实际上，轮回是由业力所生、由业果所成，上升善趣或下堕恶趣并没有其余作者，也不是由偶尔的因缘所生。为此，我们务必随时随地观察善不善的因果规律，悉心毕力止恶行善。

丁一（所断之不善业）分四：一、身恶业；二、语恶业；三、意恶业；四、十不善业之果。

戊一（身恶业）分三：一、杀生；二、不与取；三、邪淫。

己一、杀生：

所谓的杀生，就是指针对某某人或某某旁生等对方，心中怀着想杀的动机而断绝他们的命根。（杀生也有多种类别，）诸如[99]：将士奋战沙场击毙敌方，是在嗔心的推动下而杀生的；贪图饱餐野兽肉、穿戴野兽皮而令其丧命，是由贪心的驱使而杀生的；由于不明善恶因果或者像外道一样认为杀生是善业等，是受痴心的牵引而杀生的。其中尤为严重的是，杀父亲、杀母亲、杀罗汉，这三类杀业被称为无间业。这种弥天大罪是在今生与来世之间不经过中阴而径直堕入无间地狱的因。

现在我们当中有些人认为，只要自己没有亲自动手杀生，我就不会有造杀生的罪业。但一般来说，无论层次高低、力量强弱我们每个人都无一

[99]详见《正法念处经》中杀生有贪作、嗔作、痴作之分类。

例外，在脚下踩死细微含生的罪业根本数不清。

特别值得一提的是，当今有些上师和僧人亲临施主家的时候，那些施主便宰杀家畜、烹调血肉供养他们。这时，僧人们对残杀众生之举既没有一丝一毫的追悔之心，也无有一点一滴的恻隐之情，只是贪爱血肉的美味，开心地大吃大喝，这样一来，施主和福田将无任何差别地获得同等杀生罪业。那些大人物、大官员们无论到哪里，都因迎请款待他们而杀害无数的生命。那些富翁们的牛羊无论有多少，衰老的时候几乎个个都免不了被宰杀的命运，自然死亡的也就只有一两个，因此杀生不计其数。到了春季，虫蝇、蚂蚁、鱼儿和青蛙等被牛羊连同草料一起吞进肚里或者前蹄后蹄践踏而丧命，包括在马粪牛粪中死亡的含生也是数不胜数，这些杀生的罪业也将一并落到它们主人的身上。

特别是，与牛马等其它牲口比起来，羊更是无尽罪业的来源。作为羊只本身，要以小蛇、青蛙、鸟蛋等所有微小的含生为食。在春季人们进行毛纺的时候，每只羊的背上大约有十万生灵全部丧命；冬季产羊羔时，有一半的羊羔刚刚出生便被宰杀，所有母羊在精华没有耗尽之前，就是被用来挤奶或哺育羊羔，一旦老朽不中用的时候就会被宰，皮肉被主人享用。而所有的公羊无论到哪里都只有死路一条。羊身上长虱子时，每只羊背上大约一亿含生会丧命（剪羊毛杀生）。因此，拥有一百头以上羊只的主人必将堕一次地狱。

再看看依靠女人所造的杀业：所有女子长大成人，在与别人订婚以后，对方奉送聘礼、结婚迎娶等时候要宰杀无数的羊只。从此之后，女人每次回娘家的时候，家人也一定要杀一个众生来款待她，而且亲友们在宴请她的时候，如果摆上其他的食品，这个狡诈女人好像一点也不满意，似乎不会张开嘴动动腮来吃，假设宰杀一只肥肥的羊，将羊的胸脯、肠子等放在她的面前，这时候再看红面罗刹女，二郎脚一跷，掏出小刀开始津津有味地吃了起来。第二天，背着血淋淋的全牲肉[100]，好像猎人返家一样

[100]全牲肉：指牛羊肉腔。

回去了。每次回家都是空手而来、满载而归，真比猎人还厉害。

那么，儿童们又是怎样造杀业的呢？这些小朋友在游戏玩耍的时候，在看见或者没看见当中所杀的生命，数也数不清，甚至在夏季手里拿牛鞭或皮鞭等抽打大地的时候，打死的含生也是不计其数。

可见，我们这些人有多么残忍，就是这样以杀生的事务来过日子，简直和罗刹一样惨无人道。

母牛，一生为人们所使用，为人类提供牛奶，如同父母亲一样养育我们，可谓恩深似海，可是我们又是怎样对待它们的呢？就是将它们杀了，喝它们的血，吃它们的肉。想到这些，人类简直比罗刹更狠、更恶。

造杀业的人，如果具足了罪业的四种分支，就必然会圆满感受杀生的报应。那么什么是四种分支呢？我们举个例子来说明，比如一个猎人猎杀野兽，首先他亲眼见到一个獐子或鹿子等等野兽时，认准了这是某某野兽，这就是明确所杀的对象是众生，也就是第一分支。然后对这个野兽，生起想杀的动机，这是生起欲杀之意乐，也就是第二分支。之后，猎人用火箭、枪等击中它的要害，这称为加行采取行动，也就是第三分支。紧接着断绝那个野兽的命根，使它身心的聚合瓦解，这叫做究竟绝断命根，也就是第四分支。

再拿宰杀被人饲养的一只羊来说，首先主人家告诉仆人或屠夫要杀一只羊时，明确地认知所杀的众生是羊，已经具足了第一分支。他们心里有了要杀某只羊的念头时，就说明已生起杀心的意乐，这样就具足了第二分支。那个屠宰者拿着一根绳子前去捉住将要杀的那只羊，随即把它翻倒在地，再用皮绳将它的前蹄后蹄捆得结结实实，接着又用细绳勒住它的嘴唇等[101]，这就是在采取杀生行动，已经具足了第三分支。这时，只见那个众生带着气息分解的强烈痛苦，内外呼吸都已经中断，瞠目直视，眼泪汪汪，尸体被拽到室内时，这就是究竟断绝命根，已经具足了第四分支。紧接着再

[101]用绳子将牲畜的口鼻周围紧紧缠绕使它闭气。

看，主人用锋利的刀子剥皮时，那个牲口的肌肉还在一阵阵地颤动，这说明当时能遍的风还没有完全消尽，所以和活着一模一样。这时主人又立即将鲜肉放在火里烧烤，或者放在炉灶上炖煮，然后开始大模大样地吃起来。如果想到这些，生吞活剥有情的那些人简直与凶残暴虐的猛兽没有两样。

当前有些人生起杀害某一众生的想法或者口中也说诸如此类的话，虽然他们的杀生行动没有得逞，但是已经具足了知对境众生和生起欲杀意乐的两种罪业分支。尽管没有圆满正行那样的罪业严重，可是如同镜中映现影像一样，罪业已经染污了自相续。而且还有人认为除非是自己亲手杀以外，只是唆使别人杀生的人并没有罪业，或者认为虽然有罪业也是微不足道的。但事实上，就算是随喜杀生的那些人也有同样的罪业，更何况是唆使他人杀生的人呢？换句话来说，我们必须要明白，凡是参与杀生的每一个人都将得到杀生的整个罪业，而不是杀生这一罪业由许多人平均分配。

己二（不与取）分三：一、权威不与取；二、盗窃不与取；三、欺诳不与取。

庚一、权威不与取：

像国王之类势力强大的人，不是依靠合法税收而是以非法暴力强取豪夺或者动用军队等武力明目张胆地掠夺，诸如此类的不与取叫做强权不与取或势力不与取。

庚二、盗窃不与取：

诸如盗贼一类的人趁着主人没有看见而在暗地鬼鬼祟祟窃取饮食财物据为已有，这叫做盗窃不与取。

庚三、欺诳不与取：

在经商贸易等过程中，为了欺骗对方而以口说谎话、短斤少两、非法秤斗[102]等手段获取对方的财物，这叫做欺诳不与取。

[102]非法秤斗：私下制造的秤斗。

当前，我们中的有些人认为只要没有亲自去偷盗而仅仅以经商等欺骗手段谋取财物是没有罪业的。其实通过尔虞我诈的欺诳手段经营，无论赢得多少利润都与直接偷盗没有差别。

尤其值得提醒的是，在当今时代，许多上师和僧人根本不把经商的事情看成是过患或罪恶，甚至将毕生精力都放在这上面，整天忙得焦头烂额，还自以为精明能干。孰不知再没有任何事情比经商更能毁坏僧人相续的了。为什么？你想想，经常为了做买卖而四处奔波，必然将求学参学、积资净障等该做的闻思修行忘得一干二净，而且也没有求学修行的机会，更有甚者，连晚上睡觉时也一直在考虑经营的账目，如此一来势必会断绝信心、出离心、慈悲心等的根本，始终身不由己地处在迷迷茫茫的状态中打转转。

从前，米拉日巴尊者来到一个寺院，晚上在一位僧人家中就寝。那个僧人躺下以后心里便展开了这样筹划的一幕：明天杀一头牦牛，那么我该怎么来销售牲口的皮肉呢？它的头可以赚这么多，大腿赚这么多也没问题，前腿的肩胛部分也可以赚这么多，小腿也能赚上这么多……他将牲口里里外外的所有部位都盘算好了，整个晚上都没有睡，除了那条尾巴以外一切都预先计划妥当。这时天也亮了，他立刻起来进行念经礼佛、供施食子等一系列的事宜。

看到米拉日巴尊者仍然沉睡不醒，于是他便走过来冷嘲热讽地说："你自以为是个修行者，可是法事、诵经等什么也不能做，还在睡懒觉。"米拉日巴尊者说："本来我平时是不睡懒觉的，但昨天夜里我一直在考虑如何出售那头被杀的牦牛，没有空出时间来睡觉，因此今天早晨才沉睡过去了。"尊者的这番话已淋漓尽致地揭穿那个僧人的丑恶内心。

同样的，现在唯一经商的那些人，白天晚上都是考虑经商账目，经常处于迷乱、散乱之中荒废光阴，在死亡的时候，也只有在这种迷乱的状态中死去。

不仅如此，而且在销售的过程中，本来自己所卖的是低劣商品，反而油腔滑调地说："先前某某人说给怎样怎样的价，但是都没有出售，我自己买进时也是花了多少多少钱……"全是一派胡言，这就是妄语。在买卖双方进行交易时，撒谎说自己想买某某物品而在买卖双方之间制造不和，这是离间语；口出不逊说对方的物品太次，或者依靠负债累累的原因而吵得天翻地覆等等，这是恶语；毫无意义地评论价格太高，本来不想买也与对方讨价还价等等，属于绮语；野心勃勃想把对方的财物据为己有，这是贪心；心里怀着把他人弄得一败涂地，这是害心；宰杀羊只做买卖等，就是杀生。可见，在经商过程中，十不善业中除了邪见和邪淫以外全部已经直接具足。如果经营搞得不顺利，会使自他双方倾家荡产，使大家深感痛苦，最终损人害己，甚至自身会落得个饿死的下场。如果搞得好，生意稍微有起色，那么不论赚了多少也不知满足，一直贪得无厌，就算是拥有的财产与多闻天子不相上下，他也仍旧兴致勃勃从事罪大恶极的经商，就这样在忙忙碌碌、散散乱乱之中，人生的旅途已经到了尽头，等到临终之时只能是手抓胸口，成为恶趣的基石。使恶业不断增长并且毁坏自相续，没有比经商更严重的了。生意场上的人们，平时心里装的就是欺骗他人的阴谋诡计，总是怀揣恶念，就像刀刃、矛尖、针尖一样与别人针锋相对，往往都是居心叵测，完全背离了饶益他众的菩提心，结果只能使无边无际的恶业一增再增。

不与取也像杀生一样具有罪业的四种分支，我们要清楚，甚至仅仅给猎人或强盗等少许口粮，也将分毫不差地得到他们所造的杀生或不与取的所有罪业。

己三、邪淫：

邪淫是针对在家人所要禁止的戒律。往昔西藏法王松赞干布在世期间，制定十善法规中明文规定：在家人也务必要遵守人伦道德，也就是以种姓来护持，以正法严以律己，也就是遵循正法而守护等，禁止邪淫，一定要奉公守法，护持戒律。而作为出家人，那就必须从根本上杜绝非梵行。

邪淫的过患特别严重，而且对毁坏其他戒律起到推波助澜的作用。再来说说邪淫的分类：包括男人自己出精、与他人的妻子或者别人已经付了赏钱的女人作不净行。就算是有人身自由的女人，但是在白天、受斋戒日、生病期间、妊娠期间、忧愁所迫、月经期间、产妇未恢复以及有三宝所依的地方等进行交欢，以上这些都属于邪淫。另外，也包括对直系亲属、未成年的少女，以及在口和肛门等非处行淫。

身为在家人，应当了解从环境、时间的角度所分的不同邪淫种类，进而一并断除。

戊二（语恶业）分四：一、妄语；二、离间语；三、恶语；四、绮语。

己一（妄语）分三：一、一般妄语；二、大妄语；三、上人法妄语。

庚一、一般妄语：

一般妄语，就是指怀有欺骗他人之心而说的一切自性妄语。

庚二、大妄语：

信口开河地说行善没有功德、作恶没有罪过、清净刹土没有安乐、恶趣没有痛苦、佛陀没有功德等等，再也不可能有比这更为严重的弥天大谎了，因此这些被称为大妄语。

庚三、上人法妄语：

本来没有得地而说得地了，没有神通而说有神通等，凡是自己没有功德说成有功德，这一切都属于上人法妄语。在当今年代，骗子与圣贤比起来，是骗子更为吃得开的时候，人们的思想行为很容易改变。有些人自我标榜为上师或成就者，不择手段地诳骗坑害他人，比如有人说：“我已经见到本尊，并且酬谢供养了本尊。”或者说：“我已经看见了魔，并且消灭了那个邪魔。”口出此言的人大多数绝对是在说上人法妄语。

因此，我们不能随随便便轻信自欺欺人的大骗子，一定要依止一位非常熟悉、谦虚谨慎、表里如一的修行人作为善知识，在他面前求得今生后世解脱的正法，这一点非常非常重要。有些人虽然具有世间道的一点有漏神通，但那只是暂时的，有时候灵验有时候不灵验。无漏神通只有圣者才能拥有，其他人根本不具备，要得到这样的无漏神通也有相当的难度。

己二（离间语）分二：一、公开离间语；二、暗中离间语。

庚一、公开离间语：

公开离间语，一般是指具有权威的人在两个人同在的场合里，当面以离间语使他们俩关系破裂而分道扬镳。比如说："这个人暗地里对你如何如何恶语谩骂，而且明目张胆地对你如此如此迫害，今天你们俩好像不是那样的嘛？"类似这样直截了当挑拨离间的语言就叫做公开离间语。

庚二、暗中离间语：

本来两人情投意合，另有人到其中的一个人面前说："你对他倒是情真意切、关怀备至，可是他对你却品头论足、说长道短。"这种背后以离间语让双方各奔东西的话就叫做暗中离间语。

在所有离间语当中，要数破僧和合最为严重，尤其是在密乘传法的上师与弟子之间进行挑拨而搞破他们的关系，或者在金刚道友之间制造不和，那罪业可是重上加重。

己三、恶语：

对于相貌丑陋的人公开宣扬他们的缺点。例如，对那些有生理缺陷的盲人、聋人等，当面称呼瞎子、聋子。此外，凡是指责对方的过失或者口出不逊的语言都属于恶语。尽管不是粗恶语，但是通过温和的方式使对方心不愉快，这种语言也包括在粗恶语当中。特别是在上师、善知识、高僧大德们面前说乱七八糟的刺耳话罪过更大。

己四、绮语：

绮语所包括的范围比较广泛，比如，婆罗门的咒语等本来不是正法反而认为它是正法的，或娼妇妓女的淫秽语言、撩起自他贪心的靡靡之音、关于军事武力抢劫盗窃之类的高谈阔论，诸如此类凡是能引生贪嗔痴的无稽之谈，通通属于绮语的范畴。尤其值得提醒诸位的是，在别人诵经念咒等时，口若悬河地谈论许多令他们心思散乱的无关话题，会断绝别人行善的资粮，罪过极其严重。

各种各样的绮语表面看起来好像是自然而然脱口而出的，但是如果仔细观察就会发现，其实大多数绮语都是由贪心与嗔心引起的，在说绮语的过程中自他相续中萌生了多少贪嗔，罪业就有多大。

再者说，诵经念咒等期间，如果掺杂一些废话，那么不管你念诵多少咒语都不会有什么收获。特别是在僧众行列中如果有一个人废话连篇，那么僧众全体的善资都会断送在这一个人的手中，而且也会损毁施主所积的资粮。

本来在印度圣地除了具足功德、远离过患的人以外，其他人没有资格享用信财，世尊也没有开许。然而，现在我们有些人只是学了一两套密宗仪轨，刚刚会念诵便肆无忌惮地享用信财。通过密宗仪轨的方式来享用信财，如果是没有获得灌顶、不具足誓言，对生圆次第[103]一窍不通、没有圆满念修的人，随随便便念诵密咒仪轨，那就成了苯教[104]的吟诵一样，因此罪业相当严重。

---

[103]生圆次第：生起次第和圆满次第之简称，密乘中修习本尊三身为生起次第，修习风脉等为圆满次第。

[104]苯教：古代西藏原始宗教名。创始人兴饶，年代待考。盛行时分本地、外来和窜易三派，黑苯、白苯两支。早期但以祷神伏魔为人禳病、荐亡为业，及至吐蕃王布德共杰时，干预国政。松赞干布以后，吐蕃王室扶持佛教，佛苯之间斗争甚为激烈，赤热巴巾因尊佛抑苯被苯教徒所杀，朗达玛尊苯抑佛被佛教徒所杀，成为吐蕃王室趋于分裂灭亡的一个近因。其后苯教在见、行、修道之法诸方面，产生了众多和佛教相似的经典，晚近渐趋衰微。

事实上，黑财就像燃烧的铁丸子，除非具足生圆次第双运铸铁之牙齿的人才有能力享用，如果普普通通的平常人享用，只会自讨苦吃，焚毁相续，如颂云：“黑色信财乃是生命之利刃，过分享用斩断解脱之命根。”暂且不说具足生圆次第，有些人甚至都不能流利地读诵，只不过是认识词句罢了。尤其作为仪轨最重要的部分就是念咒，如果念咒期间打开绮语的伏藏门，也就是以言说各种贪嗔的无关语混日子，结果只会损人害己。因此，诸位僧人平时也要断除绮语，默言不语而精进念诵，这一点非常重要。

戊三（意恶业）分三：一、贪心；二、害心；三、邪见。

己一、贪心：

对于他人的财物，心里打着“如果这财物为我所有那该多好”的如意算盘，并且三番五次地思量：我有什么办法才能将这份财产弄到手中据为己有呢？诸如此类凡是对别人的财物生起谋求的心态都属于是贪心。

己二、害心：

对他人痛恨在心，满怀愤怒之情而想：我应当如此这般损害某某人。见他人拥有荣华富贵心里便不高兴，并且暗自诅咒：如果这个人不安乐、不幸福、没有这样的功德该多好！当别人遭遇不幸，受到挫折时，在一旁幸灾乐祸。诸如此类凡是对他人生起损恼的心理都属于害心之列。

己三（邪见）分二：一、无有因果之见；二、常断见。

庚一、无有因果之见：

认为行善无功、作恶无过的观念就叫做无有因果的见解。

庚二、常断见：

总的来说，邪见可以分为三百六十种或者六十二种等等（《如意宝藏论》中有详述）。但如果将所有的邪见归纳起来，完全可以包括在常见和断见当中。

所谓的常见，就是认为神我常有，大自在天、遍入天是造世主等等的看法。

断见，也就是指认为一切诸法是自然而生，前世后世、因果不虚及了脱生死等均不存在的观念。比如《黑自在书》中说："犹如日出水下流，豆圆荆棘长而利，孔雀翎艳诸苦乐，谁亦未造自性生。"意思是说，持断见的人认为太阳从东方升起不是谁牵引而上的；河水向下流淌也不是谁人引领下去的；所有的豌豆都是圆形也不是谁人抟成的；一切荆棘刺又长又尖、非常锋利这也不是谁削造的；孔雀的羽毛五彩斑斓、绚丽多彩这也不是谁绘制的，而是因为它们自己的本性就是如此。同样，世间中显现的各种喜怒哀乐、善恶吉凶也都是由本性造成的，因此他们一口咬定往昔业力、前生后世等并不存在。我们如果认为他们的宗旨千真万确并且随之而行，或者，虽然没有随行，但认为佛的经教、上师的言教、智者的论典等不是真实的，满腹怀疑或者妄加诽谤，这些都属于邪见。

在十种不善业当中，要数杀生和邪见这两种罪业最为严重，如云："杀生之上无他罪，十不善中邪见重。"

除了地狱众生以外，谁都贪生怕死，而且每个有情最为珍爱的莫过于自己的生命，因此杀生也是罪大恶极，杀害一个众生需要偿还五百次命债。此外，《念处经》中说："杀害一个众生，需要在地狱中住一个中劫。"

尤其是依靠塑佛像、印佛经、建佛塔等善举为借口而造杀生等恶业，罪恶更为严重。帕单巴尊者说："依恶建造三宝像，将被后世风吹走。"

有些人自以为把上师、僧众迎请到家中以宰杀众生的荤腥血肉供养他们是在行善，实际上这种做法必将使一切施主、福田的相续都染上杀生的罪过，施主供养食物成了不清净的供养，对于福田来说也已成了邪命养活，这种罪业远远超过了所行的善事。除非是有起死回生能力的圣者，一般人相续没有不被杀生罪业染污的可能，上师们这样做也一定会危及自己的寿命与事业。因此，除非的的确确能够将所杀众生的神识超度到极乐世界，否则必须竭尽全力断除杀生这一恶业。

再来说一说邪见，对于某个人而言，即使相续中生起了一刹那的邪见，也将失毁一切戒律，而不能列入佛教徒的群体中，也不算是闲暇的人身。一旦相续已被邪见染污，从此以后，即使是奉行善法也不能踏上解脱之道，而且造罪也没有忏悔的对境。

戊四（十不善业之果）分四：一、异熟果；二、等流果；三、增上果；四、士用果。

十不善业中的每一种不善业都有四种果报，也就是异熟果、等流果、增上果、士用果。

己一、异熟果：

无论是十不善业中的任意一种，如果是以嗔心所导致的，就会堕入地狱；如果是以贪心的驱使而造成的，就会投生为饿鬼；如果是在痴心的状态中进行的，就会转为旁生。万一堕落到那些恶趣中，就必然要感受各自的痛苦。或者说，按照烦恼的程度以及动机的大小而分为上中下三品。所谓上品恶业是指贪嗔痴极其粗重，并且长期积累，以这样的滔天罪恶就会下堕地狱；造中品恶业的人会投生饿鬼；积累下品恶业的人则转为旁生。

己二（等流果）分二：一、同行等流果；二、感受等流果。

所谓的等流果，是指从异熟果所牵引沦落的恶趣中解脱出来以后获得人身时所感受的报应。当然，在恶趣中也有许多等同于各自业因的各种痛苦。等流果分为同行等流果、感受等流果两种。

庚一、同行等流果：

所谓的同行等流果，就是说今世与前世所造的业相同。如果前世是以杀业为生的人现世也喜欢杀生，如果前世是以不与取为业的人现世也喜欢偷盗等。所以，有些人在孩提时代，只要见到虫蝇等便杀害它们，喜欢杀生的这些人就是在感受前世荼毒生灵的等流果。

从幼年时起，人们由于各自前世业力所感就表现出明显的不同，有些人喜欢残杀众生，有些人喜欢偷鸡摸狗，有些人对此毫无兴趣而热衷于行善修福，这都是前世作业旧习的惯性或者是等流果所致。如经云："过去生何处，当视今此身，未来生何处，当视今此身。"不仅仅是人，动物也是如此，比如，鹞鹰或豺狼等喜爱杀生，老鼠喜欢偷盗，这些都是各自前世所造恶业的同行等流果。

庚二、感受等流果：

十不善中每一种不善业都有两种感受等流果。

杀生的感受等流果：也就是说，前世造杀业，今生必然要感受短命、多病的报应。有些婴儿刚一出生就死去，完全是前世造杀业的等流果，而且这些人绝大多数在多生累世中都是刚刚出生就断气身亡。还有些人从小到老一直遭受多种不同疾病的折磨，可以说有生之年几乎没有不病的时候，这些也是往世残杀殴打生灵的业报。所以，当我们生病时，不要一直冥思苦想摆脱眼前这些疾病的医疗方法，而应当将精力放在发露忏悔往昔所造的罪业，下决心痛改前非、弃恶从善等等恶业的对治法上面。

不与取的感受等流果：前世偷盗就会感得今生受用非常贫乏，即便有一点点财产，也是被强夺或偷走等等，被迫与敌人共同享用。现在一贫如洗的那些人，与其勤勤恳恳、兢兢业业劳作，下了大如山王般的功夫，还不如积累微微火星般的福德好。事实上，如果自己没有以往昔布施果而发财致富的福分，就算是今生费尽九牛二虎之力也不会有什么收益效果。看看大多数明抢明夺的土匪以及暗偷暗盗的窃贼每次所获的赃物，如果他们经常性获得那么多，恐怕整个大地也难以容纳，可事实上，那些以光天化日强抢以及趁人不备暗偷度日的人们，最终却往往因为山穷水尽而落得个饿死的下场。那些商人或享用信财之人等，无论谋取了何等丰厚的财利也没有得到什么益处，这种现象随处可见。

如果自身具备往昔布施的果报，那么不费吹灰之力，也会拥有一生用不完的财物。如果你实在想财富源源不断滚滚而来，就必须勤奋努力上供下施。本来在这个业力之地的南赡部洲，前半生造业，大多数后半生就会成熟果报，倘若遇到一个殊胜的福田，那么转眼之间也会得到好报。

可以说，为了发财而挖空心思使用欺骗手段来经商或者一门心思干些偷盗等勾当的人，心里所想与身体所行往往都是相反，最终的结果只会是在数劫之中也脱离不了饿鬼处。今生今世也是同样，到头来或者以业力感召而变得越来越穷、越来越惨；或者拥有微乎其微的财产也没有权力享用；或者，由自己吝啬的原因而导致自己越是富裕就越发觉得贫困寒酸、一无所有；或者他的财产反而成了恶业之因等等。有些人虽然拥有财产但却没有派上用场，简直就成了饿鬼守护宝藏一样。因此，对于外表上看起来似乎财力十足的那些富翁，如果好好观察，他们的财产如果没有能用在作为今生与来世幸福之因的正法上和丰衣足食的生活问题上，那么他们比穷人更可怜！而且他们现在就已经感受了饿鬼的等流果，这完全是不清净布施的报应。

邪淫的感受等流果：丈夫或妻子相貌丑陋、懈怠懒惰，双方犹如势不两立的仇人一样。现在大多数夫妻之间整天无休止地吵吵闹闹，甚至大打出手，进而怀恨在心，他们往往都认为造成夫妻不和的原因就在于对方性格恶劣，其实这完全是由各自前世邪淫的等流果所导致的。因此，夫妻之间不要心生嗔恨，大动肝火，理当认识到这是自己往昔造恶业的果报，尽可能忍气吞声。正如单巴仁波切所说：“夫妻无常犹如集市客，切莫恶言争吵当热瓦。”

妄语的感受等流果：就是自己常常遭到诽谤或者上当受骗。如果现在自己无缘无故蒙受不白之冤、枉遭诽谤等等，要明白这是自己前世说妄语的果报。因此，我们不要对造谣生事者恨之入骨或者恶口谩骂，而要尽可能地观想：依靠这场风波可以净除我的累累恶业，这样说来，他们对我的恩德实在不薄。由此而满怀喜悦之情。

持明无畏洲说：“怨敌反对亦使修行增，无罪遭到诬陷鞭策善，此乃毁灭贪执之上师，当知无法回报彼恩德。”

离间语的感受等流果：眷属仆人之间格格不入，或者主人遭到攻击等等。比如说，有些上师的弟子、官员的随从、家里的雇佣等内部大多数人相互之间不和，而且上师、主人再怎样费尽口舌他们也不听从，反而进行辩驳。一般家庭的雇佣，主人指派他们做一件简简单单的小事，可是说了两三次他们还是充耳不闻，直到主人恼羞成怒声色俱厉地加以呵责时，这些人才慢慢吞吞极不情愿地去做，事情完成之后也不向主人汇报事情的结果，性格一贯恶劣，这些也是主人自己前世挑拨离间的业报成熟于身。所以，应当对自己所造的恶业生起追悔之心，努力化解自他之间的怨恨。

恶语的感受等流果：经常听到不悦耳的话语，自己所说的语言也成了争论的话柄。总之，粗恶语在所有不善业当中罪业极为严重，比如世间也有这样的谚语：“虽无箭尖利刃语，亦能刺入人心间。”口出粗语会使对方突然间生起嗔心，尤其是对严厉的对境[105]，哪怕只是说一字一句的恶语，也会酿成多生累世不能从恶趣中解脱的苦果。举个例子来说，从前，婆罗门迦毗罗对迦叶佛的诸位比丘说了“马头、牛头……”许多这样的恶语，结果转生为头上长有十八个头的鲸鱼，在达一劫的漫长时间里不得解脱，当这一果报穷尽后又堕入地狱[106]。

此外，一位比丘尼称呼其他比丘尼为“母狗”，结果五百世转生为母狗[107]。诸如此类的实例多之又多。

所以，我们平时说话要和和气气、温文尔雅。

特别值得强调的一点是，因为我们根本不知道圣人、菩萨身居何处，理所应当对一切有情观清净心，宣说称赞他人的功德。如果对一位菩萨妄

[105]严厉的对境：指上师三宝等。

[106]详见《根本说一切有部毗奈耶》卷9中“劫比罗”的公案。

[107]详见《百业经》中“一只母狗”的公案。

加诽谤、恶语中伤，这比杀害三界所有众生的罪过还严重。如（乔美仁波切的《极乐愿文》）中云："诽谤菩萨之罪业，较杀三界有情重，发露忏悔无意罪。"

绮语的感受等流果：自己的话没有威力、没有分量，口才拙劣，明明自己坦率直言，可别人也不信以为真，在大庭广众之中讲起话来自己也感觉气势薄弱。

贪心的感受等流果：凡事不能称心如意，经常事与愿违，遭遇不幸。

害心的感受等流果：经常担惊受怕、危机四伏。

邪见的感受等流果：往往陷入恶见之中，常常被欺诳搅得心烦意乱。

己三、增上果：

增上果，是指成熟在外境上的报应。造杀业的人转生在环境不优美，或者深谷险地等威胁生命的地方；造不与取的恶业，转生在庄稼常遭受霜冻冰雹的袭击、树木不结果实、饥荒时有发生的地方；邪淫之人，所居之处就是臭气熏天的粪坑、污秽不堪的淤泥等令人恶心的地点；口说妄语，会转生到财富动摇不定的环境中，并且心里经常慌慌张张，也总是遇到令人心惊肉跳的违缘；造离间语恶业者，会转生于悬崖陡壁、深渊狭谷等难以行走的地方；口出恶语的人，转生在乱石堆积、荆棘丛生等使人心神不宁的地方；以绮语恶业所感召，将来转生的地方，尽管辛勤务农，到头来却颗粒不收，季节反复无常而且动荡不安；以贪心感得，将来的生处庄稼荒芜，地时恶劣的痛苦层出不穷；以害心所感，会转生到多灾多难的地方；以邪见恶业转生于物资鲜少、无依无靠、孤苦伶仃的地方。

己四、士用果：

所谓的士用果，就是指造任何恶业都将与日俱增，世世代代辗转延续漫漫无边的痛苦，恶业越来越向上增长，依此终将漂泊在茫茫无际的轮回之中。

丁二、应行之善业：

总之，我们了知十不善业的过患之后，心中立下坚定誓愿认真地受持严禁恶行戒，就是十善业，也就是指不杀、不盗等十种。

一般来说，受持十善戒不需要在上师或亲教师面前立誓，只要自己心里默默地想：我从今以后永远不再杀生，或者我某时某地绝不杀生，或者我不杀害某某众生等等，这就是善业。当然如果能在上师、善知识、佛像佛经佛塔等面前进行承诺发誓，那么它的功德就更为显著了。然而，仅仅这样平平淡淡地想“我不杀生”还不足够，必须要在心里立下这样坚定的誓愿：无论怎样，我从此以后绝不造恶业。

如果在家人等实在不能彻头彻尾永久性地杜绝杀业，也可以发誓在一年当中的一月份或四月份不杀生，或者在每一个月当中的十五日和三十日不杀生。此外，立誓在一年、一个月或一日等期间不杀生也会受益匪浅，并有很大的功德。

从前，嘎达亚那尊者所在的城市有一个屠夫承诺晚上戒杀（白天他依然杀生），结果当他死后堕入孤独地狱中时，白天在炽燃的铁屋里受尽痛苦，而到了晚上却身居无量宫殿中由四名天女围绕而享受安乐。[108]

所谓的十善业，就是指实际行动中断除十种不善业、奉行对治恶业的善法。

三种身善业，不杀生：断除杀生，爱护生命；不偷盗：断不与取，慷慨布施；不邪淫：断除邪淫，守持戒律。

四种语善业，不妄语：断除妄语，说谛实语；不两舌：断离间语，化解怨恨；不恶语：断除恶语，说悦耳语；不绮语：禁止绮语，精进念诵。

三种意善业，无贪心：断除贪心，满怀舍心；无害心：断绝害心，修饶益心；无邪见：弃离邪见，依止正见。

十善业的异熟果：转生在相应的三善趣中。

同行等流果：生生世世喜欢行善，并且善举蒸蒸日上。

[108]详见《根本说一切有部毗奈耶皮革事》中“长者子”的公案。

感受等流果：断除杀生，长寿少病；不偷盗感得具足受用，无有盗敌；断除邪淫，夫妻美满，怨敌鲜少；断除妄语，受到众人称赞爱戴；断除离间语，受到眷属仆人的恭敬；断除恶语，恒常听闻悦耳语；断除绮语，语言有威力；断除贪心，如愿以偿；断除害心，远离损恼；断除邪见，相续生起善妙之见。

增上果：成熟在外境上，与前面十不善业的果报恰恰相反，具足圆满的功德。

士用果：所做的任何善业都会突飞猛进地增长，福德接连不断涌现。

丁三、一切为业之自性：

上至有顶下到无间地狱底层的一切有情各自感受不可思议、千差万别的痛苦和快乐，都是来源于各自往昔所积累的恶业与善业。如《百业经》云："众生诸苦乐，佛说由业生，诸业亦种种，造种种众生，漂泊于轮回，业网极广大。"

有些人尽管现今大权在握、地位显赫，拥有许多受用，但是当死期到来的时候这一切的一切都不能随他而去，只有自己此生积累的善业恶业紧紧跟随，将自己引入轮回的善趣与恶趣之中。《教王经》云："国王趋入死亡时，受用亲友不随身，士夫无论至何处，业如身影紧随后。"尽管现在所造的善业恶业，不会当下立即现前果报，但任何时候都毫厘不爽，一旦因缘聚合时必将自食其果，感受报应。如《百业经》云："众生之诸业，百劫不毁灭，因缘聚合时，其果定成熟。"又如《功德藏》中说："高空飞翔金翅鸟，虽暂不见身影现，然与其身无离合，因缘聚合定现前。"例如，当金翅鸟展翅翱翔在高高的虚空中时，它的身影没有现出，但是并非没有身影，最后无论降落在哪里，它那黑乎乎的身影就会出现在那里。同样，所造的善业恶业的果报虽然不一定立竿见影、马上受报，但是最后不可能不降临到自己的头上。

即便是断除一切业惑障碍的佛陀和阿罗汉尚且也要感受自己的业果，那更何况我们这些薄地凡夫呢?

从前，舍卫城的帕吉波国王率领军队向释迦族所居住的城市大举进攻，残暴杀戮了八万释迦族人，与此同时世尊也头痛起来。

众弟子请问："这是什么原因呢？"

世尊讲述："往昔释迦族人当渔夫时，捕杀了大量的鱼类来食用。一天，他们捕捞到两条大鱼，没有立即杀死，把它们系在柱子上。那两条大鱼因为离水来到干地而辗转翻跳，他们不禁暗想：我们无辜遭到这些人杀害，但愿将来我们也无辜杀死他们。以此业果两条大鱼转生为帕吉波国王和玛拉洛（害母）大臣，所杀的其它鱼类转生为他们二人的军兵，今天他们将释迦族的人们斩尽杀绝。我当时投生为一位渔夫的小孩，看到那两条大鱼感受无法忍受的干燥之苦而辗转翻跳的情形，禁不住地笑了起来，以此业力感得今天头痛。假设我现在没有获得这样圆满功德的佛果，今天也将被帕吉波国王的军队杀死。"[109]

此外，世尊脚上刺入降香木[110]刺，是以前做菩萨时杀掉短矛黑人的业报。[111]

另外关于阿罗汉受业报的实例：世尊的声闻弟子神通第一的目犍连，也是由于业力所感被遍行外道杀害的。[112]

目犍连和舍利子二位尊者，时常前往地狱和饿鬼等恶道去饶益有情。一日，他们来到地狱界，看到外道的本师饮光（经云：晡剌拏）能圆死后转生在这里，正在感受各种痛苦。

---

[109]详见《增一阿含经》《法句譬喻经》。

[110]降香木：梵语为揭地洛迦木。分三种：红色栴檀降香、黄色柏树降香和灰色松树降香。

[111]详见《佛说兴起行经》之"佛说木枪刺脚因缘经第六"。

[112]详见《根本说一切有部毗奈耶·杂事》。

饮光对他们说："您二位尊者返回人间时，请把我的这番话转达给我的弟子们，告诉他们说：'你们的本师饮光能圆转生在地狱中。遍行宗派[113]没有沙门善行，沙门善行唯有佛教内道才有，你们的宗派是颠倒的教派，因此你们应当舍弃自己的宗派，随学释迦佛的弟子。尤其是你们将本师的骨灰做成灵塔之后，每当供养时，炽热的铁雨就会降落到他的身上，所以万万不要供养他的遗塔。'"

二位尊者返回人间，舍利子先去向外道转告饮光能圆的话，但是因为没有业缘致使外道徒没有听见。

后来，目犍连问舍利子："您有没有把饮光能圆的口信转告给他的弟子？"舍利子答言："我说是说了，可他们却什么话也没说。"

目犍连说："他们可能没有听到，还是我去说吧。"

于是他来到遍行外道徒的所在地，将饮光能圆的口信原原本本转告给他们。外道听后怒不可遏地说："这个人不但对我们妄加责难，居然胆大包天地诽谤起我们的本师来了。来，给我打！"外道徒数数殴打目犍连，他的身体被摧残得简直像苇草一样摇摇欲坠。这要是在以前，不用说是被这些遍行外道徒打得皮开肉绽，哪怕是三界所有众生群起而攻之，就连他的一根汗毛尖也动摇不了。可是在当时，由于往昔的业力所压，就连变化想也想不起来，更不必说大显神变了，此时此刻的尊者与平平常常的凡夫人一模一样。

事后，舍利子用法衣将目犍连的法体包好背到祇陀园而悲伤地说："对我的好友目犍连死去的消息听也不愿意听到，何况是亲眼见到？"于是他与众多阿罗汉一起先行趣入涅槃。紧接着目犍连也入灭了。

还有一则公案[114]：从前，在克什米尔地方，有一位具有神通神变的比丘，名叫日瓦德，他座下的弟子为数不少。一日，正当他在林中煮

[113]遍行宗派：印度六大外道之一，其承认众生之苦乐，非由因缘所生，唯由自然而生。

[114]详见《杂宝藏经》中"离越阿罗汉"的公案。

染法衣袈裟时，附近的一位主人家出门寻找丢失的牛犊，看见林间炊烟缭绕，于是顺此方向来到近前，果真看到一位比丘正在生火，便问："你在做什么？"

日瓦德答言："我在煮染法衣。"主人打开染料的锅盖一看，发现里面煮的根本不是什么法衣，而是肉，比丘自己也惊讶地看见了锅里的肉。

主人推推搡搡把他带到国王面前，呈禀道："这位比丘偷了我的牛犊，请国王惩治。"

国王不问事情始末便将比丘打入监牢。

几天之后，主人家的母牛自己找回了牛犊，于是主人又急急忙忙来到国王面前禀奏："那位比丘并没有偷牛犊，请求国王您释放他。"

但是国王因为事务繁忙，在六个月期间没有释放他。后来比丘的许多获得神变的弟子们从空中飞行而来，到国王的面前禀告："这位比丘是一位光明磊落的正人君子，他是清白的，请国王释放他。"

于是国王亲自去释放比丘，当看到他满脸憔悴、吃尽苦头的样子，国王万分懊悔地说："此事延误已久，我真是造了滔天大罪。"

比丘说："您没有错，是我自作自受。"

国王问："您以前到底造了什么业？"

于是比丘开始讲述起来："我往昔曾经转生为一名盗贼，因为当时偷了一头牛犊而被主人紧追不放，到了林间我惊慌之余就将牛犊扔在一位正在入定的独觉面前，便溜之大吉了，却给独觉带来逮捕入狱六天的厄运。就是因为这一恶业的异熟果，使我在多生累世中感受恶趣的痛苦，今生也受到这样的苦难，不过这是最后一次的异熟果报。"

再来讲讲菩萨受报的实例：印度乐行国王有一位太子，有一天，母后送给他一件精美别致五彩锦缎的无缝衣[115]。太子说："我现在还不穿，

[115]无缝衣：指不见缝痕的精工妙衣。

等到继承王位时再穿不迟。”

母后说：“你恐怕没有得到王位的机会了。本来，国王驾崩之后理所当然要由太子来继承王位，可是因为你的父王和龙树阿阇黎的生命是一味一体，所以只要龙树没有圆寂，你的父王就不会离开人世，而龙树菩萨已经获得了寿命自在，没有圆寂的时候，你的许多兄长都没能继承王位就已经死去了。”

太子问：“那么，有什么妙计吗？”

于是，母后为他出谋划策道：“龙树阿阇黎是一位菩萨，如果你向他索要头颅，他必会施舍，除此之外实在无计可施。”

于是太子来到龙树菩萨面前索要他的头颅。

龙树菩萨十分爽快地说：“你自己砍断拿去吧。”于是太子奋力挥起宝剑，可是无论怎样都好像在虚空中舞动一样，根本无法砍断菩萨的头颅。

这时，龙树菩萨告诉他说：“我五百世前已完全清净了兵器砍割的异熟果报，所以用兵器无法砍断我的头，但是我曾经在割吉祥草时杀害小虫的异熟果报还没有彻底清净，你用吉祥草可以割断我的头。”

太子采了一根吉祥草来割龙树菩萨的颈部时，头颅当下落地。伴随着“我今往生极乐刹，将来亦入此身体[116]”的声音，龙树菩萨趋入寂灭。

这以上的公案告诉我们，像他们那样的圣人，尚且也需要感受这种业力的异熟果报，更何况说我们这些从无始以来漂泊在轮回中造了不计其数恶业的人呢？而且我们现在仍然还执迷不悟地累积罪恶，真不知道什么时候才能从轮回中解脱出来，即使是脱离恶趣恐怕也不容易。

所以，我们随时随地都要谨小慎微，即使是微乎其微的罪业也要尽心尽力予以杜绝，哪怕是微不足道的善事也要悉心毕力加以成办。如果没有这样从小处着手，那么以每一刹那的恶业也需要在恶趣中住留数劫。为

[116]根据印度佛教历史记载，龙树菩萨圆寂以后，他的法体和头部变成两座山，将来龙树菩萨重入此身体，重新弘扬中观的般若空性。这两座山如今在印度南方贝谛境内。

此，就算是很微小的罪业，我们也绝不能认为就这么一点点无关痛痒而抱着无所谓的轻视态度。寂天菩萨亲口说过："刹那造重罪，历劫住无间，何况无始罪，积重失善趣。"《贤愚经》中也说："莫想诸罪微，无害而轻视，火星虽微小，能焚如山草。"

同样，微不足道的善业也能产生大为可观的果报，所以不要认为仅仅这么一点点有什么用途而不屑一顾。我乳轮王往昔变成一个穷人时，有一天他手拿一把豌豆准备向一位新娘投抛，途中正巧遇见德护如来前往城中。他生起了极大的信心，于是将一把豌豆撒向佛陀，其中四粒落入佛的钵中，两粒触到佛的胸口。以此异熟果他转生为南赡部洲的转轮王；以四粒豆落入佛钵中的果报，而统治四大部洲的国政八万年；两粒豆接触到佛的胸口，其中一粒的果报成为四大天王的主尊八万年，另一粒的果报在三十三天第三十七代帝释王朝中与帝释天平起平坐，执掌国政。[117]

此外，经中也说观想佛陀甚至向空中抛撒一朵花作供养的善果，获得帝释和转轮王的果报也是难以到达它的边际。如《贤愚经》云："莫想诸善微，无益而轻视，水滴若积聚，渐次满大器。"《功德藏》亦云："无忧树种如芥子，每年果实成熟时，一枝亦增一由旬，善恶果增不可喻。"本来，无忧树的种子比芥子还小，可是树木在成长的过程中，每一年它的树枝都增长到一由旬左右，即便如此，这也无法形容善恶果报的增长程度。

相反，即便是违犯了细微的学处，也会导致无穷的后患。

从前，翳罗叶龙王以转轮王的身相来到世尊面前。世尊义正词严地说："你不仅破坏了迦叶佛的教法，难道还要来毁坏我的教法吗？你现出自己的原形来听法。"

翳罗叶龙王说："我面临着众多威胁，因此实在不敢以原身前来。"

于是世尊让金刚手菩萨保护它。这时，一条遍布数由旬的巨蛇出现在

[117]此公案在《涅槃经》《长阿含经》《中阿含经》《大楼炭经》《顶生王因缘经》《贤愚经》中均有记载。

人前，只见它被头上长的一棵翳罗大树重重压着，树根的部位昆虫弥漫，它感受着巨大的痛苦。

弟子们请问世尊这其中的原因。

世尊讲述说：他曾经是迦叶佛教法中的一位比丘。有一次在途中，一棵翳罗大树刮了他的法衣，他勃然大怒，无视学处而砍了那棵树，这就是那一罪业的恶果。[118]

一切善业恶业之中，是黑是白，是轻是重，关键还是要看人的起心动念。举个例子来说：一棵大树，如果它的根是药性，那么它的树干和树叶肯定是药；如果它的根是毒，那么树叶和树干也必然是毒性，毒性十足的树根绝不可能生长出灵丹妙药的枝叶。同样，如果带着贪嗔的动机，居心不良，意乐不净，即使表面上所作所为是善业，但实际上只会变成不善业。假设内心清清净净，纯正无瑕，那么纵然从外观看起来好像是在造恶业，但事实上已经成了善举。《功德藏》中说："树根为药芽亦药，根为毒芽何用说，唯随善恶意差别，不随善恶像大小。"

因此，对于没有丝毫自私自利、内心无比清净的菩萨来说，身语七种不善业才有直接开许的时候。就像大悲商主杀短矛黑人以及星宿婆罗门子对婆罗门女行不净行之类的情况。

下面简明扼要地讲述这两则公案：

从前，我等大师释迦牟尼佛转生为大悲商主的时候，和五百位商人一起去大海（取宝）。途中，一个名叫短矛黑人心狠手辣的强盗，企图杀害五百商人。大悲商主知道后心里想：这五百名商人全部是不退转菩萨，如果这个人残杀了他们，后果必将身陷地狱住无量劫，实在可怜；如果我杀了这个人，就可避免他堕入地狱，就算是自己下堕地狱我也甘心情愿。这样三思之后，大悲商主以非凡的勇气毅然决然地杀了那个强盗，（以此

[118]详见《根本说一切有部毗奈耶·杂事》《福盖正行所集经》卷11。

善念，大悲商主非但没有堕入恶趣，反而）圆满了七万劫的资粮[119]。这一公案，表面上来看是造了恶业，为什么呢？因为作为菩萨的他亲手杀了一个人，但实际上完全是善业，因为大悲商主根本没有一点自私自利的心念，而且从眼前来看保护了五百商人的生身性命，从长远而言，把短矛黑人从地狱的痛苦中拯救出来，所以是伟大的善行。

再有，星宿婆罗门长年累月在林间持梵净行。一次他到城中去化缘时，一位婆罗门女对他一见钟情，生起贪爱，欲绝身亡。星宿婆罗门不由得对她生起悲悯之心，于是和她结成夫妻，以此圆满了四万劫的资粮。[120]

诸如此类的杀生及破梵净行才有开许。而对于为一己私欲，在贪嗔痴的驱使下而行，在何时何地对何人也没有开许。

不与取也不例外，对于根本没有私心杂念、有胆有识、大义凛然的菩萨来说，为了爱财如命的富翁，而从他们手中盗窃财物上供三宝、下施乞丐等是开许的。

妄语也是同样，如果是为了保护濒临绝境的众生性命或者保护三宝财产等说妄语是开许的，但以私欲欺骗他人是绝对不开许的。

离间语也是一样，例如，一个行善之人和一个喜欢作恶的人相互为友，而且为非作歹的那个人势力强大，因为担心行善之人被他带入罪恶的邪道，而说离间语使他们分道扬镳是开许的。相反，使志同道合的两人关系四分五裂，说离间语绝不开许。

恶语也是如此，对于以温和方式实在无法调伏的人士，只有以强制性的手段才能使他们步入正法，再有上师等宣讲教言揭露弟子的罪恶等，这些情况下口出粗语恶语是开许的。正如阿底峡尊者所说："殊胜上师为揭露罪恶，殊胜窍诀为击中要害。"而轻视侮辱对方的粗恶语是不开许的。

说绮语也是一样，对于爱说爱讲的有些人，以默然禁语的方式不能使

---

[119]详见《大宝积经·大乘方便会》《慧上菩萨问大善权经》。

[120]详见《大宝积经》中"树提梵志"的公案。

他们趋入正法，只有通过权巧方便才能令他们进入佛门，这种情况下说绮语是开许的，而说些让自他心思散乱的无稽之谈并不开许。

由于贪、嗔、邪见三种意罪业，不可能有转变成善妙动机的情况，只要一生起恶分别念，就必然是不善业，因此在任何时候对任何人也没有开许。

所有善不善业的作者，唯一是自己的这颗心，尽管身体的一举一动、口中的一言一语并没有表露出来，但是心的分别念也往往会带来巨大的善果与严重的恶果。所以，我们每个人要经常观察自己的心态，如果处在善心之中，理应生起欢喜，尽量使善业与日俱增；倘若处于恶意之下，那就必须立即忏悔，而且暗暗自我谴责：我这个人真是恶劣，虽然听闻了那么多正法，竟然还生起这样的恶分别念，实在惭愧。并下决心：从今以后，我一定要努力使这样的分别念在自相续中永不再现。

我们无论做任何一件善事，首先务必要详详细细观察自己的动机，如果确实是善的动机，就去做那件善事；如果处在与别人竞争的心理或者装模作样、贪图名誉等心态中，那就必须要认真加以纠正，做到以菩提心来摄持；如果不论怎样也无法扭转自己的动机，还是延缓做那件善事为好。

从前，有许多施主预先约定前来拜访奔贡甲格西，当天上午，格西在三宝所依前摆设供品，装饰得极其美观。当时，他观察自己的动机，结果发现竟然是为了在施主们面前显得庄严的不清净心态，于是顺手向三宝所依和供品上撒了一把灰，并自言自语："你这个比丘不要那么虚伪。"帕单巴尊者得知此事后说："西藏的所有供品中，要数奔贡甲的那一把灰尘最好。"

因此，我们随时随地要仔仔细细观察自相续，一旦心术不正，有造罪的苗头出现，就要马上意识到，并且忏前戒后，绝不能让自相续与恶业同流合污。当然，在凡夫地的阶段，相续中不生起恶分别念的意乐加行也是不现实的事情。从前，奔贡甲格西来到一位施主家中，当时各位施主出门在外。格西心里琢磨：我没有茶叶，不如趁机偷一些茶叶，留着以后住山修行时用。当他把手伸进茶叶袋里时，立即提起正念。于是，他大声呼喊施主们：“我这个人正在干偷茶的勾当，把这只手从手腕处砍断。”

阿底峡尊者也这样说过：自从我本人进入别解脱门之后，可以说是一尘不染；对于菩萨学处（菩萨戒），偶尔出现过一两次过失；而步入密宗金刚乘以后，虽然零零碎碎的过失屡有出现，但（都是当下忏悔，）从来没有让堕罪过夜的情况。尊者在行途中也是一样，每当闪现恶分别念时，马上取出一个木制的曼茶罗，立即忏前戒后。

在攀耶嘉的地方，有施主在众多格西聚集的行列中供养酸奶，当时奔贡甲格西坐在行列中间。他看到施主给位居前列的人供奉了大量的酸奶，不由得心想：这么好的酸奶轮到这里，似乎已经没有我的份了。当萌生这样的念头时，他紧接着便提起正念，认识到自己的思想不对头，于是暗暗自责：“你这位比丘对饮用酸奶居然有这么大的信心。”随即把碗扣下。当供养者来到跟前请他享用酸奶，因为生起了恶念，格西对他说：“我已经饮用过了，实在不想再享用。”本来，他只是想和所有比丘平等地得到一份，并不含有什么不善的成分，但仅仅因为想到自己有希望获得好酸奶的私欲，就全然放弃了享用。

我们如果随时随地观察自相续而断恶从善，调柔自心，久而久之自相续就会完全变为善业。从前，扎堪婆罗门经常观察自心，每当生起一次不善的分别念时，他就放置一个黑色石子，每当生起一次善的分别念时就放置一个白色的石子。最初时全部是黑色石子，通过精勤进行对治，去恶从善，到中间时呈现黑白各半，最后已全部成了白色的[121]。所以，我们一切时处应当以正知正念摄持，生起善的对治，力求做到连细微的罪业也不沾染。

即便是今生今世没有积累罪业，但从轮回无始时以来，所积累的罪业也是无边无际，而且也必然有不堪设想的业果要感受。作为现在唯一行善、修

[121]详见《佛祖统纪》中“优波鞠多尊者”的公案。

习空性的那些人来说，依靠采取现行对治力，可以将后世转生恶趣的业力、随眠习气在今世成熟而感受痛苦。如《能断金刚经》中说：“行持波罗蜜多之菩萨，受到损恼或受极大损恼，此乃未来所受之苦业，于此世成熟。”[122]

与之相反，今生当中无恶不作之人，也有因为前世所造的微小善业在眼前成熟而感受善果的。例如，从前尼洪国家，最初七日降下珍宝雨，接着降下衣服雨和粮食雨，最后降下土雨，所有的人被埋在土下丧命，死后堕入地狱中。[123]

可见，行善者感受痛苦、造罪者获得快乐也都是往昔业力成熟的果报。同样，现在无论行善或作恶，它的果报在来世或者来世的来世等等也必然会成熟。所以，我们时时刻刻对因果的道理生起定解进而加以取舍非常重要，万万不可以高深见解的法语来轻视因果。如邬金莲师对国王赤松德赞说：“君王，我的密乘见解极其重要，行为不能偏堕于见解方面，否则善空恶空黑法漫布，将成为魔见。同样，见解也不能偏堕于行为方面，否则将被实有和有相所束缚而无有解脱的机会。”又说：“是故见比虚空高，取舍因果较粉细。”也就是说，在证悟实相之见解的同时，必须要细致入微地取舍因果。

有人问帕单巴仁波切：“如果证悟了空性而造罪，到底是有害还是无害呢？”

帕单巴仁波切回答说：“如果真正彻悟了空性，就绝不会造罪，因为证悟空性和生起悲心是同时的。”

如果你真的渴望修持正法，那就必须将取舍因果放在主导地位，见解和行为不相脱离而实地修行。

那么，因果不虚之引导在相续中生起的界限是怎样的呢？

---

[122]鸠摩罗什所译的《金刚经》中说：“须菩提，善男子，善女人，受持读诵此经，若为人轻贱，是人先世罪业，应堕恶道，以今世人轻贱故，先世罪业则为消灭。”
[123]详见《杂宝藏经》中“优陀羡王”的公案。

应当像米拉日巴尊者那样。

弟子们问米拉日巴尊者："尊者您的行为已经完全超出了凡夫众生的意境，上师仁波切您最初是金刚持还是一位佛菩萨的化身呢？"

米拉日巴尊者回答："你们认为我是金刚持或者某位佛菩萨的化身，这说明你们对我的一片虔诚信心，但对于正法来说，恐怕再没有比这更严重的邪见了。为什么这么说？我最初依靠咒力降冰雹，造了滔天大罪，当时想肯定只有堕地狱而别无出路了，于是集中精力、专心致志、兢兢业业地修持正法，依靠密宗甚深的方便要诀，在相续中生起了殊胜的功德。因为你们对因果生不起诚信而导致对正法不能如此精进，如果你们能发自内心对因果深深诚信，像我那样刻苦精进，凡是有毅力的凡夫人都能做到，这样一来，你们相续中也会生起同样的功德，到那时，你们也可以称为是金刚持或佛菩萨的化身了。"

米拉日巴尊者最初造罪业而认为必堕地狱的坚定信念也是由诚信因果而来的。依靠对因果的诚信才精进修持正法。当然，像米拉日巴尊者那样苦行和精进的事迹在印度和西藏两地是极为罕见的。

因此，对于因果的这些要点，我们必须从心坎深处生起坚定不移的诚信，并且暗下决心：随时随地，包括细微的善业也要以三殊胜摄持而尽力奉行，就算是再小的恶业，遇到生命危难也不去做。

我们早晨起床时，不要像牛羊从圈里爬起来一样，一跃而起，应当在床上静坐，自心悠然放松，向内反观审察自相续：昨晚做了善梦还是恶梦，如果梦中作恶，也应该心生后悔而诚心忏悔；假设梦到行善，就高高兴兴地将善根回向给众生。心里默默发心：在今天，我要为无边无际的一切众生获得圆满正等觉的果位而尽心尽力奉行善法、竭尽全力断除罪恶。到了晚上睡觉的时刻，也不要在无所忆念中平卧沉睡下去，而应当在床上平缓安坐，如前一样观察思维：呀！我白天都做了什么有意义的事，修持了什么善法？如果成办了善事，应当感到欣慰，心生欢喜，并且为了一切众生获得佛的果位而回向。假设造了恶业，就要在心里自我呵责：我这个人实在恶劣，今天已毁了自己。生起追悔之情，诚心诚意忏悔，并发誓：从今以后我绝不再造那样的恶业。随时随地，我们都不要离开正知正念，对于内外器情的一切显现也不要有根深蒂固的实执，应该在虚无缥缈无实如幻的游舞中修炼自心，使自相续恒常安住在善法和正道之中，令内心调柔。

这以上归纳总结了修四种厌世心[124]的中心要义，如果能够做到那样，那么做任何善事自然而然就不会离开三殊胜。如颂云："善人如药树，依彼胜一切，恶者如毒树，依彼毁一切。"这种贤善的正士以自心的堪忍力使与他结缘的人们内心转向正法方面，令自他的广大善业蒸蒸日上，生生世世不会堕入恶趣和邪道当中，而获得善趣人天的殊妙身体。尤其是这样具有法相的高僧大德无论安住在任何地方，当地人们都会奉行善法，万事吉祥，众天人也恒常护持。

虽知因果差别然信弱，虽闻众多正法然未修，

我与如我恶行众有情，自心与法相应祈加持。

因果不虚之引导终

[124]四种厌世心：人身难得、寿命无常、轮回过患、因果不虚。

## 五、解脱利益

多成就者智者所摄受，依照上师言教而修行，

解脱胜道无误示于众，无等上师足下我敬礼。

丙五（解脱利益）分二：一、解脱之定义；二、解脱之分类。

丁一、解脱之定义：

所谓的解脱，就是指脱离轮回这个大苦海，获得声闻、缘觉、圆满菩提其中任意一种果位。

丁二（解脱之分类）分二：一、能获解脱果位之因；二、三菩提之果。

戊一、能获解脱果位之因：

从人身难得开始，以四种厌世心的修法调顺自相续，然后再从一切圣道的基石皈依开始，直到圣道正行完全圆满之间，每一个修法都有各自的功德，前面已经讲述了，后面还要讲，这就是解脱之因。

戊二、三菩提之果：

无论获得声闻、缘觉、圆满菩提三者中任何一种果位，都是寂静清凉的，因为已经脱离了轮回痛苦的狭道，我真是喜不自禁。尤其是如今我们遇到了大乘佛法，理所应当唯一希求圆满菩提，精进奉行十善，修四无量、六度、四静虑、四无色、二止观[125]等一切法门，并以加行发心、正行无缘、后行回向三殊胜摄持而实地修行。

解脱利益之引导终

---

[125]二止观：寂止和胜观的简称。寂止：梵音译作奢摩他或三摩地，一切禅定的总括或因，心不散住外境，专一安住所修静虑之中。胜观：梵音译作毗婆舍那，一切禅定的总括或因，以智慧眼观察事物本性真实差别。

## 六、依止上师

丙六（依止上师）分二：一、依师之必要；二、依师之次第。

丁一、依师之必要：

一切佛经、续部、论典中，从来没有提过不依止上师而成佛的历史。我们在现实生活中也可以看出，通过自我造就以及有胆有识而生起五道、十地功德的人一个也没有。包括自己在内的一切众生，对于邪道倒是很有造诣，而对于解脱与遍知的圣道，却犹如无依无靠的盲人迷失在空旷荒野中一般知之甚少。而且从来没有不依靠商主而从如意宝洲中取宝的例子。因此说，善知识和好道友是解脱与遍知圣道的真实向导，我们务必要毕恭毕敬地依止。

丁二（依师之次第）分三：一、观察上师；二、依止上师；三、修学上师之意行。

戊一、观察上师：

凡夫人本来就很容易随着友伴等暂时的外缘而改变，所以我们在何时何地都需要依止良师益友。打个比方来说，普通的一节树木落到玛拉雅山的檀香林中，经过数年之后，就会熏染上栴檀木的妙香，结果这节普通的木材也自然散发出芬芳的檀香味。同样，如果依止一位具相的高僧大德，久而久之，也会熏染上他的功德妙香，所作所为也都变成他们那样。如智悲光尊者在《功德藏》中说："如玛拉雅树林中，漂落普通一节木，枝叶滋润出妙香，依止上师随行彼。"

如今正处在五浊恶世，当然，众多续部宝典中讲的所有法相样样俱全的上师实在是难以寻觅，但一般来说，可以依止的上师必须具备以下这些功德：一、相续清净：从来没有违犯过外别解脱戒、内菩萨戒与密乘三昧耶戒；二、广闻博学：通晓经续论典；三、具大悲心：对无边众生就像母亲对独子般慈爱；四、通达显密：精通外三藏、内密四续部的仪轨；五、现前断证：依靠修持实义于自相续中现前殊胜的断证功德；六、圆满四摄：以布施、爱语、同行、共事四摄法摄受具善缘的弟子。如《功德藏》中说："圆满诸胜法相者，浊世力致故难得，三戒清净之大地，多闻大悲润心续，精通如海显密仪，断证净慧硕果丰，四摄鲜花齐争艳，善缘弟子如蜂聚。"

尤其是宣说密宗金刚乘甚深窍诀要点的上师，必须具备一切续部宝典中所讲的下列条件：一、获得不间断能成熟的灌顶——成熟相续；二、没有违犯灌顶时所受的誓言和其他戒律——净持律仪；三、烦恼和分别念微弱——相续调柔；四、精通密宗金刚乘基、道、果的一切续部意义——精通密宗；五、面见本尊等依修之相都已尽善尽美——依修圆满；六、现量证悟实相之义——解脱相续；七、心相续周遍大悲心——唯求利他；八、断除了今生世间的贪执——琐事鲜少；九、为了来世精进忆念正法——精进修持；十、现见轮回的痛苦，生起强烈厌离心，并且劝勉他人生起厌离——厌世劝他；十一、以各种各样善巧方便摄受调伏弟子——摄伏弟子；十二、依照上师的言教行持，具有传承加持——具有加持。我们应当依止这样一位上师。如《功德藏》中说："尤其宣讲窍诀师，得灌净戒极寂静，通达基道果续义，念修圆满证自解，悲心无量唯利他，精进念法琐事少，极具厌离亦劝他，善巧传承具加持，依如是师速成就。"

再讲讲与上述相反应当舍弃的上师相：本来自相续中没有闻思修的少许功德，却自以为我是某某上师的儿子或者贵族子弟[126]等，种姓方面已经胜过其他人，并且现在我的传承也是如何如何，这简直就像婆罗门世袭相传的门第观念一样。或者，虽然具有少分闻思修行的功德，但并不是以希求来世的清净心来修持，而是担心自己在某处失去上师的地位等。所作

[126]贵族子弟：旧时西藏贵族的幼弟和侄子总名。

所为只是为了今生目标的上师，就称为如木磨[127]之上师。

还有些上师没有能力调伏弟子的相续，自己的相续也与凡夫人没有差别，根本不具备丝毫的特殊功德。可是其他一些愚笨之人盲目轻信，不经观察而将他捧到高高的位置上，这时候的他自相续被名闻利养改变得面目全非，骄傲自满，目空一切，对正士的功德视而不见，这种上师就叫做如井蛙之上师。

据说，从前有一只年迈的青蛙长期居住在井底。一天，大海里的一只青蛙来到它的面前。

井蛙问："你是从哪里来的？"

海蛙回答："我从大海来。"

井蛙问："你的海有多大呢？"

海蛙说："大海非常非常大。"

井蛙问："那么，有我这个井的四分之一大吗？"

海蛙连连摇头："远远不止。"

井蛙又问："那么，有没有它的一半大？"

海蛙还是边摇头边说："不止不止。"

井蛙继续问："难道有这个井这么大吗？"

海蛙依旧重复着前面的话："不止不止。"

井蛙不相信地说："不可能有那么大吧？那么，我们一起去看看吧。"

于是，两只青蛙一同前去，当见到大海时，那只井蛙顿时昏厥，头颅崩裂而死。

再有，上师他自己从未依止过智者上师，也没有精进修学经续，孤陋寡闻；内心烦恼粗重，不具足正知正念，致使违犯戒律、破坏誓言；

[127]木磨：形象是磨子，但不能磨粮食。

相续比凡夫人还低劣，而行为却像大成就者一样，言谈举止高如虚空；嗔恨和嫉妒心十分强烈，断掉了慈悲心的吊索，这就是所谓的如疯狂向导之上师。

将弟子引入邪道、不具备胜过自己的点滴功德、远离慈悲心菩提心的上师，称为如盲人向导之上师，他们不懂得打开取舍的双眼。

如《功德藏》中说："犹如梵志护门阀，顾虑失毁自地位，闻思非为来世果，犹如木磨之导师。虽与凡夫性不违，愚者起信置高位，获得利养心傲慢，犹如井蛙之上师。孤陋寡闻破律誓，心劣行为高如天，折断慈悲之吊索，若依狂师增罪恶。尤依无胜己功德，无有悲心名声师，如依盲主大错误，欺诈相伴漂暗处。"邬金莲花生大士也说："不察上师如饮毒，不察弟子如跳崖。"

上师是我们生生世世的皈依处，也是开示取舍道理的导师。如果没有经过慎重观察，不幸遇到邪知识，信士一生的善资都将葬送在他的手中，使已得的暇满人身白白地虚度。比如，一只毒蛇盘绕在树下，某人误认为是树影而前去乘凉，结果被毒蛇害死。如《功德藏》中说："若未详细观察师，毁坏信士善资粮，亦毁闲暇如毒蛇，误认树影将受欺。"

因此，我们一定要详详细细加以观察，正确无误地进行辨别之后，才能全心全意地依止一位具足前面所讲这些功德的上师，从此之后恒常对上师作真佛想。这样一切功德无不圆满的上师就是十方诸佛大悲与智慧的本体，他们只是为了利益所化众生而显现人的形象。如《功德藏》中说："圆满德相之上师，诸佛智慧大悲体，所化前现士夫相，悉地根本即无上。"

如此殊胜的上师，为了引导所化众生，暂时的一举手、一投足等行为好像与所有的普通人一模一样。但是从了义上来讲，他们的密意始终安住在佛陀的境界中，从这一角度而言又与一切世人截然不同。实际上，上师的任何所为都是顺应所化众生相续具有密意的行为，超凡脱俗，不同寻常；他既能善巧解除弟子的重重怀疑，也能忍耐弟子的一切邪行和忧心劳身，宛如独子的慈母一般。如《功德藏》中说："不了义随一切众，了义相违诸众生，具密意故胜有情，善遣疑忍忧邪行。"

可见，具有一切德相的上师，就像大船，能救度众生脱离轮回大海；他如商主，能无误指示解脱与遍知佛果的圣道；他如甘露雨，能熄灭业与烦恼熊熊的烈火；他如日月，能遣除重重的无明黑暗，现出朗朗的正法光明；他如大地，能容忍弟子忧心劳身及一切邪行，见行广博，无所不包；他如劫波树（如意树），是今生与来世一切功德利乐的来源；他如妙瓶，成为不可思议诸乘宗派一切意愿的宝库；他如摩尼珠，住在随心所欲（息、增、怀、诛）四种事业大海的源泉中；他的慈心犹如父母，对于无边无际的一切众生无有亲疏、爱憎，一视同仁；他的悲心好似河流，对于普天之下的芸芸苍生广泛怜悯，尤其是对无依无怙的苦难有情更是迫切悲悯；他的喜心宛若山王，不为嫉妒之心所转，不为实执之风所动；他的舍心恰似雨云，自相续不被贪嗔所扰乱。如《功德藏》中说："解脱有海如大舟，无迷胜道真商主，灭业惑火甘露雨，遣无明暗等日月，囊括诸乘如大地，利乐源如劫波树，圆具法库如妙瓶，上师胜过如意宝，平等爱众即父母，悲心广切等河流，无变喜心如山王，无乱舍心如雨云。"从大悲心与加持方面来说，上师与诸佛相同，与上师结上善缘者即生便可成佛，结上恶缘者也有断绝轮回之日，如颂云："如是上师等诸佛，害彼亦入安乐道，何人正信依止师，降下一切功德雨。"

戊二、依止上师：

观察完上师之后，接下来就是依止上师。那么，该以怎样的方式依止上师呢？正如《华严经》中所说："善男子，汝应对自己起病人想。"按照这其中类似的喻义说法，我们要像重疾缠身的病人依止善巧的明医、行在恐怖路途的旅客依止勇敢的护送者、遭到怨敌强盗野兽等恐怖危害时依止解救危难的友伴、去海中宝洲取宝的商人依止商主、想到达河对岸的船客依靠舵手一样，要摆脱生死烦恼的怖畏，必须要依止具有救护力的上师善知识。如《功德藏》中说："如病依医客依护，怖畏依友商依主，诸乘舟者依舵手，畏生死惑当依师。"

作为弟子所要具备的条件：一、精进大铠：纵遇生命危险也不违背上师善知识的意愿；二、智慧极坚：心情不会因为暂时出现的违缘而改变；三、承侍上师：要有赴汤蹈火承侍上师的精神，也就是不惜生身性命为上师办事；四、依教奉行：上师所说的任何教授，言听计从，将自己置之度外。这样的人单单依靠对上师的虔诚敬信必将获得解脱，如《功德藏》中说："精进大铠慧极坚，不惜身命作承侍，谨遵师命不护己，唯以敬信得解脱。"

身为合格的弟子还要具备：将上师视为真佛——具大信心；了知上师善巧方便行为的密意——具大智慧；能够受持上师所宣讲的一切正法——广闻博学；慈爱那些无依无怙、受苦受难的众生——具有悲心；恭敬上师所传授的律仪和三昧耶戒——敬护净戒；身语意寂静调柔——三门调柔；内心能容纳上师及道友的一切行为——宽宏大量；将自己所拥有的一切毫不吝惜地全部供养上师——慷慨大方；内心很少出现不清净的分别恶念——具清净观；如果造了恶业立即想到：我的这种恶行必定会受到正士大德的羞辱——具惭愧心。我们务必要具备这些优点来依止上师。《功德藏》中说："具信慧闻大悲心，恭敬戒律三门调，宽宏慷慨净相愧。"

再者，作为一名弟子，时时刻刻中，所作所为要随顺上师的心意，万万不要做出违背上师意愿的事情，必须严加防犯。无论上师如何严厉呵责制裁，既不怒气冲冲也不怀恨在心，犹如驯服的良马；因为上师的指派等而来来往往也不厌其烦，犹如船筏；能够承受上师所吩咐的一切好事坏事，犹如桥梁；能够忍耐一切艰难困苦、严寒酷暑，犹如铁匠的铁砧；对于上师的一切言教，唯命是从，犹如奴仆；断除我慢，常处卑位，犹如扫帚；舍弃骄慢，恭敬众生，犹如断角的牦牛。这些都是《华严经》等佛经中所讲的依止上师的方法。如《功德藏》中说："极护上师具善巧，厉斥不嗔如良驹，来去无厌如船筏，犹如桥梁承贤劣，犹如铁砧忍寒热，依教奉行如忠仆，断除我慢如笤帚，舍骄慢如断角牛，契经所说依师法。”

而且，我们要以三种承侍令上师欢喜，其中上等承侍为修行供养，也就是以坚韧不拔的精神历经苦行孜孜不倦地实地修持上师所传的一切正法；中等者以身语意承侍，也就是自己的身语意侍奉上师，为上师服务；下等者以财物供养，也就是慷慨供养饮食受用等等。我们要通过以上三种方式令上师欢喜。如《功德藏》中说：“若有财物供上师，身语恭敬承侍事，何时一切亦不毁，三喜之中修最胜。”

上师的行为变化莫测，没有固定性，无论上师的举动怎样，我们都要认识到那是善巧方便的行为，唯一观清净心。

从前，大智者那若巴已经获得了大成就，后来有一次本尊告诉他：“你生生世世的上师是圣者帝洛巴，你应当前往印度东方。”

那若巴尊者听到此话，立即起程奔赴东方。由于对帝洛巴上师到底住在何处没有搞得水落石出，他便向当地的人们打听，结果他们都说不认识，他又问：“那么在此地还有没有谁叫帝洛巴呢？”

人们回答说：“有个以行乞为生的帝洛巴，大家都叫他乞丐帝洛巴。”

那若巴尊者心想：大成就者的行为是不定的，很可能就是他。于是继续刨根问底：“乞丐帝洛巴住在哪里？”

人们告诉他：“就在那边正冒烟的破围墙内。”

他大步流星地来到那里，帝洛巴尊者果真正坐在此处，只见他面前放着一个木盆，里面装满了混在一起的死鱼活鱼，他从中取出一条鱼放在火上烧烤完毕就吃了起来，接着弹一声响指。

那若巴上前顶礼膜拜请求摄受。帝洛巴尊者问道：“你说什么？我可是个乞丐呀！”

经过那若巴再三诚心诚意恳切请求，帝洛巴尊者才摄受了他。

事实上，帝洛巴尊者并不是由于饥饿难耐实在得不到食物才杀鱼的，而是因为那些鱼是不知取舍道理的恶业众生，他具有超度它们的能力，为了使之与自己结上缘才吃鱼肉的，然后将它们的神识接引到清净刹土。

同样，大成就者萨绕哈巴曾经显现为弓箭手的形象、夏瓦热则现为猎人的身份等等，在印度圣地多数成就自在者都是以下贱种姓等极其低劣的姿态出现。所以，我们对于上师的任何行为都不能视为颠倒，需要唯一观清净心。如《功德藏》中说："诸行不应生邪见，圣地数多自在者，显现劣种恶形象，恶劣之中极恶劣。"

相反，如果将那些形象看作是颠三倒四的邪行而观为过失的话，就像所谓的"久伴于佛亦见过"一样。意思是说，就算是佛陀，也会有人去见他的过失。

往昔，世尊的兄弟善星比丘在二十四年[128]中当佛的侍者，对于十二部了如指掌，完全可以倒背如流地传讲。可是他将世尊的一切行为都看成是欺诳之举，心想：除了有没有一寻光的差别外，我们二人完全相同。生起这种邪分别念后，他说："二十四年为汝仆，除身具有一寻光，芝麻许德吾未见，知法我胜不为仆。"说完就扬长而去。

当时世尊的侍者阿难请问佛陀："善星比丘将来会转生到何处？"

世尊告诉他说："善星比丘现在只有七天的寿命，死后将于花园中投生为饿鬼。"

阿难来到善星比丘跟前，将世尊所说的那番话一五一十地告诉了他。

善星比丘暗想：有时候他的谎话也可能是真的，不管怎么，这七天中我还是要谨慎行事，等七天过后我再好好羞辱他。于是他在六天当中水米未进。到了第七天的早晨，他感到口干舌燥，于是喝了一口水，没想到水未消化而气绝身亡，死后在花园中投生为一个具有九种丑相的饿鬼。[129]

---

[128]关于这一时间，不同经中说法不一。

[129]善星比丘对佛陀的邪见，《大般涅槃经》33卷中记叙了很多。

当我们将殊胜上师的行为看作过失的时候，就要在心里自我谴责：这绝对是我自己的心识、眼识不清净所导致的，上师的行为根本不会有一丝一毫的过失或缺点。从而对上师更加生起信心和清净心。如《功德藏》中说：“自己未调自心前，迷乱观察无量罪，善星精通十二部，见师行为狡诈相，善加思维改自过。”

此外，假如殊胜上师表面似乎对自己特别憎恨，大发雷霆，我们也切切不可气急败坏，心里应当这样想：上师一定是看到了我的某种过失，才如此这般责骂于我，上师观察到以严厉呵责方式调伏自己的时机已到，才这样进行调化的。等待上师心平气和时，再到上师面前作忏悔等。如《功德藏》中说：“倘若上师现忿怒，见己过失呵责调，时机成熟应忏悔，如是智者不着魔。”

平日里，自己在上师身边的过程中也必须恭恭敬敬如理如法：当上师从座上起身的时候，自己绝不能依然如故地坐在座位上，而要毫不迟疑地站起来；上师安坐之时，要向上师请安问候，再观察时机供养相合上师心意的用品等。

上师行走的时候，自身随行也是一样，如果走在上师的前面，后背就会对着上师，所以绝不能走在上师的前面；倘若走在上师的后面，也会有踩上师脚印的可能性，因此也不能走在上师的后面；假设走在上师的右侧，又会处在首席之位，为此更不该走在上师的右侧。而应当在上师左侧稍后的位置恭敬随行。假如在路途中遇到一些危险地带或者担心有恐怖事件发生，请求上师开许后走在前面也无妨。

对于上师的坐垫和乘骑也是如此，绝不能任意踩踏上师的坐垫、乘坐上师的车辆等，也不应粗鲁猛烈开关上师住舍的门或者用力敲门等等，开门关门时动作一定要轻缓。

在上师面前时，必须断除身体上的弄姿作态、表情上的嬉皮笑脸或者愁眉苦脸等，而且口中的一些欺人之谈、未经观察的胡言乱语、戏耍玩笑等滑稽之语，以及没有意义、没有关联的无稽之谈也要一并禁止。应该怀着敬畏之心，杜绝满不在乎的心态等，言谈举止必须做到温文尔雅、寂静调柔。

《功德藏》中说：“上师起时莫安坐，坐时问安供受用，若行莫随前后右，踏垫坐乘等折福，切莫猛厉敲师门，舍弃弄姿笑怒容，妄乱玩笑无关语，三门寂静而依师。”

假设有其他人心怀嗔恨、恶口谩骂上师，自己绝不能与他为友，当然如果自己有能力制止他们的邪见和诽谤等，还是尽可能地加以制止，倘若实在无能为力，也不应和他们畅所欲言。如《功德藏》中说：“詈骂嗔恨上师者，不应为友尽力止，畅所欲言增大罪，失毁一切诸誓言。”

再者，对于上师的眷属和金刚兄弟姐妹们也要同样恭敬，无论相处的时间有多长，都毫无厌烦之心，始终如一和睦友好，就像腰带一样；在日常生活当中，不管遇到任何事情，自己都要放下架子，与他人来往和谐融洽，就像食盐一样；即便对方对自己恶语中伤、无理取闹或施加难以承受的压力，也应当尽力忍耐，就像柱子一样。所以，对于道友，要和睦相处，恭敬依止。如《功德藏》中说：“和睦相处如腰带，融洽交往如食盐，极具忍耐如柱子，亲近师眷与道友。”

戊三、修学上师之意行：

这样依止上师的一切方法已经明确之后，就要像天鹅与蜜蜂一样受持上师的密意。比如，栖身于胜妙水池的天鹅不会搅混池水，而是在其中轻盈嬉戏，尽情享受；蜜蜂飞旋在花丛之中时，不会损坏花的色香，而是吸取精华后便悄悄离去。同样，我们一定要不辞辛苦、不厌其烦、不折不扣地依教奉行来受持上师的意趣，也就是说，依靠自己信心与毅力的近取因，将殊胜上师心相续中一切闻思修行的功德如同从一个标准瓶倾入另一个标准瓶中一样融入自己的相续。如《功德藏》中说：“如依胜池之天鹅，蜜蜂品尝花汁味，恒时相处稀奇行，无有疲厌持师意，信心近取得功德。”

当殊胜上师奉持菩萨行而积累广大的福慧资粮时，如果自己也加入到他们的行列中，哪怕只是发心供养微薄的财物受用或身语做些力所能及的事情，甚至包括心中随喜在内而同行，那么依靠大德的无上发心力所得的善业资粮有多少，自己也将同样获得。

比如，从前，有两个人一起前往拉萨。一个人除了少量的豆粉外没有其他口粮，他将少量的豆粉放入另一个人许多精白糌粑中混合一起。过了几天，有许多糌粑的人说："你的豆粉差不多该用完了吧，我们去看看有没有用完。"然后两个人去看结果发现豆粉仍然没有用完。这样看了好几次豆粉一直没有用尽，最后只好与所有糌粑一起吃完。同样的，无论别人做任何善事，自己仅仅通过少许财物或者身语劳作等结上善缘，也将获得同等的善根。特别是对于上师、善知识暂时的指派或信使，乃至包括清扫上师的居室在内，都是积累资粮的正道，应当尽力而为。如《功德藏》中说："决定行持善法者，胜师广积二资时，彼中皆能结上缘，役使信使清扫等，极劳具果胜资道。"

皈依处以及积累一切资粮的无上福田没有比上师更殊胜的。尤其是上师授予灌顶、讲经说法期间，十方三世诸佛菩萨的大慈大悲和殊胜加持一同融入他的相续，从而安住于与诸佛无二无别的境界中，所以其余时间成百上千次供养不如此时供养一口食物的福德大。

观修一切生起次第的本尊也是同样，如果能认识到形象虽然显现为某某本尊，其实本体除了自己的根本上师以外别无其他，那么上师的加持很快就能入于心中。

在相续中生起圆满次第的智慧，也完全依赖于对上师的诚信恭敬与上师的加持力，只要自己有虔诚的信心，再加上上师的加持，自相续中一定会生起上师心相续中所证悟的智慧。所以，生圆次第等一切实修所修的本体都可包括在上师中，所有经典、续部中都说上师就是真佛。

《功德藏》中说："何为皈处资粮田，修师瑜伽内外二，所修生圆体摄师，经续说师为真佛。”

因此说，上师的密意始终安住于与诸佛无二无别之中，然而正是为了引导我们这些不清净的所化众生才化现为人的身相。

我们一定要在上师住世期间，全力以赴依教奉行，通过上面所讲的三种承侍使自己的心与上师的智慧成为无二无别。相反，如果上师住世时没有恭敬承侍、依教奉行等，而当上师不在世时却口口声声地说绘制上师的身像、观修上师瑜伽、修习实相之类的话，然后另辟蹊径去苦苦寻找别的高深莫测大法，既不具备使上师心相续中的断证功德融入自相续的诚信恭敬，也不进行祈祷等，这就是所谓的“能修所修相违”。

要想在中阴界面见上师、蒙受上师指引道路等，这也需要自己无限的诚信恭敬与上师的悲心愿力聚合才会显现这样的境界。当然，上师并不是真正亲身去到中阴界，如果自己不具备虔诚的信心，不恭敬上师，那么无论上师再有多么好，也不可能出现在中阴界为你指引道路。

《功德藏》中说：“多数愚者绘像修，上师在世不承侍，不知师意修实相，能所修违诚可悲，无信中阴难见师。”

我们首先用智慧来观察上师，这也是指在还没有结上求灌顶求传法的缘分之前详加观察，如果真是具足法相的上师，我们就依止；假设不具足法相就不要去依止。一旦已经依止了上师以后，不管他的行为怎样都必须看作是善妙的，全部视为功德，生起信心并观清净心。如果生起恶分别念，那么后果不堪设想，换句话说，后患无穷。

在观察上师时，我们还要清楚，一般来说，需要是经典续部中所说的所有功德齐全的一位上师，尤其心相续中具有菩提心是必要条件。概括而言，观察上师归根到底可以包含在观察他是否具备菩提心这一条件当中。如果他的心相续中具有菩提心，那么从今以后不可能不成办弟子们今生和来世的一切利益，这位上师所传的正法也是与大乘道息息相关，无论如何也会令所有的弟子踏入正道。只要是一位不具有菩提心的上师，就必然有着自私自利的牵扯，这样一来，也就不可能很好地调伏弟子的相续，不管他所传的法多么深、多么妙，讲得再怎么天花乱坠，但到头来也只是落在了为现世利益的圈子里。

因此说，观察上师的一切要点可以摄于观察具不具有菩提心这一条件中。如果他的心相续中遍满菩提心，那么无论他的装束等如何，也该依止；假设他的自相续中不具备菩提心，即使表面上暂时的出离心、厌离心、专心修法以及威仪等再怎么善妙，也不可依止。但是，对于那些自相续含而不露安住的高僧大德，我们这些凡夫人无论怎样观察也不能了知他们与众不同的功德所在。而且大多数骗子对于装模作样的欺诱方法也很高明，冒充圣者骗人的现象也到处都有。（实在难以分清真假、辨别是非。）因此，依止自己生生世世有缘的上师非常重要。

那么，怎样判断具有缘分的上师呢？如果你面见某某上师或听到他的语言，甚至只是听到他的尊名也会周身汗毛竖立，万分激动，生起无比信心，心情骤然改变，这说明他是自己生生世世的上师，不需要进行观察。

据说，从前绒顿拉嘎上师告诉米拉日巴尊者说：“你生生世世的上师是住在南方卓窝隆寺庙的圣者大译师玛尔巴罗扎，你应当前往南方去依止他。”米拉日巴尊者仅仅听到玛尔巴尊者的名字，不共信心便油然而生。他暗自下定决心：纵然遇到生命危险我也一定要去拜见上师，并且受持上师的意趣。后来当他亲自去拜见上师的时候，玛尔巴尊者以耕田农夫的形象来迎接他。师徒二人在途中相见时，尽管米拉日巴尊者并不认识上师，但是在当时，自己今世的所有敏锐分别念当下全部消失得无踪无影，他怔怔地立在那里。

总的来说，遇到怎样的上师，也与自己内心清净与否以及业力有着密切关系。所以，对于为自己传授正法窍诀的恩师，不管他行为怎样，我们都要力求做到心心念念不离“他就是真佛”的想法。如果自己没有宿世的缘分，就不会有遇到贤善上师的福气；倘若自己内心不清净，那么即使值遇真佛也不可能将他看作是有功德者，因此值遇自己宿世受过法恩的上师这一点相当重要。

中间在依止上师的过程中，务必做到不顾寒热饥渴等一切困难，遵照上师的言教去执行，满怀信心恭敬祈祷。自己临时的一切所作所为都要请示上师，上师如何吩咐，就如何去做，总之必须以“我意唯您知”的诚挚信心来依止上师。

所谓最后修学上师的意行，也就是说，对殊胜上师的一切行为经过一番认真观察之后，自己在实际行动中也原原本本地按照那样去修持。世间上也有“一切事情即模仿，模仿之中能生巧”这样的俗话。作为修行人，要效仿往昔诸佛菩萨的行为，弟子依止上师也同样是随学上师。上师的意趣行为怎样，弟子相续中也需要得到，就像神塔小像从印模中取出来一样，印模中有什么样的图案，全部会显现在神塔小像上。同样，上师心相续中有怎样的功德，弟子也要与上师一模一样，即便不能完全相同，也一定要具有基本相同的功德。

因此，首先应当善巧观察上师，中间善巧依止上师，最后善巧修学上师的意行，这样的弟子无论如何必定会趋入正道。如《功德藏》中说：“首先善巧观察师，中间善巧依止师，最后善巧学意行，此人必将趋正道。”

所以说，寻觅到一位具有一切功德的殊胜善知识，依止期间要不顾惜生身性命，就像常啼菩萨依止法胜菩萨、大智者那若巴依止圣者帝洛巴、米拉日巴尊者依止玛尔巴罗扎尊者那样。

那么，常啼菩萨是如何依止法胜菩萨的呢?

从前，常啼菩萨到处寻觅智慧波罗蜜多法门。一次来到一片旷野上，从空中传来这样的声音：“善男子，前往东方，将会听闻到智慧波罗蜜多，不要在意身体劳累、昏沉睡眠、寒冷炎热、白昼黑夜，也不要左顾右盼，而当勇往直前，不久你就会获得智慧波罗蜜多的经典、见到具有智慧波罗蜜多法门的说法比丘。尔时，善男子，你当在这位圣者面前听闻智慧波罗蜜多，对他生起本师想，并且恭敬正法，随后依止而行。即使见他享受五种欲妙，也要了知那是菩萨的善巧方便，千万不能失去信心……”

听到这番话，常啼菩萨举步便前往东方。没走多远，他意识到：我怎么没有问问那声音到底需要走多远啊？现在，我根本不知道宣讲智慧波罗蜜多法的地方，到底该往哪里走呀！想着想着，不禁伤心地失声痛哭起来，他一边啼哭一边暗下决心：在没有闻受智慧波罗蜜多法门之前，我决不在意辛劳疲惫、饥渴交迫、昏沉睡眠、白天黑夜等，要像死去独子的母亲一样排除一切其他杂念。哎！真不知道什么时候才能听闻到智慧波罗蜜多法？想到这里，心里异常忧伤。

这时一位如来的身相出现在他面前，首先连声赞叹求法的功德，接着又告诉他说：“距离此地五百由旬的地方有一座名叫‘香积’的城市，周围有五百个七宝性质的林苑环绕，一切功德吉祥圆满。位于十字中央的就是法胜菩萨的七宝宫殿，周围达一由旬，林苑等受用齐全。法胜大菩萨及其眷属六万八千女众聚集一堂，五种欲妙应有尽有，他们尽情享受嬉乐。法胜菩萨三时为身居于此的众眷属宣讲智慧波罗蜜多，你前去他座下，就会闻受到智慧波罗蜜多。”

常啼菩萨听到这话以后处在无所作意的境界中，当下便清晰地听到了法胜菩萨在那里宣讲智慧波罗蜜多的法语，也现前了许多禅定法门，并且目睹了十方世界无量佛陀在宣说智慧波罗蜜多，他们说法之后又同声赞叹法胜菩萨，随即就从视野中消失不见了。

常啼菩萨对法胜菩萨生起了无限的欢喜心、信心和恭敬心。他想：我应该以怎样的方式前去拜见法胜菩萨呢？我非常贫穷，可以用来供养善知识法胜菩萨的衣裳、珍宝、妙香、珍珠等资具一无所有，我应当出卖自己的身体，将由此得来的资财献给法胜菩萨。自从无始以来在流转生死轮回的过程中，我曾经出卖过无数无量的身体，而且以贪欲之因，无数次身堕地狱，遭受砍割，那样白白地虚度，既不是为了求得这样的正法，也不是为了供养这样的圣贤。于是他便到集市中心高声叫卖：“谁想买人？有谁想买人吗？”魔王波旬对常啼菩萨为正法这般苦行，心生嫉妒而从中作梗，以至于没有任何人听见他的叫卖声。常啼菩萨没有找到买自己身体的人，便到一旁悲伤哭泣，泪水夺眶而出。

此时此刻，帝释天王想观察常啼菩萨的意乐，于是化为婆罗门的身相，来到他的面前说：“虽然我不需要人，可是我要作一次供施，急需人肉、人油以及人的骨髓，如果你肯卖，我可以给适当的价钱。”

常啼菩萨喜出望外，毫不犹豫地用利刃刺穿右手，鲜血顿时喷出，他又割下右腿上的精肉，然后到墙角下准备砍断骨骼取出骨髓。

正在这时，一位商主的女儿从楼上见到此情此景，吃惊非小，她来到近前不解地问：“善男子，您为何这般折磨自己呢？”

常啼菩萨向她讲述了为供养法胜菩萨而卖身的经过。

她又继续问：“那么对他做如此承侍会得到什么功德呢？”

常啼菩萨告诉她：“他宣讲一切菩萨的善巧方便以及智慧波罗蜜多，如果依此修学，就能获得具足圆满功德一切遍知的佛果，还能够将妙法如意宝分享给一切众生。”

那位小姐听到此话深为感动地说：“就是为了那些功德中的每一分功德，舍弃恒河沙数身体也值得。但是，请您不要令自己遭受如此的疼痛，供养法胜菩萨所需的一切资具我来给您，并且我也与您结伴前去法胜菩萨处，我也希望得到那些功德，增长善根。”

此时，帝释天王也现出了自己的身相，对常啼菩萨说：“我是帝释天，是为了观察你的意乐而来，你需求什么我可以拱手奉送。”

常啼菩萨说：“请赐给我佛陀的无上功德。”

帝释天说：“这不是我的境界，实在无能为力。”

常啼菩萨说：“那么，我的身体要完好无损不需要您费力，我可以依靠真实谛的加持。”

是什么真实谛呢？他随即说道：“但愿以诸佛不退转授记之谛实与

我自己坚定不移之殊胜意乐的真实谛以及此等真实语，使我的身体恢复如初。”话音刚落，他的身体便与从前一模一样了。这时，帝释天也不见了。于是，常啼菩萨与商主之女一同来到她的父母家中，将事情前前后后的经过讲述一番之后，取了许多供养的资具，就这样商主的女儿及五百名侍女一起坐上马车，连同商主、夫人及诸多随从一起奔赴东方。

当他们一行人来到香积城时，法胜菩萨正在为成百上千的眷属宣讲正法。见此情景后，常啼菩萨获得了比丘入定般的安乐。众人立即下马车，直往法胜菩萨面前行去。

那里有一所七宝组成的智慧波罗蜜多宫殿，由红色栴檀严饰，各种珍珠瓔珞覆盖，四方安置四盏如意宝灯，在四个白银香炉中燃着的全是黑沉熏香[130]，中央的四宝箧内放置有用琉璃溶液撰写在金箔上的智慧波罗蜜多，有众多天人前来供养经函。常啼菩萨、商主之女及五百女仆作了善妙供养，之后来到法胜菩萨为众人传法的座前。常啼菩萨及五百随从将所带来的供品敬献给法胜菩萨，商主之女及其侍女发了殊胜菩提心。因为常啼菩萨问了“前面见到的诸佛是从何而来，去于何处”，法胜菩萨宣讲了《诸佛无来无去品》，随后从法座上站起回到精舍，七年间安住于一等持的禅定中。

在此期间，常啼菩萨与五百女众眷属始终未曾合过眼，也没有安坐一刻，仅仅以站立行走两种威仪度日，一心期盼着法胜菩萨出定演说妙法。

七年即将过去之时，诸天人告诉常啼菩萨：“现在离法胜菩萨出定宣讲正法还有七天。”于是他与五百女众眷属一起去对法胜菩萨将要传法处一由旬以内的地方进行清扫，为了不起灰尘首先需要洒水时，魔王波旬使所有的水都不见了。常啼菩萨便刺破自己身体的脉管，用鲜血洒地压尘，商主之女与五百眷属也刺破各自身体的脉管，洒血压尘。这时帝释天王将所有的鲜血用天境的红栴檀加持（，使那块地就变成了红色）。

---

[130]黑沉薰香：沉香。梵义译为“无重”或“去心”，分白、黑及赤色三种。

常啼菩萨及其眷属设置狮子座，一切陈设圆满就绪之后，法胜菩萨入座，宣讲了智慧波罗蜜多。听到智慧波罗蜜多法语后，常啼菩萨获得了六百万禅定法门，亲睹无数佛陀，从此以后在梦中也常常面见如来。据说现今常啼菩萨在妙音无尽如来座下……[131]

大智者那若巴依止帝洛巴尊者期间，也经历了千辛万苦。承前所说，帝洛巴尊者以乞丐的形象安坐时，那若巴上前拜见后请求摄受，帝洛巴尊者最后答应了。此后上师无论走到哪里都把他带在身边，可是一直没有给他传法。

一日，帝洛巴尊者带着那若巴来到一座九层楼的楼顶上，说："依照上师言教行持，却不知有没有能从此楼顶跳下去的？"

那若巴想：这里没有其他人，这话肯定是对我自己说的。于是他从楼顶纵身跳下，几乎粉身碎骨，受了无量的疼痛和痛苦。

上师来到近前问他："痛吗？"

他回答："何止是痛啊，简直就成了尸体一样。"

经过帝洛巴尊者的加持，他的身体恢复如初。

上师又将他带到了一处，吩咐说："那若巴，生火。"

等到火生好之后，上师将许多长长的竹竿涂满油放在火上烤，然后做成非常坚硬锐利无比的竹刺，"依照上师的言教奉行，也需要经历这样的苦难。"说罢，便将这些竹刺插入那若巴的手指和脚趾间，他身体的所有关节都已僵直，感受了无法忍受的痛苦。

事后上师就到别的地方去了，几天过后才回来取出那些竹刺。那若巴的伤口流出许多鲜血和脓水。帝洛巴尊者做了加持以后带着他走。

一天，上师说："那若巴，现在我肚子饿了，你去讨一些吃的吧。"那若巴来到许多农夫正在吃饭的地方，讨回满满一托巴[132]热气腾腾的稀

[131]详见《大般若经》《小品般若经》。

[132]托巴：人头盖骨所做的碗。

粥，供养上师。帝洛巴尊者面带笑容有滋有味地吃着，显得格外欢喜。

那若巴心想：我以前跟随上师做过那么多事，可从来没有见过上师像这次这么高兴，如果现在再去讨要会不会还得到少许。于是他又带着托巴去了。结果发现那些农夫已经下地干活去了，剩下的稀粥放在原地。他想现在我偷一点也没事吧，于是拿起便逃。没想到被那些农夫看到了，他们追赶上来逮住他，不由分说一顿痛打，差点儿要了他的命。那若巴疼得叫苦连天，实在爬不起来，就只好在原地躺了几天，上师前来为他加持，之后又带着他云游。

还有一次，帝洛巴尊者说："那若巴，我现在需要许多财物，你去偷吧！"他二话不说便到一位富翁家去行窃，结果被人发觉后抓住，又被打得死去活来。几天后，上师来到他面前问："痛吗？"他如前回答（"何止是痛，简直成了尸体一样"）。上师做了加持后，又将他带走。这样的大苦行饱尝了十二次，另外还有十二次小苦行，前前后后加起来共经历了二十四种苦行。

所有的苦行圆满，终于有一天，帝洛巴尊者说："那若巴，你去打水来，我在这里生火。"那若巴提水回来时，上师生完火后，便站起，来到（他面前），左手抓住那若巴的喉窍说："那若巴，把头伸过来。"说罢，右手脱掉鞋子，拿起鞋便猛击他的额头，那若巴一下子昏了过去，完全失去知觉。等到苏醒过来的时候，他的相续中生起了上师心相续中所有的功德，师徒二人的意趣成了无二无别。

就这样，大智者那若巴所经历的这二十四次苦行，实际上都是上师的吩咐，结果全部成了清净业障的方便。虽然表面上看来似乎只是无义的徒劳，感觉没有一个是正法，而且上师也从来没有宣说一句正法，弟子也未曾实地修行过一次诸如顶礼之类的善法，但是因为遇到了成就者的上师后，全然不顾艰难困苦，百分之百依教奉行，从而使障碍得以清净，在相续中生起了证悟。所有的修法当中再也没有超过遵照上师言教行持的修法了，可见依教奉行的功德利益有多么广大！

相反，对上师的教言置之不理的过失也特别严重。有一次，帝洛巴尊者说："那若巴，你不要担任布札马希拉寺护门班智达的职务。"后来，那若巴去印度中部地区时，正巧遇到布札马希拉寺护门班智达圆寂了，没有其他人能够与外道辩论。该寺住持便请求他说："无论如何请您做北门的护门班智达。"经过再三恳求之后，他担任了北门的护门职务。

一次，他与外道辩论，接连几天也不能取胜，于是祈祷上师。一日他定睛一看：帝洛巴尊者出现在自己的面前。他说："上师，您的悲心实在微弱，不早些降临。"

上师说："我不是说过不让你做护门班智达嘛，现在你将我观想在头顶上，以契克印指着外道进行辩论。"那若巴依照上师所说而行，结果大获全胜，一举击败外道的所有唇枪舌剑。

米拉日巴尊者依止玛尔巴罗扎尊者的情节：从前在阿里贡塘地方有一个名叫米拉希日嘉村的富翁，他膝下有子女两个，长子叫做米拉闻喜，也就是至尊米拉日巴。在他们兄妹童年时，父亲不幸去世，家中所有的财产全部被伯父勇仲嘉村霸为己有。他们母子三人饮食财产一无所有，倍受种种艰辛。

后来，米拉日巴从勇敦措嘉和拉吉俄穷那里学了咒术与降冰雹术，压死了伯父的儿子、儿媳等三十五人。因为当地的人们欺人太甚，所以他又降了三墙板高[133]的冰雹。

米拉日巴对以往所造的恶业追悔莫及，于是生起修法之心。遵从上师勇敦的言教，来到一位大圆满上师绒敦拉嘎面前求法。

绒敦拉嘎上师说："我这个殊胜大圆满法门，根为生起殊胜，顶为获得殊胜，果为证悟殊胜，白天修白天成佛，晚上修晚上成佛，具有宿缘者不需要修，仅仅听闻就能解脱，这是极为利根者才有缘分修行的法门，现在我将这个法赐给你。"于是上师为他灌顶并传授窍诀。

[133]三墙板高：大约有三尺厚。

米拉日巴心里想：我最初学咒术的时候，仅仅用了十四天就已大见成效，学降冰雹术也只用七天就成功了，看来这一法门与咒术、降冰雹术相比更为容易，“白天修白天成佛，晚上修晚上成佛，具宿缘者无需修”，我既然已经遇到此法，也算是具有宿缘的人。所以他没有修行，整天沉湎于睡眠之中，结果正法与人的相续已背道而驰。

就这样过了几天。

一日，上师对他说：“听说你是个大罪人，这话确实是真的。我对此法也有点过于夸张，看来现在我无法调伏你。在南岩卓窝隆寺有印度大成就者那若巴的亲传弟子——圣者大译师玛尔巴罗扎，他是新密宗的成就者，三地无与伦比，你与他具有前世的缘分，你前去那里好了。”

当时，米拉日巴仅仅听到玛尔巴译师的尊名，内心说不出的欢喜，全身汗毛竖立、无比安乐，热泪盈眶，生起无比的诚信与恭敬，不禁暗想：不知何时才能遇到上师，得以见面。于是他立即起程前往南岩。

与此同时，上师佛父佛母也出现了许多殊胜梦境，知道至尊米拉日巴将要到来。于是玛尔巴尊者便装扮成耕地的农夫到龙达路边迎接他。

米拉日巴尊者首先遇到上师之子达玛多德威在放牧，然后继续向前走，在路口遇到玛尔巴上师在耕地。刚刚见面，就产生了不可思议、不可言表的喜悦之情，灭尽了今世所有的分别念，稍怔片刻。当时他并不认识上师，所以讲述了前来拜见玛尔巴上师的原因。

上师说：“我可以把你介绍给玛尔巴，你来帮我耕这块地。”说完给了他满满一瓶酒就走了。

米拉日巴尊者把留下的酒一饮而尽。刚好耕完土地的时候，上师叫他的儿子来唤米拉日巴一起回去拜见上师。

米拉日巴来到玛尔巴译师面前，顶礼后说道：“上师啊，我是来自拉多地方的一个大罪人，愿将身语意三门供养上师，请求上师恩赐衣食与正法，愿我即生成佛。”

上师说："罪孽深重，怪不得我，也不是我让你造罪的。不过，你究竟造了什么罪？"

于是米拉日巴详详细细地叙述了造罪的经过。

上师说："不管怎样，供养身语意很好，但是衣、食和正法三者不能全部给你，要么给你衣食，你去别处求法，或者传授正法，你到别处寻找衣食。二者只能选择其一。如果选择我赐给正法，即生是否能成佛主要还是依靠你自己的精进与毅力。"

米拉日巴尊者说："我前来依止上师的目的就是求法，衣食可以去别处寻找。"

于是他在上师那里住了几天后，就到南岩一带化缘去了，结果得到了二十一藏斗青稞，他用其中的十四藏斗青稞兑换了一口四角铜锅，剩余的七藏斗青稞装入口袋里，然后带上铜锅等回到上师面前供养。米拉日巴将青稞堆进上师房里并放在地上，几乎占满了整个房间。

上师站起来骂道："你这个小伙子好大的力气，你想用手力压死我们这些人呀，赶快把青稞给我拿出去！"边说边用脚踢他，"必须将这些青稞弄到外面去。"最后米拉日巴尊者只供养了那口空空的铜锅。

一次，上师说："许多来自卫藏对我有信心的弟子，经常遭到雅卓打隆巴及浪巴地区人们的殴打，以致不能顺利前来供养饮食。你到那两处降一次冰雹，这也是修法，如果有效，我会传你窍诀。"

于是，米拉日巴到那两个地方降了冰雹，回来后请求上师赐予窍诀。

上师说："你降了三粒冰雹，就想得到我辛辛苦苦从印度求来的法啊？如果真想要得法，南岩拉卡瓦地区的人们经常殴打我那些来自涅洛若的弟子们，并且对我也是非常轻蔑，你去那里诅咒他们，如果咒术灵验，卓见成效，那么我就把大智者那若巴一生一世成佛的窍诀传授给你。"

在那一处，咒力同样达到了预期的效果，回来后他又向上师求法。

上师冷笑道："嘿嘿！你想要我不惜身命求得的那些还带有空行温热

气息的窍诀[134]，作为你造罪业的赏赐品吗？是开玩笑还勉强可以，这实在太可笑了！如果不是我而换了另一个人的话，也可能杀了你。现在你自己去赔偿雅卓地区人们的庄稼，使拉卡瓦所有人起死回生。假设能做到这一点我就传给你窍诀，否则，不要来我这里。”

受到上师这样的呵责，他伤心到极点，几乎万念俱灰，哭了很长时间。

第二天早晨，上师来安慰他说：“昨晚我对你训斥得太重了，你别不高兴，慢慢来，不要着急，我会传给你窍诀。你是一个勤于做事的人，你帮我儿子达玛多德建造一座房子，竣工之后，我不但传你窍诀，还将为你准备衣食。”

米拉日巴说：“在这期间如果我没有得到法而死去了怎么办呢？”

上师说：“我可以保证这期间你不会死。对法也不能太夸张，据说你是一个十分精进的人，如果能够下苦功夫修我的窍诀，或许即生也能成佛。”

这样谆谆教诲一番以后，让米拉日巴在东山建一座圆形房屋，在西山建一座半圆形房屋，于北山建一座三角形房屋。

当所有的房屋仅建到一半的时候，上师又来呵责，命令他全部拆毁并将土石放回原处。

在背运这些土石的过程中，米拉日巴后背生了一个疮。他想：如果请上师过目只有挨骂；假设请师母看，又会说在夸功。所以没有给他们看，只好独自哭泣。

随后，他招呼道友去祈求传法，师母也请求上师赐法予他。

上师对师母说：“你去准备一些丰盛的饮食，然后带他到我这里来。”

米拉日巴来了以后，上师念完皈依的传承、传完皈依戒以后对他说：

[134]是指经空行加持，由空行护持且未曾染污的清净法门。

“这些都是共同之法，如果想要不共密宗窍诀也需要按照这样去做。”随即又简略地讲述了那若巴传记中苦行的情况，接着问道：“你能够这样苦行吗？看来很困难吧！”

听到这些，米拉日巴生起了强烈的信心，泪流满面，并且立下了“谨遵师命”的坚定誓言。

几天过后，上师出去又将他带到西南方向一处险要位置说：“你在这里建造一幢灰白色、四方形的九层楼，加上宝顶共十层，建好后不会再让你拆毁，并且传给你窍诀，你一心修持时，我将为你准备修行的口粮。”

当他在打地基的时候，上师的三大意子游戏过程中滚来了一块大石头，他也就顺势用来砌地基。二层楼刚刚修好，上师来看，指着那块基石问道：“这块石头是从哪里取来的？”

他讲述了缘由。

上师说：“我的那几位弟子是修生圆次第的瑜伽士，他们岂能做你的奴仆？快取出那块石头送回原处。”

他又从房顶开始拆掉，取出那块石头送回到原处。

上师又说：“你自己再搬回来放上吧。”

他又搬来如前一样放好，继续建造。当第七层楼建起时，他的腰部又生了一个疮。

上师又来对他说：“你暂时把这个工程放下来，在下面修一座带有十二根柱子的内殿。”

他又开始修建，当这一建筑竣工时，脊背上又生了一个疮。

当时，藏绒地方的梅敦村波来求胜乐金刚的灌顶，多勒地方的策敦旺额求密集金刚的灌顶。他们二人来时，因为建房这一事情马上就要完成了，所以米拉日巴就跑去，希望能得到灌顶。他坐在灌顶行列中，结果又遭到上师的责骂和痛打，并被从灌顶行列中赶了出来。当时，米拉日巴整个背上已是伤痕累累，三个疮口流出脓血，疼痛难忍，可是他仍然背上土器继续修建房子。

又有一次，绒地的鄂敦秋多来求喜金刚的灌顶。当时，师母将私房财产——一颗大松耳石给了他，让他作为灌顶供品。他又坐在灌顶行列中，结果也像上次一样挨了一顿痛打和责骂，依旧没有得到灌顶。他想：现在肯定不会得到法了。

于是他漂泊异乡，到了南岩地区。一户人家请他念诵《般若八千颂》，在那里，他看到了常啼菩萨的传记。以此为缘，他想：为求正法，要坚持苦行，恭敬上师，依教奉行，令师欢喜。

于是他便返回来。回到上师那里后还是依然如故地一味挨打受骂，正当他极度伤心、感到绝望的时候，师母派他到鄂敦上师面前去求法。鄂敦上师传给他窍诀后，他进行修持，但是因为没有得到上师的允许，所以未能生起少许功德。

后来遵照上师的吩咐，随鄂敦上师一起到玛尔巴上师面前。一日，在一次会供的行列中，上师严厉呵责了他和鄂敦上师及师母，又狠狠地打了他们，并将米拉日巴赶了出去。他心想：我所造恶业的罪障如此深重，不但自己受苦，还连累鄂敦上师及师母受这样的罪，看来现在实在得不到正法反而只有造罪，还不如自杀死了好。想到这里，他准备自尽，幸好被鄂敦上师劝住。

这时玛尔巴上师怒气已消，将他们师徒二人唤到面前，从此真正开始摄受了他，并传授了许多善妙的教诲，给他取名为米拉金刚幢。胜乐金刚灌顶时，上师现量显示了六十二本尊坛城，赐他密名为笑金刚，所有的灌顶与窍诀以满瓶倾泻的方式毫无保留地全盘传授给他。米拉日巴也是历尽千万苦行，修持正法，终于获得了共同和殊胜的成就。

印度藏地曾经出世的大智者、持明成就者也都是依止真正的善知识，随即完完全全依教奉行，最后与上师意趣成为无二无别的。所以，我们对上师的一切行为举止绝不能视为颠倒，也万万不可怀有狡猾心态，必须以正直的秉性老老实实地依止上师，否则仅仅说一句小小妄语的罪业也是极其严重的。

从前，一位大成就者的弟子摄受了众多眷属。一次，他正在传法时，他的上师以乞丐的形象来到他面前。他不好意思在大庭广众之中顶礼自己的上师，便装作没看到。下午传法结束后，他立即去拜见上师，恭敬顶礼。

上师问：“刚才为什么不顶礼？”

他妄言回答说：“我没有看见上师。”话刚出口，他的两颗眼珠顿时落地。后来他请求上师宽恕，并说了实话。蒙受上师加持后，他的眼睛才得以恢复。

此外，印度大成就者黑行大师有一次和众多眷属一起航船渡海时，他想：我的上师虽然是真正的成就者，但从世间的眷属受用等方面来说还是我更胜一筹。刚刚生起这个念头，航船即刻沉入海中，在水中遇到极大的艰难时，他马上祈祷上师，上师亲自降临解除了他的怖畏。

上师说：“因你生起了很大的傲慢心，所以得到这样的报应。实际上，我也是没有致力于寻求眷属受用，否则，如果我也将精力放在这上面的话，成为与你同样的人肯定不成问题。”

往昔出世了说不尽、数不清的佛陀，他们的大慈大悲也无法救度的我们这些众生直到现在仍然遗留在轮回的大苦海中。昔日涌现了不可思议的成就者高僧大德，可是我们也没有能成为他们慈悲观照的对境，甚至连面见他们的缘分也没有。如今佛法已到了末期，在五浊横流的这一时代，许多人虽然获得了人身，但只是随着不善业而转，不明取舍的道理，犹如无依无靠的盲人漂泊在空旷的荒野中一样。此时此刻，诸位上师、善知识、大德以无量悲心垂念我们，他们相应所化众生各自不同的缘分而以不同补特伽罗的身相现于世间。本来他们安住于佛的密意中，但是行为却随顺我等凡夫人，通过善巧方便摄受，使我们趋入殊胜正法之门，打开我们取舍的双眼，无有错谬、无有迷乱地指示解脱遍知的胜道。实际上，上师的功德与诸佛无有差别，而且对我们来说，上师则以胜过诸佛的恩德予以救护。

因此，我们应当随时随地以三种信心全力以赴谨慎依止上师。

虽遇圣士仍为劣行诱，虽获胜道仍漂非道中，

我与如我恶性诸有情，正法调伏自续祈加持。

依止上师之引导终

共同前行圆满矣!

# 不共内加行

以外皈依顶戴三宝尊，以内皈依成就三根本，

以密皈依现前三身者，无等上师足下我敬礼。

乙二（不共内加行）分五：一、诸圣道之基石——皈依；二、趣入最胜大乘——发殊胜菩提心；三、清净违缘罪障——念修金刚萨埵；四、积累顺缘资粮之供曼茶罗与顿然断除四魔之古萨里——积累资粮；五、自相续生起证悟智慧之究竟方便——上师瑜伽。

## 一、皈依

丙一（诸圣道之基石——皈依）分五：一、皈依之基础；二、皈依之分类；三、皈依之方法；四、皈依之学处；五、皈依之功德。

丁一、皈依之基础：

总的来说，能开启一切正法之门的就是皈依，而要开启皈依的门必须依赖信心。因此，在皈依之初，自相续生起稳固的信心这一点非常重要。

信心可以分为清净信、欲乐信、胜解信三种。

清净信：当步入陈设许多佛像、经书、佛塔的佛殿或经堂里，或者见到上师、善知识、高僧大德的尊颜，听到他们的丰功伟绩以及感人事迹，依靠此类因缘，能够立即想到他们的悲心广大等等，这种由清净心引发而生起的信心，就叫做清净信。

欲乐信：当听到恶趣轮回的痛苦之后，自然生起渴望摆脱的心态；当听到善趣与解脱的安乐时，油然生起渴求获得的心理；而一旦听到善法的功德，会生起想要修行的心念；当现见罪业的过患之后，也会立即生起想

要断除的决心。这些都属于欲乐信。

胜解信：了知三宝的不共功德与加持之后，从内心深处生起信解，知道一切时分无欺的皈依处就是三宝，想到无论是苦是乐，是病是痛，是生是死，任何事情，无欺的皈依处——三宝都会知晓，除了三宝之外，自己没有其他可依赖的、可指望的靠山，这种坚定不移的信心，就称为胜解信。

正如邬金莲师说：“具有坚信得加持，若离疑心成所愿。”

信心犹如种子，它能生长一切善法功德，如果不具备信心，那就如同种子被火烧得一干二净一样。如经中说：“无信心之人，不生诸善法，如种被火焚，青芽岂能生？[135]”

此外，信心也是居于七圣财[136]的首位，如云：“信心如宝轮，昼夜修善道。”

所以说，信心是一切财宝当中首屈一指的。信心就像宝藏，是无穷无尽功德的源泉；信心就像双足，能够踏上解脱胜道；信心又像双手，能将一切善法揽入自相续。如颂云：“信财宝藏双足胜，犹如双手摄善根。”

虽然三宝具有不可思议的悲心与加持，但要想使之融入自相续，唯一还要依赖自己的信心和恭敬心。如果自己具有上等的信心与恭敬心，那么所得到上师三宝的悲悯与加持也是上等的；倘若具有中等的信心与恭敬心，所得到的悲悯与加持也是中等的；假如仅仅具备下等的信心与恭敬心，就只能获得少许的加持与悲悯；如果根本没有信心和恭敬心，那么绝对不可能得到上师三宝的悲悯与加持。如若自己没有信心，即使遇到真佛摄受也不会有什么收益，就像前面提到的善星比丘和世尊的弟弟提婆达多等一样。无论是谁，如果具有一颗真诚的信心与恭敬心，那么现在祈祷，佛陀就会降临安住在他的面前赐予加持，佛陀对众生的悲心无有亲疏，一

[135]《大宝积经》云：“若不信之人，不生诸白法，犹如烧种子，不生根牙等。”
[136]七圣财：信财，戒财，舍施财，闻财，惭财，愧财，智慧财。

视同仁。如颂云：“何人诚作意，能仁现彼前，赐灌顶加持。”

邬金莲师也说：“具有信心善男女，莲生不去何处住，吾寿无有殁尽时，信士前我各现一。”

只要自己具有胜解信，任何人都会得到佛的悲悯，就像人们通常所说的“自己有胜解信，老妇依靠狗牙得成佛”。

从前，有一位老妇人与儿子相依为命。儿子经常去印度经商。母亲对他说：“印度金刚座是圆满正等觉释迦牟尼佛出世的圣地，你一定要从印度给我带回一个作为顶礼对境的殊胜加持品。”

尽管母亲三番五次地嘱咐，但儿子都忘在脑后了，一直没有带回加持品。

一次，儿子又准备去印度时，母亲郑重其事地对他说：“如果这次你还不给我带回来一个作为顶礼对境的加持品，我就自杀死在你的面前。”

儿子去印度经商到返回的期间，又忘记了母亲嘱咐的那件事，快要到家门的时候才突然想起了母亲的话。他心里嘀咕：现在该怎么办呢？我没有给老母亲带回任何顶礼所依的加持品，如果这样空手而归，老母一定会自尽身亡的。他不禁左右环顾，结果发现路边有个狗头，于是拔出狗牙，用绸缎裹好带回来交给母亲说：“这是佛陀的牙齿，希望你将它作为祈祷的对境。”

老母亲将这颗狗牙当作真正的佛牙，生起了强烈信心，经常顶礼供养，后来狗牙降下了许多舍利。当老妇人去世的时候，彩虹光环等瑞相纷纷呈现。其实，这并非是狗牙具有加持力，而是老妇人以强烈的信心力认为它是真正的佛牙，这样一来，佛的加持力融入狗牙当中，所以也就与佛牙没有差别了。

此外，在工布地方有一个叫觉沃奔的愚人，一次他去拉萨朝拜觉沃佛像[137]。当时觉沃佛像前，没有香灯师等其他任何人。于是“工布奔”便来到近前，他看到那些供桌上的食品和酥油灯，心想：觉沃像是将这些糌

[137]觉沃佛像：存放于拉萨大昭寺内释迦佛十二岁的身像。

粑团蘸上灯器里的酥油汁以后才吃的，为了使酥油汁液不凝固才燃火的，觉沃他怎么享用我也应该同样食用。于是乎，他将糌粑食子蘸上酥油汁就开始吃了起来。吃完了以后，看着觉沃的尊颜说道："神馐[138]被狗叼走了您也是笑眯眯的，酥油灯被风吹动您还是笑眯眯的，您真是一位好上师。我的这双鞋托您保管，我转绕您一圈就回来。"说完便将鞋子脱下来放在觉沃佛像前面，他自己去转绕了。

香灯师来了以后，看到了佛像前的鞋准备扔出去。这时，觉沃佛像开口说话了："这是工布奔委托我保管的，不要扔掉。"

那个工布奔回来取鞋时，又说："您真是一位好上师，明年请到我的家乡来吧。我宰一头老猪炖上猪肉，煮熟陈旧的青稞酿成青稞酒等着您。"

觉沃佛像说："可以。"

这位工布奔回到家中对妻子说："我已经邀请了觉沃仁波切来做客，不知道他什么时候才来，所以你经常不要忘了瞧着点，看他是否来了。"

第二年的一天，他的妻子去河边提水，在水中清楚地显出"觉沃"的影像。妻子立刻跑回家告诉丈夫："那边水里有一个人，是不是你请的客人呀？"他马上跑去看，果然看到水里现出"觉沃"仁波切。他认为"觉沃"落到水里了，于是奋不顾身地跳进河里去捞"觉沃"的身体，真的抓住将他拽了上来，然后带着他往家中走。

途中到了一块大石头前，这时，"觉沃"说："我不去俗人家里。"不肯再继续前行而融入了那块岩石中。后来石头上自然显出了觉沃佛像，所以被人们称为"觉沃石"，显现觉沃身像的河则被叫做"觉沃河"。据说至今它们仍然与拉萨觉沃具有相同的加持力，而且络绎不绝的信众们也经常对它们顶礼供养。

这个"觉沃奔"完全是依靠自己具有的坚定信心，得到了佛陀的悲

[138]神馐：供佛的食品。

悯。否则，他喝了灯油、吃了神馐，又将鞋子放在觉沃佛像前面，怎么会没有罪过呢？但是他凭着信心力反而得到了那样的功德。

不仅如此，而且现量证悟胜义谛实相也唯一依赖于信心。如佛在经中说：“舍利子，胜义谛唯以信心才能证悟。”依靠所生起的不共信心，上师三宝的加持融入自相续以后自然而然会生起真实的证悟，而只有见到实相真实义的时候，才能真正对上师三宝诚信不疑，生起与众不同的不退信心。由此可见，证悟实相与胜解信二者是相辅相成的。

从前，塔波仁波切临行时问米拉日巴尊者：“尊者，我什么时候才可以摄受眷属呢？”

尊者告诉他说：“一旦你与现在截然不同，相续中生起了现见心性的证悟，并且将老父我看作真佛，当萌生了这样的坚定信心时，你便可以摄受眷属。”

因此，上师三宝的大悲心与加持融入自相续，唯一依靠恭敬和信心。

从前，阿底峡尊者的一个弟子直呼尊者的名字：“觉沃，给我加持加持。”尊者说：“坏弟子，恭敬一点吧！”

可见，只有以坚定不移的不共信心与恭敬心才可能开启皈依之门，所以信心对于每个人来说都是必不可少的条件。

丁二、皈依之分类：

具有如此信心的皈依根据动机的不同也分为三种：其一、如果是因为畏惧地狱、饿鬼、旁生三恶趣的痛苦，希求善趣人天安乐而皈依，称为小士道皈依；其二、如果是因为认识到无论生在轮回的善趣恶趣都离不开痛苦的本性，为了摆脱轮回的一切痛苦，获得寂静涅槃的果位而皈依三宝，称为中士道的皈依；其三、如果是因为现见沉溺在茫茫无边的轮回大苦海中的所有众生遭受无法想象的各种深重苦难逼迫，为了将他们安置于遍知无上真实圆满正等觉的果位而皈依，就叫做大士道的皈依。

在这三种发心当中，我们必须具有希望将无边众生安置于圆满正等觉果位的大士道发心而皈依。善趣的人天安乐暂时好像是快乐的，但实际上也超不出痛苦的范畴，有朝一日善趣乐果耗尽以后又会再度堕入恶趣之中。我们绝不能追求瞬间的善趣安乐。如果只是为了独自一人得到寂静、安乐涅槃的声闻缘觉果位，而不去饶益无始以来曾经当过自己父母、现今沉沦在轮回苦海中的无边众生，实在不合情理。希望一切众生能获得佛的果位而皈依三宝是大士道无量福德的津梁，所以我们理所应当修行大士道的皈依。《宝鬘论》中说："有情界无量，利彼亦复然。"

丁三、皈依之方法：

（皈依的方法有以下几种：）

共同乘皈依法：也就是以诚信佛为本师、法为道、僧众为修道助伴的方式来皈依。

不共同密乘皈依法：通过三门供养上师、依止本尊、空行为助伴的方式而皈依。

殊胜方便之金刚藏皈依法：依靠脉清净显现化身、风清净显现报身、明点清净显现法身的捷径来皈依。

究竟无欺实相金刚乘皈依法：皈依境圣众心相续中的本体空性、自性光明、大悲周遍三相无二无别大智慧，我们为了使自相续生起这种智慧而反复修持、决定，依靠这样的方式而皈依。

所有的皈依方法已经明确之后，接下来就是明观皈依境修持真实皈依。具体来说，将自己的住处观想成由各种珍宝组成的清净刹土，美妙悦意、平坦光滑犹如镜面，无有凹凸不平的山岗、洼地。在自己正前方观想一棵具有五枝的如意树，枝繁叶茂、百花齐放、硕果累累，极其圆满，蔓及各方，遍布东南西北整个虚空界，所有的枝叶全部是由各种珍宝铃、璎珞装点。

然后观想中央的树枝上：本体为三世诸佛的总体、无等大悲宝藏具德的根本上师，形象是邬金大金刚持（莲花生大士），他的身色白里透红，一面二臂，双足以国王游舞式安坐在八大狮子宝座上面的各种莲花、日月坐垫上，右手以契克印执持纯金五股金刚杵，左手平托天灵盖，里面有充满无死智慧甘露的宝瓶，瓶口由如意树严饰，莲师身着锦缎大氅、法衣、咒士衣，头戴莲花帽，与身色洁白、手持弯刀、托巴的佛母益西措嘉空行双运。莲师的面部朝向自己，安坐在前方的虚空中。接下来要观想莲师头顶上诸位传承上师以重楼式安坐。本来，共同续部有无数传承上师，但在这里只是略观大圆满心滴派最根本的传承上师，也就是：法身普贤如来、报身金刚萨埵、化身极喜金刚、阿阇黎文殊友、上师西日桑哈、智者加纳思扎、大班智达无垢友、邬金莲花生大士、法王赤松德赞、译师贝若扎那、空行益西措嘉、遍知龙钦绕降、持明无畏洲，他们各自的装饰、装束样样齐全，上面一位上师的坐垫没有接触到下面一位上师的头部，这些传承上师就这样以重楼式而安坐，周围由本尊及四续部不可思议的尊众、空行勇士团团围绕。

随后再观想前方的树枝上，本师释迦牟尼佛的周围由贤劫一千零二尊佛等十方三世诸佛所围绕，他们全部是殊胜化身梵净行的装束，头有顶髻、足有轮宝等具足三十二相与八十随好，双足金刚跏趺坐，身色有白黄红绿蓝色，身体放射出不可思议的光芒。

之后观想右方的树枝上，以文殊菩萨、金刚手菩萨、观音菩萨这三位怙主为首的八大随行佛子由大乘圣者僧众围绕，他们的身色也有白、黄、红、绿、蓝，以十三种圆满报身装饰庄严，双足以平等式站立。再观想左方的树枝上：舍利子、目犍连声闻二圣由声闻缘觉圣者僧众围绕，身色洁白，身着三法衣，手持锡杖与钵盂，双足站立。

接着观想后方树枝上：法宝经函层层叠叠，金光闪闪的格架中央最上方陈列着六百四十万颂大圆满续部，所有函头标签[139]都对向自己，经函光芒四射，自然发出“啊勒、嘎勒[140]”的自声。这些树枝的所有空隙中

[139]函头标签：藏式书函左端的书名浮签，一般多用绸子制成。

[140]啊勒嘎勒：梵文元音字母组和辅音字母组。

间有智慧护法神和业成护法神，其中男相护法神面部一律朝外，成办和保护修持菩提正法、遣除违缘与障碍以及禁止外部障碍进入内部的事业；女相护法神面部向内，成办内在成就不散失于外的事业。这些事业护法神都具有智、悲、力的无量功德，对我十分慈爱。把他们全部观想成引导众生的大导师。

下一步，把今生的父亲观想在自己的右侧，母亲观想在左侧，前面是以对自己憎恨的敌人和进行加害的魔障为首的三界六道一切众生，就像大地上规模盛大聚会的人们一样聚集在一起，大家面向皈依境双手合掌、三门毕恭毕敬，身恭敬就是顶礼膜拜，语恭敬念诵皈依偈，意恭敬心里默念：从现在起，自己无论是上升还是下堕、是苦是乐、是好是坏、是病是痛，除了上师三宝您以外我没有其他的依靠、救护、怙主、友军、希求处与皈依处。因此，从即日起一直到获得菩提果之前，我全心全意、诚心诚意将自己托付于您，成办任何事情，既不向父亲询问，也不与母亲商量，又不自作主张，完全依赖于上师三宝您，一切奉献给您，精勤修持您，除您之外我无有其他的皈依处、指望处。以这般至真至诚的猛烈之心念诵下面的皈依偈：

དཀོན་མཆོག་གསུམ་དངོས་བདེ་གཤེགས་རྩ་བ་གསུམ༔
滚 秋 色 怄得 相 匝瓦色
真实三宝善逝三根本

རྩ་རླུང་ཐིག་ལེའི་རང་བཞིན་བྱང་ཆུབ་སེམས༔
匝龙 特利 让 云向 切 塞
风脉明点自性菩提心

ངོ་བོ་རང་བཞིན་ཐུགས་རྗེའི་དཀྱིལ་འཁོར་ལ༔
怄哦让 云特 吉 杰 阔 拉
本体自性大悲坛城中

བྱང་ཆུབ་སྙིང་པོའི་བར་དུ་སྐྱབས་སུ་མཆི༔
向 切 酿 波瓦 德 加 色切
直至菩提果间永皈依

每一座期间尽心尽力念诵皈依偈，总数合计起来至少要圆满十万遍，在没有达到数量之前，一定要以闭关的形式来观修，在平日里也应该念修皈依。

如果有人想：皈依时将自己的父母观在左右，而将怨敌、魔障二者观在自己前面，为什么观想怨敌魔障比父母还重要呢?

这是因为，作为已经进入大乘的修行人，我们理所应当对无边无际的一切众生平等地修慈悲心与菩提心，尤其是为了圆满广大的福德资粮、避免失毁所积累的一切善根，完全有必要将修安忍放在主导地位。正如所谓的“若无生嗔境，于谁修安忍？”也就是说，我们只有依靠怨敌、魔障对自己进行损害，才能修成难行的忍辱。如果好好加以观察，就不难发现，从修行方面而言，仇人与魔障比自己父母的恩德更大，为什么这样说呢?父母教给我们的是成办现世利益的一切欺诳手段，使我们后世无法从恶趣的深渊中解脱。从这一点来说，父母的恩德并不很大。而怨敌魔障呢?其中的怨敌以对我们制造违缘、妨碍修行而成了我们修安忍的对境，并且使我们无有自主地斩断或远离长久以来无法摆脱的轮回缚索——一切痛苦来源之财产、受用等等，所以对我们恩德极大。魔障也同样是我们修忍辱的对境，它使我们遭受病痛及苦痛的折磨，我们依靠这种折磨可以清净自己往昔所造的许多罪业。例如，至尊米拉日巴依靠伯父与姑母霸占他们家所有的财产受用这种外缘才遇到了正法。又如吉祥比丘尼也是因为遭受龙魔的侵害而修持观音法，最后获得了殊胜成就，通过诸如此类的实例可以看出，怨敌和魔障作为我们值遇正法之因，可以说是恩德深厚。如全知法王无垢光尊者说：“遭受危害令己遇正法，得解脱道害者恩德大；厌离痛苦令己遇正法，获得永乐痛苦恩德大；非人作害令己遇正法，获得无畏鬼魔恩德大；人等嗔恨令己遇正法，获得利乐嗔者恩德大；猛烈恶缘令己遇正法，获无变道恶缘恩德大；他人劝告令己遇正法，获精华义劝者恩德大。平等报恩善根回向彼。”因此，怨敌、魔障不仅今生今世对自己的恩德颇大，而且他们也是自己往昔生生世世的父母，这样来观想非常重要。

最后收座时，自己要以满怀恭敬作为缘，观想皈依境的所有圣尊，身体放射出无量光芒，普照自他一切众生，自他一切众生犹如鸟雀被石簧惊动“扑棱棱”地飞起一样融入皈依境的诸位圣尊当中，皈依境的所有尊众也从边缘逐渐融入光中，之后，融入中间集三宝于一体的上师中，头顶重楼式的一切尊众也融入下面的上师，上师又融于光中，光也消失于法界，最后自心尽可能地安住在远离分别散收的离戏法身本体中。起座时，将一切善根回向无边众生并念诵：

དགེ་བ་འདི་ཡིས་མྱུར་དུ་བདག །
给瓦 的 意 涅德 大
我 速 以 此 善
དཀོན་མཆོག་གསུམ་པོ་འགྲུབ་གྱུར་ནས། །
滚　秋 色 波 哲 杰 内
成 就 三 宝 尊
འགྲོ་བ་གཅིག་ཀྱང་མ་ལུས་པ། །
卓瓦 戒 江玛 利巴
愿 将 无 余 众
དེ་ཡི་ས་ལ་འགོད་པར་ཤོག །
得叶萨拉 故巴 秀
安 置 于 佛 地

我们随时随地也要不离正知正念而观想皈依境的尊众，在行走的时候，将皈依境观想在自己右肩的虚空中，作为转绕的对境；安坐的时候，把他们观想在自己的头顶，作为祈祷的对境；享用饮食的时候，观想在自己的喉间，作为饮食献新的供养处；睡觉的时候，观想在自己的心间，作为迷乱（梦境）隐没于光明境界的要诀。总之，一切威仪中要处在明观皈依境尊众的境界中，以坚定不移的信解诚心诚意依止三宝，坚持不懈地修行皈依。

丁四（皈依之学处）分三：一、三种所断；二、三种所修；三、三种同分。

戊一、三种所断：

一、皈依佛之后，就不能再顶礼所谓轮回中的世间天神，也就是说，不能把那些自己还没有摆脱轮回痛苦的自在天、遍入天等外道天尊，以及地方神、土地神等世间大力鬼神作为后世的皈依处，而对他们顶礼供养等。二、皈依法以后，必须断除恼害众生之事，尽己所能防微杜渐，努力做到连梦中也不损害众生。三、皈依僧之后，不可以与外道为友，也就是不能与不信仰佛教及导师佛陀的外道种姓共同交往。在藏地虽然没有真正的外道，但侮辱詈骂上师、诋毁亵渎正法，以及诽谤密宗甚深法门的人也与外道相同，绝不能和他们亲密接触，友好往来。

戊二、三种所修：

皈依佛以后，对佛宝的身像，乃至零碎片段以上也要恭敬供养，以头顶戴，放在清净的地方，对它生起真实佛宝想，生起信心并观清净心；皈依法后，对只言片语乃至一字一句的佛经也要生起恭敬心，顶戴供养，生起真实法宝想；皈依僧以后，对僧宝所依乃至（僧衣上的）红黄补丁以上也应生起真实僧宝想，恭恭敬敬顶戴供养，将它放在干净的地方，生起信心并观清净心。

戊三、三种同分：

对现在为自己开示取舍道理的上师、善知识，我们一定要看作真正佛宝，甚至连上师的身影也不能随意践踏，而要精勤承侍、供养；对于殊胜上师所赐的任何教言都应当作为真正法宝想，依教奉行，哪怕仅仅是一言一句也不能置之不理；对于上师的眷属、弟子及与自己共同持梵净行的道友们，要作真正僧宝想，身语意恭敬依止，一刹那也不做令他们不欢喜的事。

尤其是密宗金刚乘中皈依境的主尊，就是上师。所以，我们务必清楚地认识到，上师的身为僧众，语为妙法，意为佛陀，是三宝总集的本体。之后，上师的所作所为都要看作是正确的、善妙的，诚信不疑地精进依止，时时刻刻虔诚祈祷。假若自己三门的行为令上师生起厌烦心，就完全舍弃了一切皈依境，因此应当随时随地以坚定不移的毅力和决心，想方设法让上师欢喜。

总而言之，不论苦也好乐也好、吉祥也好不幸也好、疼痛也好哀伤也好，无论如何，唯有一心一意依赖上师三宝。如果幸福快乐，也知道这是三宝的悲悯所致，如佛在经中所说：此世间的安乐与善事，乃至于烈日炎炎时的习习微风吹到脸上，都是佛陀的悲悯与加持。同样自心生起一刹那的善分别念也是佛陀不可思议的加持力带来的，如《入行论》中说："犹如乌云暗夜中，刹那闪电极明亮，如是因佛威德力，世人暂萌修福意。"

因此我们要明确一点，那就是不管拥有什么利乐之事都来源于佛陀的大悲，无论出现病痛、苦痛、魔障等任何挫折磨难，除了祈祷三宝之外，不依靠其他解除病痛魔障的措施，假如需要采取医疗术、禳解术[141]等行之有效的方法，也要明白这些都是三宝的事业，然后再接受治疗等，对一切显现都是三宝的游舞这一点，我们要深信不疑，并且观清净心。当自己为了办事等某些目的需要前往异地他乡时，也应该先顶礼所去方向的如来或顶礼三宝后，再开始动身。

一切时处应当念修宁提派仪轨的皈依偈"真实三宝善逝三根本，风脉明点自性菩提心，本体自性大悲坛城中，直至菩提果间永皈依"，或者共同乘的皈依偈"皈依师、皈依佛、皈依法、皈依僧"。经常发誓念修共称的四皈依颂。在他人面前也不时赞叹皈依的功德，让他们皈依，（并使他们明白）自他所有的众生今生来世的依赖处就是三宝，并精勤念修皈依。

（在日常生活的行住坐卧过程中也要观想忆念：）晚上就寝的时候，要像前面所说那样将皈依境的尊众观想在自己的心间，自心专注于皈依境而入睡；即使做不到这样，也要在心里意念：上师三宝此时就安住在我的枕头上正慈悲、怜悯地关照垂念于我。自己生起诚信并观清净心，在不离随念三宝的状态中入睡。在享用饮食的时候，也是同样，将三宝观想于自

---

[141]禳解术：禳解灾难的法术。

己的喉间，以饮食的美味作供养；如果实在不能这样观想，就诚心意念一切所饮所食的献新[142]部分首先供养三宝。当自己准备换上一件崭新的衣服时，在还没有穿之前先观想供养三宝，向空中甩动一下后，然后意念三宝赐给了自己，再穿上。同样，遇到悦意的外境也应供养三宝，如美丽的花园、清澈的河流、美妙的宫殿、悦意的树林、广大的财产、富饶的受用、佩带装饰品的俊男美女等等。无论看见任何自己喜爱或贪执的事物，都要诚心意念供养三宝。打水时也应当将献新供养三宝之后，再将水装入自己的水器。自己获得现世的幸福美满、安居乐业、名声远扬等等任何称心如意的事情，都要想到这完全来自于三宝的大悲，首先供养三宝，生起恭敬心，并观清净心。自己顶礼供养、观修本尊、念诵咒语等一切善根也应当供养三宝，回向众生。

在藏历每月的十五、三十日的六时中一定要尽可能供养三宝，平时也不间断供养三宝。随时随地都切切不要忘记：无论是苦是乐，唯一皈依三宝。如果能够做到这样的话，那么在梦中心里害怕、恐惧万分的时候也能够皈依，这样一来在中阴界也能做到，在没有达到这样的境界之前，一定要努力念修皈依。

归根到底一句话，一心一意依托三宝之后，纵遇命难也绝不能舍弃三宝。

从前，印度的一位居士被外道徒抓住，他们说："如果你舍弃皈依三宝，就不杀你，如果不舍弃就杀掉你。"他回答："我仅仅在口头上可以舍弃皈依三宝，但内心绝不可能舍弃。"最后，这位居士被外道徒杀害了。我们务必竭尽全力使自己拥有这样的境界。

一旦放弃了皈依三宝，那么即使修持何等高深莫测的大法也不能列入佛教徒的行列中，如阿底峡尊者说："内外道以皈依别。"尽管在外道中

[142]献新：在新鲜饮食等未用之前，首先取以供神的部分用指拈少许向空弹撒三次敬神。

也有依靠禁忌恶业、观修本尊、修持风脉等而获得共同成就的，但是因为他们不知道皈依三宝，结果与解脱道也就有千里之遥，致使永远不能从轮回中解脱出来。

阿底峡尊者对于浩瀚如海的显密正法无所不知、无所不见，可是他老人家考虑到对于初学者来说首先必须将重点放在皈依上，于是在所有的法会当中，唯一宣讲皈依，由此而被人们称为“皈依班智达”。

因此，作为已经迈入解脱道的佛教徒，从今往后即使遇到生命危险也绝不可舍弃皈依及皈依戒，这一点必须要付诸于实际行动中。正如经中说：“何人皈依佛，彼为真居士，何时亦不能，皈依其他尊；皈依于正法，远离恼害心；皈依圣僧众，不应交外道……”

如今我们这些人自以为是三宝的随行者，可是竟然对佛经、佛塔、佛像等没有一丝一毫的恭敬心，居然把这些看成是普通的财物而进行买卖或作为抵押品……这就是所谓的享用三宝身财，罪过极其严重。

此外，除非是在绘画、雕刻佛像等情况下需要测量尺度方可进行制作，在其他时间里对佛像指手画脚、妄加评论这里不庄严那里不美观，过失也相当严重，因此我们千万不要对这些佛像吹毛求疵。

也不允许将佛经文字的书函等直接放在地上、从经书上跨越或者翻页时手指蘸唾液等等，所有这些不恭敬的行为，罪过特别严重。世尊说：“末世五百年，我现文字相，作意彼为我，尔时当恭敬。”就是在世间中也有这样的俗话：“佛经上面不能放佛像。”在所有佛像、经典、佛塔当中，佛经具有开示取舍道理、延续佛法慧命等作用，与真佛没有一点一滴的差别，甚至与佛陀相比，也可以说是有过之而无不及。

更为值得一提的是，现在多数人将金刚铃杵当作平平常常的用品而不认为是三宝的所依。但实际上，金刚杵表示佛陀的五种意智慧。金刚铃也同样具有本尊面相，下续部中说这一面相代表毗卢遮那佛，上续部中说它表示金刚界自在母，因此它具有身相；再者，金刚铃上有八大佛母真实种子字的经文相；此外，它的清脆响声代表佛陀说法的妙音，可见，金刚铃已完全具备了身语意三所依的象征。尤其是密宗金刚乘的全部坛城轮在它上面样样齐全、完整无缺，并且也是不共誓言的标志，如果对此轻视，当然会有严重的罪过，因此我们必须常常恭敬供养。

丁五、皈依之功德：

皈依三宝是一切正法的基础，任何人仅仅皈依就能播下解脱种子，远离不善业、增上善业，它是一切戒律的根本、一切功德的源泉。皈依三宝的人，暂时也受到善法方面护法神的保护，一切所愿称心如意，经常不离三宝的光明，也能回忆宿世，今生来世安乐，究竟获得佛果等等，功德利益不可估量。如《皈依七十颂》云："虽众皆可受戒律，然未皈依不可得。"在比丘戒、沙弥戒、居士戒等所有别解脱戒当中，皈依都是不可或缺的先决条件。而且，在大乘中，发殊胜菩提心与密宗金刚乘的灌顶等这一切也必须以具足真实皈依为前提，甚至仅仅受持一天的八关斋戒，首先也不可缺少皈依。因此说，皈依是一切戒律与功德的根本。

不用说了知三宝功德后生起信心而皈依，哪怕仅仅耳闻佛号或者对佛陀的身语意所依中任何一种结上少许善缘，也将在相续中播下解脱的种子，最终得到涅槃。律藏中记载：曾经一头猪被狗追赶而转绕了一座佛塔，由此相续中播下了解脱的种子。

此外也有"依靠一泥像，三人得成佛"的公案：从前，有一个人在路边看到一尊小泥像，他想：这尊小泥像如果这样放着，很快就会被雨水淋坏，不能让它就这样毁坏。他发现前面有一个被扔掉的鞋垫，于是将鞋垫盖在小泥像的上面。另有一人看到这种情景，他认为这么肮脏不堪的鞋垫盖在小泥像上面很不好，于是将鞋垫甩掉。盖鞋垫和扔鞋垫的二人以贤善意乐的果报，后世获得了王位。如颂云："善意置鞋垫，于能仁佛顶，他人复弃彼，二者得王位。"所以说，最初造小泥像、中间盖鞋垫、最后扔鞋垫的三个人暂时得到王位等善趣的乐果，究竟播下解脱的种子，逐渐也得以成佛了。

远离不善的功德也是同样，如果发自内心以最大的虔诚和恭敬皈依三宝，那么以往所造的恶业也会有所减轻或消尽无余。从此以后，自相续也会承蒙三宝大悲加持，一切所作都会成为善法，也不会再造恶业。比如，佛经中记载：未生怨王杀害了自己的亲生父亲，后来诚心皈依了三宝，结果仅仅感受了七天的地狱痛苦便得以解脱[143]；提婆达多造了三种无间罪，当他活活地感受地狱烈火烧身时，才对佛语诚信不疑，并说："我现在从心坎深处皈依佛陀。"由此他将来成就缘觉果位，号为具骨[144]。

如今，我们这些人依靠上师善知识的大恩大德得以听闻到殊胜正法，进而心里生起了行善断恶的一点点念头，这时如果能够尽力从内心深处皈依三宝，那么三宝定会加持自相续，使自己的信心、清净心、厌离心、出离心、坚信因果等等一切圣道功德逐步增长，直线上升。相反，如若将皈依祈祷上师三宝弃之一旁或者束之高阁，那么不管你现在的厌离心、出离心等有多么善妙，但是因为形形色色的外界善于蛊惑人心，加之自身智慧浅薄、无有主见，分别念很容易被诱惑，尽管现在奉行善法，可是轻而易举就会走向罪恶。因此，我们务必要清楚地认识到，要想今后彻底斩断不善业的相续也没有比皈依更为殊胜的。

再者，正如人们所说的"精进行者魔众尤憎恨"以及"法深之时黑魔亦猖獗"。我们都很清楚，如今正值五浊恶世，修持甚深法义、行持广大善举，经常会面临着现世尘间的种种诱惑、亲朋好友的屡屡阻挠、病痛魔障的层层违缘，再加上自己的心里也是疑惑重重、妄念纷纷等等，正法的障碍变化多端来摧毁善业资粮。如果下定决心精进修持皈依三宝等一系列的对治法，修行的所有障碍就会变成顺缘并使善法越来越增上。

不仅如此，而且当今时代有些在家人说是为了一年当中全家平平安安、除病免灾，而采取一些保护措施，于是乎将一些既没有得过任何灌顶

---

[143]详见《观经》《大方便佛报恩经》。此公案于不同经典中有不同说法。
[144]《增一阿含经》中说，他将来成为南无缘觉。

和传承也未曾圆满持诵基数密咒[145]等的上师僧人们请到家中。这些上师僧人则摆设一个猛修仪轨的坛城，本来没有任何生圆次第境界，只是睁着一双碗大的眼睛，对着一个食团生起忍无可忍的嗔恨心，口中喊着“召召[146]、杀杀、呀呀、打打”，一听就给人一种面目狰狞的感觉。随后他们唯一做的就是血肉供养。如果好好观察诸如此类的现象，诚如米拉日巴尊者所说的：迎请智慧天尊维护世间的利益，犹如将国王从宝座上拉下来，吩咐他做扫地的事情一样。又如单巴桑吉尊者也亲口说过：“将密宗的坛城设在村子的羊圈里，怎么能对治呢？简直可笑！”像这样的持诵密咒必将沾染上严重过患。

降伏事业，也只是对于那些没有私心杂念、为了成办广大弘法利生事业的人来说才有开许，也就是可以降伏十大应诛[147]的怨敌魔障。如果偏执自他而以自相的嗔恨心进行降伏，那么不但不可能降伏对方反而将成为自己堕入地狱之因。根本没有生圆次第的境界、三昧耶不清净的人一味地进行血肉供养，非但不可能修成智慧天尊和护持正法的护法神，反而使黑法方面的所有妖魔鬼神纷纷云集来享用那些供品及食子。虽说这些鬼神眼前似乎给他们做些利益的事，可是从长远来看，只会给他们带来多种不幸。所以我们务必要一心一意皈依三宝。

实际上，迎请那些相续寂静调柔的上师、僧人，念诵十万遍皈依偈是最保险不过的。这样一来，自己已经入于三宝的庇护之下，今生不会出现任何不愉快之事，一切所欲如愿以偿，还会得到善法方面天众的竭力保护，而且

[145]基数密咒：密宗中修任何本尊、做降伏等事业，先须念满仪轨中规定的基本的心咒数量。

[146]召召：修诛法时行者召唤的“勾召”之声，使邪魔等召集融入食团对它们进行惩治。

[147]十大应诛：又名十逆怨贼。佛教密乘所说应杀不赦的十恶怨敌：毁灭佛教、摧残三宝、劫夺僧财、谩骂大乘、坑害上师、挑拨金刚弟兄、障难修行、绝无慈悲、背弃誓戒和颠倒业果。

黑法方面的诸魔障也无法靠近。举个例子来说，从前一个盗贼被主人逮住，主人一边念皈依偈一边用棍棒打他，比如，念一句皈依佛，打他一下，（这样三句皈依全部念完后）就将他放了。（盗贼想：释迦牟尼佛恩德实在很大，幸好皈依偈只有三句，如果皈依偈有四句的话，我可能已被打死了。）在他心中好像皈依偈的声音与疼痛成了无二无别，脑海里一直回响着朗朗的皈依偈声。他到一个桥下躺了下来。这时，桥上来了许多鬼魔，它们说“这里有一个皈依三宝的人”，而不敢过桥害他，便吵吵嚷嚷地逃走了。[148]

所以，如果从内心诚挚皈依三宝，那么今生可遣除一切损害，后世将获得解脱和遍知的果位等有不可思议的功德。如《无垢经》中说：“皈依之福德，若其具色相，遍满虚空界，彼将胜虚空。”

《般若摄颂》中也说：“皈依福德若具相，此三界亦成小器，大海乃为水宝藏，藏合[149]岂能衡量耶？”

此外，又如《日藏经》中云：“有情谁人皈依佛，俱胝魔众不能害，纵破戒律心散乱，彼亦定能趋涅槃。”[150]

由此可见，皈依具有无量功德。所以，我们理当勤奋念修一切正法之根本——皈依。

虽已皈依然而诚信弱，虽受三学然仍舍持戒，

我与如我无心诸有情，不退坚固信心祈加持。

一切圣道之基石——皈依之引导终

[148]详见《大庄严论经》。

[149]藏合：称量单位，旧时一藏升的六分之一。

[150]《大集经》云：“若有众生皈佛者，彼人不畏千亿魔，何况欲度生死流，到于无为涅槃岸。”

## 二、发殊胜菩提心

以大智慧现前胜涅槃，以大悲心住于轮回中，

以巧方便证轮涅无二，无等上师足下我敬礼。

丙二（趣入最胜大乘——发殊胜菩提心）分三：一、修四无量心；二、发殊胜菩提心；三、愿行菩提心学处。

丁一（修四无量心）分四：一、修舍无量心；二、修慈无量心；三、修悲无量心；四、修喜无量心。

本来慈、悲、喜、舍四无量心中，最初应该从慈心开始宣说，但这里从实地修持的角度而按顺序修心的时候，如果首先没有修成舍心，那么慈心与悲心就会偏堕一方，而达不到完全清净，所以最先要从舍心开始修。

戊一、修舍无量心：

所谓的舍心，就是指断除对怨敌的嗔恨、对亲友的贪爱，而对一切众生无有亲疏、无有爱憎的平等心。（大多数的薄地凡夫）对现世的父母亲友等自方的有情极其贪著、对怨敌等他方的有情嗔恨难忍，这实际上也是未经观察的过患所造成的。事实上，现在的这些怨敌，在往昔的生生世世当中也曾经做过自己的亲友而互敬互爱、和睦相处、共同维护，所做的饶益也是无法想象的。而如今被当作亲友的这些人，在以往的生生世世中，有许多也曾经成为自己的仇人而加害过自己。

正如前面圣者嘎达亚那所说的“口食父肉打其母，怀抱杀己之怨仇，妻子啃食丈夫骨，轮回之法诚稀有”。[151]

从前，法王赤松德赞的王女莲明公主刚到十七岁的妙龄就突然离开了人世。当时，法王赤松德赞向阿阇黎仁波切（莲花生大士）请问道：“我

[151]详见《法句譬喻经》。

的这个王女莲明公主也该算是一个宿业清净的人，因为她转生为国王我赤松德赞的女儿，并且有幸遇见了您们这些犹如真佛一样的大智者、大译师，可是为什么她的寿命竟然如此短暂呢？”

莲师向法王解释说：“其实，您的这位王女莲明公主并不是因为什么宿业清净而投生为您的王女。而是因为以前我莲花生、君王您以及菩提萨埵曾经转生为劣种的三个儿子，我们修建夏绒卡绣大塔，莲明公主在那时投身为一只毒蜂，它叮入国王您的微血管，您无意之中用手擦拭，结果碾死了那只毒蜂，正是由于当时的命债，它才转生为您的王女。”

本来，法王赤松德赞是真正的文殊菩萨，他也有这样宿债而生的后代，那更何况说其他人呢？

现在我们这些人与父母有血缘关系，他们对我们的关怀、疼爱令人无法想象。当我们遭受痛苦或不幸的时候，他们比自己出现这类事还要悲伤，实际上这全都是往昔互相加害的宿债在作怪。如今成为自己怨敌的这些人也是同样，他们在往昔的世世代代中没有谁不当过自己的父母。就拿现在来说，虽然自己将对方看作势不两立的仇人，可是他们也不一定对自己有害；尽管自己将他们看成怨敌，但对方也有不把自己当作怨敌来看待的，就算是将自己视为仇敌，他们也没有能力加害，这种情况也是有的。再者说，也可能依靠怨敌加害的因缘，使自己暂时今生的名誉增上，遇到正法并成办究竟利乐的。换个角度来说，如果自己通过各种方便投其所好顺其心意而说些温存柔和的话，那么彼此之间成为情投意合的亲朋也并不是一件困难的事。相反，现在自认为是亲友的这些人，也有子孙欺骗甚至残杀父母的情况。而且勾结反方的怨敌联合起来抢夺自家财产而发生争斗的现象也不在少数。如果子女与父母关系融洽的话，当子女出现痛苦、不快等事情的时候，父母比自己出现这类事还哀伤。为了亲友子孙等这些人，自己积累下滔天大罪，到了后世必然被引入地狱。虽然自己心里希望修持正法，可是却常常受到他们的牵连拖累，或者父母舍不得子孙、子女抛不下父母，双方一直依依不舍，以至于耽搁修法、坐失良机等等。由此看来，亲人们对自己甚至比怨敌更有害。

从后世的方面来说也是一样，现在自己认为是怨敌的这些人将来转生为自己的亲生骨肉、亲友投生为深仇大恨的敌人等都是不一定的。所以，对今生今世亲怨的瞬间显现执为实有，怀着贪嗔积累恶业，使自己成为恶趣的堕石，这样做究竟有什么必要呢？我们一定要从自身做起，对天边无际的一切有情想成是父母与子孙，像往昔圣者前辈的传记中所说那样平等看待亲怨。

对以上道理加以思维、观想。首先，使用多种多样的方法尽力对那些自己心里极其讨厌、总是生嗔恨心的对境不嗔不怒，千方百计修炼自心，当心里完全能够把他们看成是无利无害的中等人的时候，接下来再观想，这些中等人从无始以来在生生世世当中都曾经无数次做过自己的母亲，与现世的亲生父母一模一样，在没有对他们生起这样平等的慈爱心之前，一定要反反复复观修。到最后，不管是亲人、敌人还是中等人，凡是对所有众生都生起与现世父母没有任何差别的悲悯之情，在没有生起这种平等悲心之前，务必要反反复复地观修。如果没有达到这样的境界，单单对任何亲怨既不生悲心也不起嗔心，只是平平淡淡的一种心态，这叫做无利无害的愚舍，并不代表是舍无量心。真正的舍无量要像仙人布施一样。比如，仙人们宴请客人或发放布施的时候，对于高贵卑贱、强大弱小、贤善恶劣、高级中等的所有人，无有差别同等施舍。同样，我们也必须对普天之下的芸芸众生——大悲心的对境平等相待，在没有生起这样的定解之前应一而再、再而三地修炼自心。

戊二、修慈无量心：

修舍无量心达到标准之后，接着再修慈无量心，也就是说，将三界的一切众生平等作为大慈心的对境，之后要像父母养育小孩一样来修。例如，父母亲哺育幼儿的时候，全然不顾孩子的颠倒行为，也不顾自己的艰辛，只是想方设法使子女平平安安、快快乐乐、舒舒服服。同样，自己的身语意要竭尽全力用在使一切有情今生与来世安乐、善妙的各种方便上。

每一位众生都希望自己快乐幸福，唯一追求的就是自我幸福快乐，谁也不希望痛苦哀伤，可是他们根本不知道安乐的因是奉行善法，反而一度造十不善，因此所求与所行已经背道而驰。心里这样默想：这些希求安乐反而唯受痛苦的所有众生，如果都能各随所愿各得其乐，那该有多好啊！屡次三番这样进行观修。

最后观想：不单单我自己渴望安乐，一切众生也同样唯求安乐，这一点与自己没有差别，一直修到真正生起了这样的定解为止。

正如经中所说："慈身业、慈语业、慈意业。"口中所说的话、手中所做的事都绝不能损于其他众生，自始至终都要真诚慈爱。依照《入行论》中说："眼见众生时，诚慈而视之。"甚至目视其他众生也应当和颜悦色，绝不能怒目而视。从前，一位专横跋扈的官员一贯斜着眼睛看别人，结果后世转生为一户俗家灶下吃剩饭的饿鬼。经中也讲述了反目视圣者而堕入地狱等的过失。

身体的一切威仪要温文尔雅，给人一种舒心悦意之感，彻底杜绝危害他众，全心全意利济有情；口中所说的每一句话也不能带有藐视、侮辱、讥讽他人的意味，一定要说实实在在、悦耳可人的话语；心里也是同样，如果饶益他人，绝不能希望自己得到好处。也不可以凭着虚伪的调柔威仪、温和语言等手段使他人将自己看作菩萨，而要力求达到发自内心唯一渴望就是利益他众的崇高境界。在心里反复发愿：但愿我在辗转投生的生生世世中，就连其他有情的一根毛孔也不损害，一心一意利益他们。

尤其是，对于依靠自己的眷属、奴仆、旁生等要满怀关爱之情，乃至看门狗以上都万万不要以殴打、役使方式过分摧残。随时随地，一举一动、一言一语、心心念念都要以仁慈为本。其实，如今投生为奴仆、看门狗而受到众人欺凌嫌弃的这些众生，也是由于往昔身为有权有势之人的时候造下了欺辱、藐视他人的恶业成熟的报应，而今来偿还宿债的。如果现在自己仰仗着有钱有势而凌辱别人，那么后世自己也同样会变成他人的奴仆来偿还宿债，所以对于那些身居自己之下的众生更应多一分仁慈、多一分爱心。特别是对自己的父母双亲、久病的患者等，自己三门尽力做利益事有不可思议的功德利益。诚如阿底峡尊者说："如果对远方的客人、久病的患者、年迈的父母等慈爱行事，与实修空性大悲藏者相同。"

尤其是父母对儿女仁至义尽，恩重如山，如果在父母年事已高老朽不堪之时刺伤他们的感情，实在是大逆不道，罪过特别严重。我等大师释迦牟尼佛也曾经为报母恩而前往三十三天为母说法。佛在经中说："儿子将父母扛在左右双肩上转绕大地承侍，也难以报答父母之恩，若使父母趋入正法，则能回报恩德。"因此，身语意孝敬父母是每个人应尽的义务，我们一定要想方设法使他们内心转向正法。

此外，正如邬金莲花生大士所说："切莫让老人忧伤，要恭恭敬敬加以维护。"我们言行举止要慈爱随顺关心照顾所有比自己年长的人。

当今时代我们中的有些人口口声声地说："要养家糊口没有办法不害众生。"但实际上是有办法的。

从前，新疆地区的两个沙弥修持圣文殊法，结果面见了文殊菩萨。文殊菩萨对他们说："你们二人与我没有缘分，你们生生世世的具缘本尊就是观世音菩萨，观世音菩萨化现为吐蕃国王的形象，你们去亲近他吧。"于是他们二人便来到了西藏。在拉萨药王山[152]的后面，看到许多人被杀戮或者被逮捕入狱。他们问："这是什么原因呢？"人们告诉他们："这是国王下令惩治的。"二人心想：这位国王肯定不是观世音菩萨，我们俩也很可能被惩罚，还是赶快逃走为好！国王知道他们二人要逃跑，便命人将他们喊回来，叫到面前对他们说："你们二人无需害怕，由于藏人刚强

[152]药王山：拉萨布达拉宫西南一山名，西藏四大名山之一。

难调，所以我才显示幻化，我下命令砍杀的这些人全是我自己幻变的。实际上我本人对一个众生的一个汗毛孔也从来没有加害过。”

国王松赞干布执掌西藏雪域的国政，并且统辖了局部的四部王国，征服了边境的所有军队，他成办那样广大灭敌护亲的事业，却连一个众生的一个汗毛孔也没有加害过，那么如今我们只是维持一个虫穴般的小小家庭怎么会没有办法不害众生呢？加害众生的下场就是自食恶果，导致自己今生来世感受无边痛苦的报应。即使仅仅就今生今世而言，也不能成办丝毫利益。因为杀人偿命，欠债还钱……除了白白浪费自己的财产受用以外，根本没有谁依靠害众生造恶业而获得财富的。

所以说，修慈无量心要像雌鸟养育小鸟一样，雌鸟养育小鸟的时候，首先建造一个柔软舒适的窝，然后用羽翼覆盖给予它们温暖，在雏鸟不能飞翔之前始终如一动作轻柔悉心抚育。同样，我们也要通过身体的行为、口中的语言以及心里的念头慈爱善待三界一切众生。

戊三、修悲无量心：

修悲无量心的时候，观想一位被剧烈痛苦逼迫的众生，希望他远离痛苦。经中说：“观想一名被关入监狱最后接近被杀的罪犯或者屠夫面前生命垂危的旁生等遭受剧烈痛苦的一个众生作为悲愍的对境，对它生起母亲或儿子想。”具体修法：比如，观想一名被国王下令带到刑场的囚犯或者一只正被屠夫捆绑的绵羊时，放下他是其余某某众生的念头，想想，如果那个众生就是我自己，该怎么办？专心意念那边正在感受痛苦的众生就是自己，现在到底该怎么办呢？无处可逃、无处可躲，无依无怙，无法溜走，也不会飞行，凭借力量和武力也不能抗拒，在这一瞬间就要离开今生的一切显现，甚至自己珍爱保护的身体也要舍弃而步入后世的大道中，这是多么悲惨啊！……观想那样的痛苦落到自己身上而修心。

或者看见一只羊被带到屠宰场去了，观想：如果这只羊就是我的亲生母亲，那该怎么办？放下那是一只羊的念头，发自内心观想它就是自己的亲生母亲，接着再进一步观想：如果我的老母亲没有一丝一毫的罪过却这样无辜被别人杀害，那么现在我该怎么办呢？我的老母亲该是何等的痛苦！诚心诚意地想，当迫切希望老母立即摆脱被屠夫宰杀的痛苦或者情不自禁地生起慈爱悲悯之情时，再接着这样观想：现在正在感受痛苦的这个众生虽说不是我今世的父母，但是它肯定在以往的生生世世中做过自己的父母。在当母亲时也完全是像现世的母亲那样深情地养育我，它的大恩大德与现在的父母双亲没有差别，遭受如此剧烈痛苦逼迫的父母亲，该有多么的可怜！如果他们此时此刻瞬间就能摆脱这种痛苦那该多么好啊！一直观修到生起猛烈悲心忍不住泪水簌簌而下为止。如果对他们生起了悲心，再继续观想：感受这种痛苦也是往昔造不善业的果报，如今为非作歹的这些人后世也一定会感受这样的痛苦，实在可怜。

如此以正在造杀业等痛苦之因的人们作为对境而修悲心，然后再观想堕入地狱、饿鬼等趣的苦难有情，专心意念它们就是自己或自己的亲生父母，发奋努力而修悲心。

最后观想：虚空所遍及的地方遍满众生，众生所遍及的地方充满了恶业和痛苦，这些唯造恶业、唯受痛苦的众生多么可怜！如果所有的这些众生都远离六道各自的一切业惑、痛苦及习气，获得永久安乐圆满正等觉的果位该有多好！反反复复诚心观修。这样修悲心时，最初以任意一个众生作为所缘境，唯一对他观修，然后范围逐渐扩大而修，到了最后对一切众生普遍观修……如果没有这样一步一步去修，而是漫不经心、浮皮潦草，也就不可能如理如法修成。

尤其是平日里看到依靠自己的牛马羊等感受痛苦和艰辛时本该修悲心，可是我们这些人又是怎么做的呢？当自家门前的牛等牲口遭受穿鼻、阉割、拔毛、活活放血等地狱一样的多种痛苦时，主人从来没有想过它们也有痛苦的感受，如果慎重加以观察，就会知道这是没有修悲心的过患所致。我们好好想一想，假设换了自己，就是现在拔出一根头发也会“哎哟哟”直叫，觉得这种刺痛实在让人不能忍受，而当主人用绞木[153]使劲地拔掉牦牛身体上所有的粗毛时，那头牛已经是全身赤裸、血迹斑斑，每一个毛孔里都在滴滴流血，疼得它不时地发出低低的呻吟声，可是主人对牛遭受这般难忍的苦痛想也不想，反而觉得自己手上因此而磨起的水泡令人忍受不了。

此外，人们在骑马行路的时候，往往会因为自己臀部疼痛不能端直地坐在马鞍上而需要侧身斜坐，却不曾想到座下的那匹马也同样有疲乏、有苦痛，反而在它精疲力竭、寸步难行的时候，认为这头牲口性情恶劣不肯继续前行而生起嗔心，用鞭子狠狠地抽打，对它一刹那也不生怜爱之心。

尤其是绵羊等被宰杀的过程中，首先被从羊群中抓住的时候，它会产生想象不到的恐怖感、畏惧感，最初被抓的部位皮下淤血，然后身体被翻倒在地。这时屠夫用皮绳把它的四条腿紧紧捆绑起来，又用细细的绳子勒紧它的嘴巴，使它呼吸中断，感受气息分解的剧烈痛苦。假设死亡的时间稍微拖延，大多数罪孽深重的屠夫则火冒三丈，一边气急败坏地说“这该死的畜生还不死”，一边拼命地捶打它。只要这只羊一死，他们就立即剥掉它的皮，取出内脏，紧接着抽取另一头活牛的血液，这时那头牛也已经体力不支，走起来踉踉跄跄。主人将死肉与活血混合起来装入前面宰杀的那只羊的内脏里，然后大模大样地吃了起来，这种人真成了恶业罗刹。

现在我们认认真真地思维这些道理，看到那些旁生痛苦而观想感受者就是自己会怎么样？我们不妨试一试，自己用手捂住口鼻中断呼吸停留片刻，看看会有怎样的痛苦、何等的恐惧？经过这样一番慎重观察之后，心里默想：连续不断感受这般剧烈痛苦的一切众生实在可怜，如果自己有能力将他们从所有不同的痛苦中解救出来那该有多好！对于以上的道理要反反复复地观修。

---

[153]绞木：用来拔去牦牛身上毛的木棒。

尤其是，所有的上师和僧人本该身先士卒作为慈悲的表率，然而遗憾的是，如今有些上师、僧人无有丝毫慈悲心，对众生造成的痛苦甚至比在家人还严重，这真是到了佛法末期，已经是将食肉罗刹作为供养处的时代了。

往昔我等大师释迦牟尼佛也是将转轮王的王位弃如唾液而毅然决然地出家（，通过修道最终证得了圆满正等觉的果位）。当时世尊与眷属阿罗汉众全部是手托钵盂、持执锡杖徒步前去化缘的，非但佛的眷属没有乘马骑骡，就是世尊也从没有乘过一匹坐骑，正是因为佛陀想到令众生痛苦不是佛教的宗旨，否则世尊怎么会想尽办法而得不到一匹马骑呢？

如今我们有些僧人去俗家做经忏等佛事的时候（可并不是这样的），他们透过一头牦牛的鼻孔穿入一根粗糙的尾毛绳子。僧人骑在牛背上，两手用力拽着绳子，每拽一下，那头牦牛因鼻子疼痛难忍而转过头来，僧人就用鞭子使出全身力气连连抽打它的屁股，这时那头牛疼痛难忍而疾驰奔跑，僧人又拽住穿鼻的绳子，它又因为鼻子痛得受不了而停下来时，僧人依然如故用鞭子抽打，就这样轮番不断。到了最后，牦牛身体疲惫不堪、内心说不出的痛苦，每一根汗毛孔里一滴滴向外流着汗水，伸出驮罩[154]般的长长舌头，实在是走不动了，在那里气喘吁吁，发出“呼呼”的声音。这时骑在牛背上的僧人认为现在这头老牛不肯好好地走，便生起嗔恨心，用鞭柄棍棒猛击它的屁股，因为嗔心大发用力过猛，结果把棍棒折成了两段。只见那僧人将折断的棍棒插入腰间，又俯身捡起一块尖石从牛鞍上转过身来继续捶打那头牦牛的脊背。这些都是因相续中未生起少许大悲心所导致的。

此时我们专心意念那头牦牛就是自己，观想自己的背上承受着难以支撑的沉重负担，鼻子由绳子穿着，臀部被鞭子抽着，肋骨被脚蹬顶着，前后左右全部是疼痛的感觉，没有片刻休息的时间，还要爬上高坡，冲下

[154]驮罩：用来覆盖驮子的毛织物的毯子。

陡壁，渡过大河，越过平川，连吃一口食物的空闲都没有，从早晨天明到傍晚日落，一直在不情愿中来来去去，感受何等的艰辛劳累、疼痛饥渴，如果这些痛苦落到自己头上，想必不管是谁都一定会生起难以堪忍的强烈悲心。

本来，所谓的上师僧人是无偏救护一切众生的依处与怙主。（可是如今有些上师僧人）心里认为对自己热情款待大作供养的施主是自方的人，口中也说“我保护你们、救护你们”并且赐予灌顶加持。而将那些由恶业之因牵引转为低劣身体、兴风作浪的饿鬼、鬼魔等看作是敌方，心里对它们生起嗔恨，口中喊着“杀杀、打打”，身体做出各种打击的姿势，真正认定那些加害于人的鬼神该打该杀，这说明自相续完全落入了贪嗔的控制中，也是没有生起平等悲心所导致的。

我们如果好好加以观察，就会发现那些作害的鬼神其实比施主还可怜，为什么这样说呢？因为这些加害他众的鬼神由于恶业之因感召而转生为低劣身体的饿鬼，有着无量无数痛苦、恐惧的感受，常常是饥渴交迫、疲惫劳累，始终处于忧虑的状态之中，相续中充斥着嗔恨、野蛮与粗暴，大多数死后会立即堕入地狱，没有比它们更可怜的了。而对于施主来说，虽然暂时遭受一些病痛或苦恼，但是依此只会消尽恶业而不会积累恶业。那些加害于人的鬼神怀有恶心危害其他众生，结果必然会被这一恶业之因引入恶趣的深渊。所以，释迦牟尼佛才以大慈大悲善巧方便宣说了利用强力与现行的方式驱逐、降伏鬼神的法门，这也是悲悯那些鬼神，就像母亲打骂不听话的小孩一样。这种降伏的事业只对于那些有能力断绝无恶不作众生的罪业并且将它们的神识引到清净刹土的人才有开许。否则，认为施主僧人眷属等为自方的人而贪执他们、认为鬼神及作害的那些众生为他方而嗔恨它们，这种以贪心护持自方、以嗔心打击他方的方便法门，佛陀又怎么可能宣说呢？

具有这样贪心、嗔心的人，驱逐、打击那些意生身的鬼神，非但不能使它们言听计从，反而会使自己深受其害，不仅是怀着贪嗔之心不能降伏，甚至执著那些鬼神自相实有者也同样制服不了它们。从前，米拉日巴尊者住在穷隆穹县时，有一次出门去拾柴。回来时发现魔王哦那雅嘎利用神变而幻化出五个瞪着碗大眼睛的丑角坐在他的卧室里。尊者祈祷上师、本尊不起作用，修本尊的生起次第后念诵猛咒还是不能赶走它们。尊者心想：上师玛尔巴罗扎曾经传授我现有[155]一切直指为自心，心性直指为空性光明，将魔障执为实有外境肯定起不到什么作用。于是他安住在鬼神为自现的定解中径直走入山洞。五个丑角非常害怕，眼睛骨碌碌地环视着，当下便消失得无影无踪了。此外在《岩罗刹女道歌》中写道："本习气魔由心生，倘若不知心本性，你虽劝逐我不去，若未证悟自心空，似我之魔不可数。若已认识自心性，一切违缘现助伴，我罗刹女亦为仆。"可见，如果不具有鬼神就是自心显现的定解，以嗔恨心又怎么能够降伏得了鬼神呢？

还有一点也值得一提，当今时代有些上师僧人到施主家里的时候，那些施主宰杀许多羊只而供养肉食，这些上师僧人心中没有一丝一毫的顾虑，而是喜笑颜开地大吃起来。尤其是进行消灾免难、祭祀求福等时，他们说必须要用新鲜的肉，并认为刚刚宰杀、鲜血淋淋、热气腾腾的肉才是干净的，用荤腥血肉装点美化食子和供品，气势汹汹、杀气腾腾地举行佛事，其实这些只是外道等旁门左道的做法，根本不是内道佛教的法规。如果按照内道佛教的宗旨，那么皈依以后必须要断除损害众生的事情，无论到哪里，哪怕是危及一个众生的性命而杀害、享用血肉就完全违背了皈依戒。

尤其是身为大乘行人，理所应当作为无边无际一切众生的皈依处和救

[155]现有：指器情所摄之诸法，或轮涅所摄之法。

护者。假设对于本该救护的那些恶业有情没有一丝一毫的悲悯之心，而当施主杀害救护对象的众生后将烹调的血肉摆放在救星菩萨的面前，对方喜气洋洋地开始大吃大喝，并不时地发出踏嗝[156]声，难道还有什么比这更令人痛心的吗?

密宗金刚乘诸论典中说："血肉供养不依教，违背桑哈查门[157]意，祈境空行予宽恕。"有些人振振有词地说，所谓的依教之血肉供养，必须遵照密宗续部论典中所说而实行。那么，到底密宗经典中是怎么说的呢? "五肉五甘露，饮食外会供"，意思是说，作为密宗誓言物的人肉、马肉、狗肉等五肉[158]，并不是为了食用而宰杀、而是作为供品摆放的无罪五肉，这才是"依教之血肉供养"。否则，被净秽分别所束缚，认为人肉、狗肉等是肮脏的东西或者低劣之物，为了食用而刚刚杀的、香香的、肥肥的肉是干净的，就像"所受五种三昧耶，视净为秽行放逸"中所说的"视净为秽"，因此与所受的三昧耶戒相违。虽然是五种净肉，但是除了能将饮食变成甘露的人或在寂静处修持成就的时候以外，如果贪著肉的美味而到村落里肆无忌惮地去吃，那么就称为"所受誓言行放逸"，完全违背三昧耶戒。

所谓的清净肉类，是指以自己的业力自然而死或者因病而亡等等情况下的肉，并不是为了食用而宰杀的肉，也就是人们通常所说的众生因为自己的业力衰老、命终或者因病而死亡的肉。否则，就像无等塔波仁波切所说：将刚杀的温热血肉摆放在坛城中，那么一切智慧尊者都会昏厥过去。他又亲口这样形容道："此外，如果迎请智慧尊者以后，用刚刚宰杀的血肉对他供养，就如同在母亲面前杀了她的儿子一样。"比方说，请一位母

[156]踏嗝：享用美味时感觉甚为可口而发出的一种声响。

[157]桑哈查门：《闻解脱续》中讲：桑哈即八位桑哈空行母，未依教进行血肉供养者需在此等空行母前忏悔，遣除罪业。查门，是指空行母总称。

[158]五肉：人、马、狗、大象、孔雀的肉。

亲做客，将她被杀的儿子的肉放在她面前，我们可想而知，那位母亲会不会欢喜？同样，一切佛菩萨对所有众生就像独生子的母亲一样满怀慈爱地关照垂念，杀害任何一个被恶业所转、无有思维的旁生后作血肉供养，诸佛不可能欢喜。如寂天菩萨说："遍身着火者，与欲乐不生，若伤诸有情，云何悦诸佛？"

当自己一边享用新杀众生的血肉，一边供血供肉，祈祷护法神等等的时候，那些智慧天尊，护持佛教的护法神全部是菩萨勇士，所以他们不仅不会享用这些犹如摆在屠夫面前一样的血肉，而且也不会近前一步。相反，那些喜爱温热血肉、恒时精勤于损害众生之恶业黑法方面的大力鬼神却会聚集在那里享受他们血肉供品。而且这些鬼神也会时时跟着那些念诵血肉仪轨的人，偶尔倒是提供些微乎其微的顺缘，但是常常就是损害众生，使他们突然生病、骤然着魔。这时候，那些人又来念血肉仪轨、作血肉供养，鬼神似乎又会给些暂时性的帮助，就这样，作血肉供养的人和鬼神互帮互助，形影不离，鬼神如同罗刹放哨一样整天怀着贪食、贪财、贪利的心态到处游游荡荡，而作血肉仪轨的人则因为鬼使神差而使以往具有的出离心、厌离心、清净心、信心以及正法的光明一并遮蔽，即便佛在空中飞行也不起信心，哪怕掏出众生的肠子也丝毫不生悲心，就像恶业的罗刹奔赴战场一样，面红耳赤、怒气冲冲、性情粗暴、勾心斗角。依靠鬼神相助，他们认为咒力不凡、具有加持而心生傲慢，这些人死后只能是如投石般立即堕入地狱，或者以恶业转生为凶狠鬼神的眷属，肆意弑杀众生，或者投生为鹞鹰、豺狼等旁生。

从前，为了法王赤松德赞龙体安康而举行福寿法事，苯波教徒们大兴血肉供养，当时邬金第二佛莲花生大士、大智者布玛莫扎以及大堪布菩提萨埵等诸位大译师看到苯波教的彩盘[159]，心里十分不悦，他们说："一

[159]彩盘：苯波教禳灾送祟时作为牺牲物品的彩线花盘。

教不应有二师，一法不应有二规，苯波教旨不合法，并非共同寻常罪，若尔我等返故里。”所有的班智达不谋而合、不约而同，国王祈请他们讲法也不传讲，宴请他们也不受用。

如今我们这些人自以为是往昔诸班智达、大菩萨们的追随者，可是如果将甚深的密宗仪轨变成一些似是而非的吟诵而损害众生，显然就成了出卖佛教灵魂、亵渎三宝的败类，结果只会将自他引入地狱。所以，我们应当恒时身居卑位，穿着破衣，尽心尽力饶益一切众生。在没有确定自相续中已经生起慈悲心之前，如果能够集中精力、专心致志地精进修持，那么诵经修善、度化众生等表面上虚张声势的佛事，不成办也可以。如《摄正法经》云：“欲获得佛果，学多法不成，唯当学一法，何为学一法？此乃大悲心，何人具大悲，彼获诸佛法，了如指掌矣。[160]”

从前，三同门[161]与卡隆巴格西的一位高徒，前来拜见仲敦巴格西，格西问他：“博朵瓦在做什么？”

他回答：“他在为数百僧众讲经说法。”

仲敦巴说：“稀有！稀有！那也是一正法。普穹瓦格西在做什么？”

那人回答：“他在广集自他资具，建造三宝所依[162]。”

仲敦巴格西又如前一样说：“稀有！稀有！那也是一正法。衮巴瓦在做什么？”

他回答道：“他唯一静修。”

格西又如前一样说（稀有！稀有！那也是一正法）。并接着问：“卡隆巴在做什么？”

那位弟子说：“他总是到一个蚁穴的旁边蒙头痛哭。”

---

[160]《佛说法集经》云：“菩萨若受持一法善知一法，余一切诸佛法，自然如在掌中。世尊，何者是一法？所谓大悲。菩萨若行大悲，一切诸佛法如在掌中。”

[161]三同门：据《藏汉大词典》所载，三同门是指博朵瓦、金厄瓦、普穹瓦三位格西，此处还请读者观察。

[162]三宝所依：指佛像、佛经、佛塔。

听到这话，仲敦巴格西立即脱帽，合掌当胸，边流泪边说：“极其稀有，他是真正在修持正法。本来关于这一点，有许多功德要讲，但如果现在赞说，卡隆巴格西会不高兴的。”

卡隆巴格西之所以蒙头痛哭，是因为想到了轮回中受苦受难的一切众生。

此外，金厄瓦格西讲述诸多慈心、悲心重要性的原因时，朗日塘巴尊者恭敬顶礼并且说：“我从现在起唯一修持慈悲心。”

善知识金厄瓦边脱帽边连声地说：“难能可贵、难能可贵，实在难能可贵！”

如果想要清净自相续的罪障，也再没有比悲心更殊胜的了。

从前，印度阿毗达磨正法三次遭到外道摧毁，当时有一位婆罗门种姓的明戒比丘尼心里想：我生为下劣之身的女人，不能弘扬佛法，应该与男人婚配生子，弘扬圣法阿毗达磨。这样考虑之后她与一位国王种姓的男士为婚，生了无著菩萨，又与一名婆罗门男子为婚，生了世亲论师。

两个儿子长大以后向母亲询问父亲的事业。

母亲告诉他们：“你们二人不是为了继承父亲的事业而生的，是为了弘扬佛法而生的，但愿你们好好修学正法，将来弘扬阿毗达磨妙法。”

听到母亲的话，世亲论师前去克什米尔集贤尊者面前学习阿毗达磨法门。

无著菩萨来到鸡足山，他心想：如果面见弥勒菩萨就可以求窍诀。于是开始专修弥勒本尊，六年期间历尽千辛万苦而修行，结果连吉祥的梦兆也没有出现。他想：看来我现在是修不成了。便心灰意冷地下了山。途中看到路边有一个人正在用柔软的棉布擦磨一根大铁棒。他问：“你这样擦有什么用呢？”

那人告诉他说：“我没有针，所以我要将此铁棒磨成一根针。”

无著菩萨心想：用这样一块软布来磨擦这么大的铁棒，不可能有磨成针的时候，万一有可能，但到那时他还会在人间吗？看来世间人为了毫无意义的事也这般辛辛苦苦，那么我修行妙法，必须要有坚强不屈、锲而不舍的毅力。想到这里，他返回到原处又修持了三年，可是仍然没有出现丝毫验相。他想：现在我的确不能成就了。于是又起身下山，行途中看到路边一座高耸入云的大石山前面，有一个人正在用羽毛蘸水拂拭那块岩石。他好奇地问："你这是在干什么呀？"

那人回答说："这座石山太高了，我自己的房子在这座石山的西面，阳光照不到上面，所以我准备把这座山拂拭得一干二净。"

无著菩萨心里又如前一样想想之后，再一次返回原处，又修行了三年，结果依然连祥兆的梦也没有出现，他真的是万念俱灰了，不禁失望地想：现在看来无论如何也无法成就了。便又下山了。途中看到路边有一条双腿残废的母狗，整个下身弥漫着许多小虫，仍然还在对别人生嗔恨心，提起上身疯狂乱叫，拖着下身前来咬人。

无著菩萨情不自禁地对它生起了难以堪忍的强烈悲心，他割下自己身体的肉施给那条狗，接着想要清除它下身的小虫。心里思量：如果用手去抓，可能会捏死小虫，应当用舌头来舔。但是，因为狗的整个身体已经腐烂，充满脓汁，眼睁睁地看着实在是舔不下去，于是他闭上双目伸出舌头，结果舌头没有接触到狗的身体，反而触到地面。他睁开双眼一看，母狗不见了，而至尊弥勒菩萨金光灿灿地出现在面前。无著菩萨说："您的悲心实在微弱，一直也不现尊颜。"

弥勒菩萨说："不是我不向你露面，实际上我与你从未分离过，而是因为你罪孽深重，看不见我而已，后来你经过十二年修行使罪业稍微减轻，只看到这条母狗，现在由于你生起了大悲心而使业障无余清净了，才真正见到了我。你如若不相信，将我扛在你自己的肩膀上，显示给众人看。”

于是，无著菩萨将弥勒菩萨扛在右肩上，到集市上去，他问人们：“我的肩上有什么？”

人们都说“什么也没有”。只有一位罪障稍微清净的老妇人说：“您的肩上有一具腐烂的狗尸。”

随后怙主弥勒菩萨将无著菩萨带到兜率天，为他宣讲了慈氏五论[163]等妙法，他返回人间，开始弘扬大乘佛法。

由此可见，清净罪业再没有比修行悲心更殊胜的法门了，并且悲心也是相续中生起不共菩提心的无倒之因。所以，我们一定要通过多种方便途径尽最大努力来修这一悲心。

所谓的修悲心就像断臂母亲之子被水冲走一样，如果一位没有手臂的母亲的儿子被水冲走，那么她必然会对儿子生起无法堪忍的强烈悲悯之情，心想：自己没有手，不能从水中救出儿子，现在该怎么办呢？她唯一考虑救脱儿子的办法，内心无法忍受痛苦，一边失声痛哭一边到处奔跑。同样，我们也要在心里想：三界中的一切众生被痛苦的河流冲走，沉溺在轮回的大海之中，尽管我对他们生起了难以堪忍的悲心，可是我没有能力将他们从痛苦中解救出来，现在该怎么办呢？诚心诚意祈祷上师三宝，观修悲心。

戊四、修喜无量心：

在修喜无量时，观想任意一位具有种姓、权势、财富、地位等生在善趣当中幸福快乐、长寿无病、眷属众多、受用具足的一个众生作为所缘境，对他既没有竞争的心理也没有嫉妒的情绪，反而在心里想：但愿他具有比这更高一等的人天福报，拥有吉祥富足、无损无恼、智慧广大等等众

[163]慈氏五论：相传为弥勒为无著所说《现观庄严论》《经庄严论》《宝性论》《辨法法性论》和《辨中边论》。

多圆满的功德，如果其他众生也能处在这样的位置，那我该有多么高兴啊！反反复复观修。首先，对自己比较容易生起喜心的任意对象作为所缘境来修喜心，比如自己的亲朋好友等具有功德、幸福快乐的人；其次，当相续中对他们生起了喜心以后，接着再对所有中等人观修；最后，针对那些损害自己的怨敌、特别嫉妒的对象来观修。彻底根除对他人财富圆满忍无可忍的恶心，对凡是拥有安乐的所有众生，修喜不自禁的欢悦之心，最终于无缘中安住。

所谓的喜心，就是指无有嫉妒的心态，所以我们必须以各种方便来修炼自心，想方设法努力使自相续不生起嫉妒的恶心。尤其是，佛子菩萨们发心利益一切众生，所要做的就是究竟将这所有众生都安置在永久安乐的圆满正等觉果位，暂时让他们拥有人天增上生的福报，又怎么能对于众生由各自业力而获得的微乎其微的功德受用心不欢喜呢？如果自相续被嫉妒蒙蔽，从此之后对他人的功德视而不见，自身积累滔天大罪。

从前，当至尊米拉日巴福德圆满、事业广大的时候，法相师[164]达罗心生嫉妒，前来驳斥。至尊无论如何显示神通神变，他不但不起信心，而且一味萌生邪见而大肆诽谤，结果后世转生为一大恶魔。还有一位法相师匝普瓦格西下毒暗害至尊米拉日巴，诸如此类的这些现象都是因为嫉妒心而引起的。

所以，对于具有嫉妒心的补特伽罗，真佛出现也无法引导他们。因自相续为嫉妒所蒙蔽，始终看不见别人的功德，因为不见功德，也就生不起丝毫信心，因为不起信心，也就不能作为悲悯与加持的法器，就像提婆达多与善星比丘二人本来都是世尊的堂弟，可是由于嫉妒扰乱相续而对世尊一点一滴的信心也生不起来，尽管一生在本师释迦牟尼佛身边，可是也没有办法得到调伏。

---

[164]法相师：采用辩论的方法研究佛教法相学的人。

不仅如此，而且总是对别人心怀恶念之辈，非但不能损害他人，自己反而会积累严重的罪业。从前有两位著名的格西互相敌对。其中的一位格西听说另一位有了女人，于是对侍者说：“煮上好茶，我听到一个好消息。”

侍者煮好茶后端给他问：“您听到了什么好消息？”

他说：“我们的那个对手某某有了女人，破戒了。”

当根邦扎嘉听到这件事，板着脸说：“真不知他们二人到底谁的罪过严重？”

经常怀有这样嫉妒或竞争等心态之徒，既无益于己也无害于人，只是毫无意义地自我造孽而已。所以，我们一定要断除这样的恶心歹意，不论何时何地，当看到其他人种姓高贵、相貌端严、财产丰富、广闻博学等等功德顺缘样样齐全，这时要诚心诚意地修欢喜心，并且在心里想：这个人拥有这样的功德、财富，我真的十分高兴，如果此人具有比这些更胜一筹的权势、财富、名誉、功德等十全十美的福报，那该多好！发自内心地观修。

所谓的修喜无量，要如同骆驼找回丢失的幼崽一样。母骆驼比其他众生更加慈爱它的孩子，如果它的骆驼崽丢失了，那么它会非常非常忧伤，假如失而复得，它会产生出乎意外的喜悦之情。我们要像这样来修喜心。

四无量心是自相续生起真实菩提心正确无误的因。无论如何，在相续中还没有生起四无量心之前必须精进观修。如果为了容易理解而将四无量心的意义归纳的话，可以包括在心地善良当中，所以我们随时随地要始终如一地修学心地善良。

从前，有一次阿底峡尊者感到手痛，于是把手放在仲敦巴的怀里说：“请您给我加持一下这只手，因为您有一颗善良的心。”尊者一直将心地善良放在重要的位置，平时问安也是说：“生起善心了吗？”在一切教诲中也着重强调：“心地要善良啊！”

随着心的善恶，一切黑业白业以及业力的强弱也会有相应的变化。如果怀有一颗善心，那么身体所做的事和口中所说的话都会成为善法，就像前面所讲的把鞋垫放在泥塔小像上的公案那样。如果心存恶意，那么尽管表面上似乎是善行，实际上通通成了恶业。因此我们不管在任何时间、任何地点都要学修心地善良。正如（宗喀巴大师）所说：“心善地道亦贤善，心恶地道亦恶劣，一切依赖于自心，故应精勤修善心。”

心善地道如何善呢？下面以实例来说明这一点。从前，母女二人互相搀扶趟过一条大河，结果母女俩都被大水冲走。当时母亲心想：如果我的这个女儿不被水冲走，那么我自己被水冲走就冲走吧！女儿也同样心想：如果母亲不被水冲走，我自己被水冲走就冲走吧！她们二人彼此之间生起这样的善心，虽然她们都溺水而亡，但是死后均转生到了梵天界。

此外，以前在夏萨够喀地方，有六位出家人和一名信使共有七人上了同一条船。船行进到河的四分之一时，船夫对大家说：“船超重了，要么你们当中会游泳的一个人跳下去，要么我跳到水里，你们中的一个人来划桨。”所有的船客全是既不会游泳也不会划桨，那位信使说：“与其所有的人死，还不如我一人死好。”随后便纵身跳入水中，此时空中彩虹环绕、花雨纷纷，信使本来不会游泳却顺利到达河的彼岸而安然无恙。

那么心恶地道又怎么恶呢？从前，一个乞丐躺在城门过道上胡思乱想：如果这位国王的头颅断掉，让我来做国王那该多好啊！他心里屡屡萌生这样的恶念。第二天早晨，正当他酣然熟睡的时候，国王乘车而来，车轮恰恰辗过这个乞丐的脖子，结果他自己的头断了。[165]

本来我们求法的目的就是为了随时随地以正知正念护持自己的这颗心，如果对自相续不进行详察细审，那么很容易在无意义中生起猛烈的贪心嗔心而积累下深重的恶业。那个老乞丐生起了如此不切实际的恶念，结

---

[165]详见《法句譬喻经》。

果立即受报应。本来，安安稳稳地坐在宝座上、舒舒服服地睡在宝榻上的国王头颅也根本不可能随随便便断掉。假如国王的头真的断了，那么国王驾崩后身为国王的太子不继承王位，犹如猛虎熊豹般的大臣们不执掌国政，难道会让你这样一个漂泊不定、穷困潦倒的老乞丐做国王吗？

如果我们没有好好观察自相续，那么在无意中很可能会生起那样的恶心。如夏日瓦格西说：“当护意国政，否则三有增。”

另外也有这样的事实：从前，世尊与比丘僧众到施主家中应供时，有国王种姓和婆罗门种姓的两个小乞丐，当那个婆罗门种姓的小孩去乞讨时，佛陀及眷属还没有用斋，所以他什么也没得到；国王种姓的小孩是在世尊及眷属享用斋饭后去乞讨的，所以获得了许多剩余的甘美食品。他们二人下午在途中闲谈时，国王种姓的小孩满怀信心地说：“如果我具有财产、受用的话，那么我在有生之年一定以衣食、受用等一切资具供养世尊和他的眷属，并且恭敬承侍他们。”

婆罗门种姓的小孩子则恶狠狠地说：“假如我拥有权力成为一国之主，那么我非要砍掉那个光头沙门和他眷属的脑袋不可。”

之后，国王种姓的小孩来到了另外一个地方，在一棵大树的树荫下休息。其他树的荫影都已迁移了，但是国王种姓的小孩所在的树荫却始终没有移动。当地的国王去世后无有太子继承王位，他们便发出公告需要一位具足福德威望之人做国王。人们四处寻找，有人发现一个睡觉的小孩，明明中午已过但他上面的树荫仍然原地未动，于是唤醒他，请他继承了王位。后来他如愿以偿，履行诺言供养佛陀和他的眷属。

那个婆罗门种姓的小孩躺在一交通要道休息，马车疾驰而来，辗在他的脖子上，他断头而亡。[166]

如果经常唯一修学心地善良，那么不但今生的一切所愿能称心如意，

[166]详见《辩意长者子所问经》。

受到白法方面天神的保护、蒙诸佛菩萨的加持，一切所作所为成为善法，而且临终时也不会感受气息分解的剧烈痛苦，后世还会获得人天果位，究竟现前圆满正等觉的果位。因此，我们绝不能马马虎虎不观察自相续而顶礼转绕、念经诵咒等装模作样地广行善事，而要懂得经常观察自相续、修学心地善良，这一点相当相当重要！

丁二（发殊胜菩提心）分二：一、发心之分类；二、正式发心。

戊一、发心之分类：

从心力的角度来分，有如国王之发心、如舟子之发心、如牧童之发心三种。国王们首先要摧伏一切敌方，得到自方的拥戴，先自己登上王位，再维护属下臣民。同样，希求自己首先获得佛果，之后再将一切众生安置于佛地，这种发心就称为如国王之发心。所谓的舟子，也就是船夫，他们的愿望是自己与所有的船客同时趋向江河彼岸。同样，希求自己与一切众生一同获得佛果，这种发心就叫做如舟子之发心。牧童们为了使牛羊先吃草喝水，免遭豺狼等猛兽的侵害而将它们赶在前面，自己随后而行。同样，希求先将三界一切众生安置于圆满正等觉的果位以后，自己再成佛（，这种发心称为如牧童之发心）。其中如国王之发心也叫做广大欲乐之发心，这种发心者的心力属于下等；如舟子之发心也称为殊胜智慧之发心，这种发心者的心力属于中等，就像至尊弥勒菩萨的发心；如牧童之发心称为无与伦比之发心，怀有这种发心的人具有非凡巨大的心力，就像至尊文殊菩萨的发心那样。

如果依地道的界限来分，则有四种，资粮道、加行道称为胜解行发心；一地至七地叫做清净意乐发心；三清净地（八地至十地）叫做异熟发心；佛地为断障发心。

如果从发心本体的侧面来分，有世俗菩提心与胜义菩提心两种。其中世俗菩提心又分为愿菩提心与行菩提心。如《入行论》云：“如人尽了知，欲行正行别，如是智者知，二心次第别。”就拿一人去拉萨来说，首先他心里怀有“我要去拉萨”的想法。同样，最初心里怀着这样的愿望：我要令一切众生获得圆满正等觉果位，相当于“欲行”，这就叫做愿菩提心。要去拉萨的人，已经准备好了真正去拉萨途中所需要的口粮、驴马等以后就正式启程上路。同样，为了使一切众生获得圆满正等觉果位而在实际行动中修学布施、持戒、安忍、精进、静虑、智慧等六度，相当于“正行”，这就叫做行菩提心。这样的愿菩提心与行菩提心属于世俗菩提心。

在资粮道、加行道中依靠这样的世俗菩提心经过长期修心的威力，最后在见道中现量证悟诸法实相真如、远离一切戏论的空性智慧实义，这就是胜义菩提心。真正的胜义菩提心必须依靠修行力才能获得，不依赖于仪轨。而初学者发世俗菩提心则需要依靠仪轨，在上师面前受（或者自己在皈依境前受菩萨戒）。为使所得到的菩提心不退失并且日益增上，随时随地反反复复这样受菩萨戒。

戊二、正式发心：

像前面修皈依时明观皈依境那样，在自己前方的虚空中观想诸佛菩萨（、传承上师以及护法神众）作为自己发心的见证人，接着心里默默地思维：遍满虚空界的一切众生，在无始以来的生生世世当中，无一例外全部都做过自己的父母亲，在当父母的时候他们均与现世的亲生父母完全相同，对自己倍加疼爱、精心哺育，有好吃的先给我吃，有好衣服先给我穿，极其慈爱地抚养我成长，恩重如山。所有这些深恩父母如今正沉溺在轮回大苦海的惊涛骇浪当中，被层层的愚痴黑暗所蒙蔽，茫然不知取舍正道邪道，遇不到开示真实正道的善知识，孤苦伶仃，没有人救护，没有人援助，没有指望处也没有皈依处，犹如无依无靠漂泊在空旷荒野中的盲人一样，所有这些老母有情流转在这个轮回中，我独自一人获得解脱有什么用呢？因此我为了一切众生一定要发殊胜菩提心，随学往昔佛子菩萨们的广大行为，为了轮回中的芸芸苍生无一遗留全部获得解脱而精进修持，并尽可能多地念诵下面的发心偈：

ཧོཿ སྣ་ཚོགས་སྣང་བ་ཆུ་ཟླའི་རྫུན་རིས་ཀྱིསཿ
吙 那 凑 囊瓦切 得怎瑞 记
吙 种种显现水月幻化纹，
འཁོར་བ་ལུ་གུ་རྒྱུད་དུ་འཁྱམས་པའི་འགྲོཿ
扣 瓦乐革杰 德 恰 波 昼
相续漂泊轮回众有情
རང་རིག་འོད་གསལ་དབྱིངས་སུ་ངལ་གསོའི་ཕྱིརཿ
让 热 怄 萨 扬 色鄂 瘦 谢
为于自证光明界休息
ཚད་མེད་བཞི་ཡི་ངང་ནས་སེམས་བསྐྱེད་དོཿ
擦 美 月叶昂 内 塞 吉 斗
以四无量境界而发心

最后对一切圣众满怀虔诚的恭敬之心而观想：所有圣尊从边缘依次化光而融入中央三宝总集的上师中，上师也化光融入自身，依靠这种外缘使自相续了然生起皈依境尊众心相续中的胜义菩提心。再念诵发愿偈：“胜宝菩提心，未生令生起，已生令不退，愿其日增上。”并且以“文殊师利勇猛智，普贤慧行亦复然，我今回向诸善根，随彼一切常修学。三世诸佛所称叹，如是最胜诸大愿，我今回向诸善根，为得普贤殊胜行”等来作回向。

这样的发菩提心，已经完全概括了佛陀所宣说的八万四千法门的精华，可以说是有则皆足、无则皆缺的教言，相当于是百病一药的万应丹。其他所有积累资粮、净除业障、观修本尊、念诵咒语等等一切修法通通是为了使自相续生起珍宝菩提心的方便方法而已，如果不依靠菩提心，而凭借各自千差万别的途径都根本不能获得圆满正等觉果位。如果相续中生起了这颗菩提心，那么修持任何法全部都成了获得圆满佛果的因，所以我们不管在何时何地必须要通过多种方便来修学，想尽一切办法使自相续生起独一无二的这颗菩提心。

为自己宣讲菩提心窍诀的上师使自己迈入大乘圣道，因此与开示其他教言的上师相比，恩德更大更深。当年阿底峡尊者在提到其他上师的尊名时，双手合掌在胸前，当说到金洲上师的尊名时，双手合掌在头顶，并且一边流泪一边称呼上师的尊名。

弟子们问尊者道："尊者您在提到您诸位上师的尊名时，有这样的差别，到底是因为上师们相续中的功德大小有差别，还是对您的恩德深浅有差别呢？"

尊者回答："我的所有上师全部是大成就者，所以功德无有大小，而恩德却有着深浅的差别。我相续中的这少分菩提心就是依靠金洲上师的恩德才获得的，因此他老人家对我的恩德极大。"

发心时，生起菩提心是很重要，即所谓"发心不为主，生心乃为主"之说。所以自相续中一定要生起慈悲心、菩提心。反之，如果没有生起菩提心，只是口头上念诵数十万遍发心偈，也没有芝麻许的实义。如果已经在佛菩萨面前立下发菩提心的誓言，而没有实际去做，显然已经欺骗了诸佛菩萨，没有比这更严重的罪业了。因此，我们时时刻刻务必断除欺诳众生的行为，尽心尽力使相续生起菩提心。

丁三（愿行菩提心学处）分二：一、愿菩提心学处；二、行菩提心学处。

戊一（愿菩提心学处）分三：一、修自他平等菩提心；二、修自他相换菩提心；三、修自轻他重菩提心。

己一、修自他平等菩提心：

我们无始以来漂泊于此轮回大苦海的因，就是无有我而执著我、无有自己而执著自己，始终将自己放在最主要的位置，倍加珍爱。

所以，我们需要这样来观察：现在我不管是在何时何地，唯一希求的就是自我安乐而不希望感受一分一毫的痛苦，甚至自己的身上扎了一个小小的刺儿或者落了一颗火星也会马上感到疼痛难忍，口中情不自禁地发出“痛啊、痛啊”的叫声而无法忍耐。即使背上有个虱子叮咬也会勃然大怒生起嗔心，伸手抓搔着捉住它，放在一个指甲上，另一个指甲紧跟着用力挤压，甚至虱子已经死了，还因为余怒未消而两个手指不停地蹭来蹭去。当前大多数人都认为杀虱子没有罪过，但实际上这种杀虱子的行为完全是以嗔心引起的，因此绝对是堕入众合地狱的正因。对于我们自己来说，一般微小的痛苦也无法忍受却反过来损害其他众生，给他们造成巨大的痛苦，这种行为实在令人感到惭愧。其实，三界的所有这些众生也都同样渴求自己获得一切安乐而不希望遭受一丝一毫的痛苦，这一点与自己完全相同。虽然他们希求安乐、不愿受苦，可是却不知道奉行安乐之因——十善业，反而一味地将精力放在痛苦之因——十不善业上，所想与所行完全背道而驰。一向受苦受难的这一切众生，从无始以来没有一个未曾做过自己的父母亲。我如今有幸得到具足法相的殊胜上师摄受，已经迈进了正法之门，并且懂得了利害的差别，理所应当对被愚昧无知困惑着的一切老母有情与自己无有区别地慈爱救护，忍耐他们的邪行与偏执，也就是说，应该修持亲怨平等。

对于以上道理要反反复复地观修。

无论是何时何地，凡希望自己拥有利乐的事，也希望其他众生同样拥有；为自己获得安乐付出怎样的精勤努力，为他众获得安乐也应该付出同样的代价；自己连细微的痛苦也要努力舍弃，也应同样尽可能地解除他众的细微之苦；自己因为享受幸福安乐、丰厚受用等而欢欣喜悦，那么对于他众拥有幸福快乐受用也同样要发自内心地欢喜。总而言之，对于三界一切众生必须与自己毫无差别地看待，进而一心一意全力以赴地成办众生眼前与长远安乐的利益。

仲巴思那坚格西问单巴桑吉尊者："请您开示一句可概括所有法要的教言。"

尊者教诫道："您自己希望怎样，其他众生也希望那样，就这样修推己及人吧！"

所以，我们务必要根除珍爱自己、嗔恨他众的贪嗔恶心，平等地对待自己与他众。

己二、修自他相换菩提心：

修自他相换菩提心的方法：亲眼目睹遭受病痛、饥渴等痛苦的众生，或者在自己面前观想一位正在遭受痛苦逼迫的众生，当自己向外呼气的时候，观想自己的安乐、善妙、身体、受用以及善根等犹如脱下衣服给他穿上一样完全施给他，当向内吸气的时候，再观想他所有的一切痛苦一并吸入体内由自己来承担，由此他已经离苦得乐。这种施受法，要从一个众生到一切众生之间次第来观修。

在实际生活中，当自己遇到不如意及痛苦的时候也同样观想三界轮回之中有许许多多感受这样痛苦的众生，所有这些众生该是多么的可怜，愿他们的一切苦难都成熟于我的身上，所有这些众生都能离苦得乐，从内心深处反反复复地这样观修。当自己享有幸福快乐等之时，就观想：以我的这分安乐，愿所有众生都获得安乐。这种自他相换菩提心，是所有趋入大乘道的行人必修的无倒究竟精要，哪怕相续中生起一次这样的自他交换菩提心也能清净多生累劫的罪障，圆满广大福德智慧资粮，从恶趣、邪见之处获得解脱。下面以实例来说明：

经中记载：从前，我等大师释迦牟尼佛转生在拉马车的地狱中，当时与同伴嘎玛热巴一同拉地狱的马车，因为他们俩身单力薄拉不动马车而遭到狱卒们用炽燃的兵器锤打、猛击，极其痛苦。这时他想：我们俩拉马车也无法拉动，与其共同感受痛苦，还不如我独自拉车承担痛苦，让同伴获得安乐。于是便告诉狱卒们："请将同伴的绳子拴在我的脖子上，让我单独来拉马车。”

狱卒愤怒地说：“众生感受各自的业力谁有办法改变。”说完又用铁锤击打他的头。结果他以自己的善心力，顿时从地狱生到天界。这就是世尊利他的开端。[167]

此外，世尊曾经转生为商主匝哦之女时，也是因为相续中生起了自他相换菩提心而立即脱离恶趣的痛苦。

从前，有位匝哦施主，他所生的儿子都夭折了，一次又生了一个儿子，为了能使他生存下来而给他取名为匝哦之女[168]。一次施主去大海中取宝，结果船毁人亡。

儿子长大以后问母亲：“父亲是什么种姓？”

母亲心想：如果一五一十地告诉他，他一定会去大海中取宝。于是便妄言说：“你的父亲是卖粮的种姓。”

所以他也去卖粮食。每天赚得四个嘎夏巴[169]孝敬母亲。

卖粮食的同行们对他说：“你不是卖粮食的种姓，经营粮食是不合理的。”而禁止他卖粮食。

他返回家中又问母亲：“父亲到底是什么种姓？”

母亲告诉他说：“是卖香的种姓。”他又去卖香，每天赚得八个嘎夏巴供养母亲。那些卖香的人又同样禁止他卖香。

母亲又告诉他说：“父亲是卖衣服的种姓。”他又去卖衣服，每天赚得十六个嘎夏巴交给母亲，卖衣服的人又禁止他卖衣服。

母亲又告诉他：“你是卖珍宝的种姓。”于是他又去经销珍宝，每天赚得三十二个嘎夏巴也供养母亲。

---

[167]详见《大方便佛报恩经》《贤愚经》。

[168]匝哦之女：这属印度一种民俗，为使自己的孩子活下去便取不好的名字或取女人之名。

[169]嘎夏巴：印度货币的名称。

后来，当地的其他商人告诉他："你是赴海取宝的种姓，理应去从事自己种姓的行业。"

他回到家中对母亲说："我是商人种姓，所以一定要赴海取宝。"

母亲说："虽然你是商人种姓，但你的父亲和祖辈们全部是因为去大海取宝而丧命的，如果你去也定是死路一条，千万不要去，还是在本地经营买卖吧。"

可是他执意不听，准备好赴海时所需的一切资具。临行时母亲实在难以割舍，不肯放他走，一边扯着他的衣服一边哭泣。

他怒气冲冲地说："在我今天要去大海取宝的这时候，你却这样不吉祥地哭哭啼啼。"说完用脚狠狠地踢母亲的头，然后一走了之。

在海上航行过程中船只毁坏，他们所有的人沉入海中，大多数人都已命绝身亡。他抓住一块扁木而漂到一个海岛上，那里有一座名叫欢喜的城市，他来到庄严、悦意的珍宝宫殿，里面出现四名美丽的天女，铺设柔软坐垫，供上三白三甜。当他准备出发时，她们告诉他："如果继续前行，千万不要向南方走，否则会有灾难出现，很危险。"

但是他没有听，仍旧前往南方，来到比前面欢喜城更为庄严的具喜城，有八名美貌天女如前一样恭敬承侍，并对他说："不要朝南方走，否则会有灾难。"

但他还是不听，继续向南方走，到达比具喜城更圆满的香醉城，有十六名美女前来迎接承侍，又告诉他："不要向南方走了，否则会大难临头。"

可是他仍然向南方走去。来到一座高耸入云的白色城堡——梵师城堡，有三十二位美丽天女迎接他，铺设柔软坐垫，供上三白三甜，对他说："住在这里吧。"然而他却仍旧想走，临行之时天女们又告诉他："如果您非要走，万万不要再向南方去，否则定会大难临头的。"

但他无论如何偏偏就是想往南方走，于是继续向南方走去。到了一座高入云霄的铁建筑门前，有一个赤目凶恶的黑人手持长长的铁棒，他问黑人："这屋里有什么？"黑人沉默不语。

他到近前去，结果看到有许多同样的人，吓得他毛骨悚然，口中喊着："罪过罪过，真的出现灾难了。"他一边想一边身不由己走进那座建筑物中，只见有一个人正在遭受着铁轮在头部旋转的痛苦，白色的脑浆四处喷射。他问："你造了什么业？"

那人回答："我曾经用脚踢母亲的头，现在感受这一业力的异熟果报，你为什么不在梵师城中享受幸福快乐，反而来此自讨苦吃呢？"

他想：那么说我也同样是由这种业力牵引而来到这里的。紧接着，从空中传来"愿束缚者得解脱，愿解脱者受束缚"的声音，顷刻之间铁轮飞转直下降落到他的头上，他也如前一样白色脑浆四处喷射，感受了难以忍受的剧烈疼痛。以此为缘，他对与自己同样的一切有情生起了强烈的悲心。他想：在这个轮回当中还有许许多多像我一样用脚踢母亲的头而感受这种痛苦的众生，愿所有这些众生的痛苦都成熟在我的身上，由我一人来代受，愿其他一切有情生生世世不再感受这样的痛苦！他刚刚萌生起这样的念头，铁轮便腾空而起，他从痛苦中解脱出来，而在空中七肘高处相安无事，享受快乐。[170]

这样的自他相换菩提心是在修行菩提的过程中必不可少的究竟正法，往昔噶当派的格西们也将这一自他相换作为修行的核心。从前，对于新旧派众多教法以及因明经论无不精通的恰卡瓦格西，一次来到甲向瓦格西家中，看见他的枕边有一个小经函，顺手打开翻阅，当看到了其中的"亏损失败自取受，利益胜利奉献他"，他觉得这实在是稀有的法，于是便问："这是什么法？"

甲向瓦格西告诉他："这是朗日塘巴尊者所造的《修心八颂》（中第

---

[170]详见《杂宝藏经》之"慈童女缘"。

五颂的后半偈）。”

他又问：“那么，谁有这一窍诀的传承呢？”

甲向瓦格西说：“朗日塘巴尊者本人有。”

听到此话，恰卡瓦格西迫不及待地想去求此法，于是立即起程前往拉萨。到了拉萨以后数日之中他一边转绕（觉沃佛像一边打听消息）。一天傍晚，从朗塘地方来了一位麻风病患者（，恰卡瓦格西向他询问朗日塘巴尊者的消息）。

他告诉格西：“朗日塘巴尊者已经圆寂了。”

格西问：“谁是尊者的继承人呢？”

那人说：“向雄巴格西与多德巴格西，但是他们二人关于谁做法主之事意见不一。”

实际上，那二位格西并不是为了争取自己做法主而发生争执造成意见不合的，而是互相推让法主之位。向雄巴格西对多德巴格西说：“您年长，（经验丰富、德高望重，）请您做法主，我会像恭敬朗日塘巴尊者一样恭敬承侍您的。”

多德巴格西说：“您年轻有为、学识渊博，理应住持寺庙。”

二位格西本来是这样互相观清净心的，但是恰卡瓦格西却错误地听成他们为继承上师的法位而不和，心想他们肯定没有此法的传承，现在谁还会有此法的传承呢？格西到处询问，有人告诉他夏日瓦格西有真正的传承。（于是他便前去拜见，）当时夏日瓦格西正为数千僧众传讲众多经论，恰卡瓦格西听了几天，但是对他所要求的法却只字未提。他想：不知这位格西到底有没有此法的传承，应当问清楚，如果有传承我就住下，假设没有传承我就离开。一天，在夏日瓦格西绕塔的时候，他来到格西面前，将自己的披单铺在地上，请求夏日瓦格西在此稍坐片刻，有一问题请教。

上师说：“尊者，您有什么未能解决的事情，我是在一垫上圆满一切所愿的。”

恰卡瓦格西说："我曾看见'亏损失败自取受，利益胜利奉献他'的法语，这一法与我的心很相应，不知此法深浅如何？"

上师说："尊者内心与此法相应也好，不相应也好，如果不想成佛也就另当别论，只要想成佛，那么此法必不可缺。"

他又接着问："请问上师您有此法的传承吗？"

上师说："我确有此传承，这也是我所有修法中最主要的法门。"

他请求道："那么请尊者赐给我传承。"

上师说："如果您能长期住在这里，我可以传给您。"于是恰卡瓦格西在六年当中依止了夏日瓦上师，这期间上师唯一传授《修心八颂》，他也是一心专修，最后完全断除了珍爱自己的执著。

修持自他相换菩提心，今生中可以祛除病痛、解除忧苦，并且降伏鬼神、魔障等也再没有比这更殊胜的窍诀了，所以我们应当随时随地将珍爱自己的恶心弃如剧毒，努力修持自他相换菩提心。

己三、修自轻他重菩提心：

观想自己无论住于轮回还是堕入地狱，病也好痛也好，遭受任何不幸都可忍受，并且但愿其他众生的痛苦成熟于我的身上，愿我所有的安乐与善果他们能圆满具足！内心深处思维并付诸于实际行动。关于这方面的实例，诸如阿底峡尊者的上师仁慈瑜伽、达玛日杰达，我等大师释迦佛曾转生为莲花国王、投生为乌龟以及转生为宝髻国王时的感人事迹等等。

仁慈瑜伽上师在讲法时，有一个人用石头打狗，上师喊着"痛啊痛"而栽倒在法座上。在场的其他人看到那条狗安然无事，都认为上师在故弄玄虚、装腔作势。仁慈瑜伽上师知道他们心中的想法，于是便将背部显示给众人看，人们清晰地看见上师的背上在那条狗遭受击打的同样部位已经高高肿起。众人才对上师真正地代受狗遭石击的痛苦这一点坚信不疑。

再有，上师达玛日杰达最初是声闻有部的一位班智达，虽然前半生从来没有听过大乘法，却安住在大乘种性中，不经勤作自然而然具有大悲心。一次，他的邻居患了一种严重疾病。医生说：“治疗此病需要活人的肉，如果有就能够治愈，但不可能找到，看来没有其他的办法了。”

达玛日杰达上师说：“如果能治愈他的病，我施给肉。”说完便割下自己大腿的肉交给他。病人吃了肉，果然见效。达玛日杰达尊者由于当时还没有证悟空性而感受了剧烈的疼痛，但因为悲心极其强烈而并没有生起后悔之心。他问病人：“您感觉好些了吗？”

那人说：“是的，我的病已经好了，却给您带来了痛苦。”

尊者说：“只要您安乐，即便是死我也心甘情愿忍受。”因为疼痛难忍，晚上根本无法入睡。到了黎明时才稍稍入睡，梦中出现一位身着白衣之人对他说：“要想获得菩提必须经历像您这样的苦行，善哉！善哉！”之后用唾液涂抹他的伤口，用手擦拭。他醒来以后伤口果真已经完全康复如初而没有留下任何痕迹。梦中的人就是大悲观音。从此以后，尊者相续中如理如实地证悟了实相密意，并且对龙树菩萨所著的中观理集五论[171]词句全部能够朗朗流畅地背诵。

世尊转生为莲花国王时，一次他的领土内发生了一场严重的瘟疫，许多人因此而丧生。国王唤来医生问：“如何才能有效地消除瘟疫？”

医生回禀：“如果有如河达鱼的肉便可医治，其他的办法因为瘟疫之毒所遮蔽而无法知晓。”

听到此话，国王选择了一良辰吉日，清晨沐浴、更衣、受持八关斋戒、对三宝做了广大供养、猛烈祈祷之后便发愿：愿我死后立即转生为斗雪河中的如河达鱼。说罢便从数百丈高的皇宫上纵身跳下，结果即刻化生为斗雪河中的如河达鱼。接着那条鱼以人语对众人说：“我是如河达鱼，你们取我的肉吃吧！”于是众人纷纷割取它的肉，身体的一侧被割完后，它又翻到另一侧让人割，一侧的肉割下后，又长出来，就这样轮番交替。

---

[171]中观理集五论：古印度龙树论师著的《中论》《回诤论》《七十空性论》《六十正理论》《细研磨论》。

食用鱼肉后，所有的病人全部恢复了健康。那条鱼又对众人说："我就是你们的莲花国王，为了让你们摆脱疾病而舍弃自己的性命转生为如河达鱼，你们如果想报答我的恩德，就应该竭尽全力断恶行善。"众人也依照它的教诲去做。从此之后，他们都没有堕入恶趣与邪道中。[172]

此外，世尊曾经投生为一只庞大的乌龟，有五百商人去大海取宝的途中，船只毁坏，接近死亡。这时，乌龟以人语对他们说："你们全部骑在我的身上，我救渡你们到彼岸！"于是它将所有商人载到岸边。因为疲惫至极，一到岸边它就睡着了。这时有八万只蚊子一起吸吮着它的鲜血。乌龟醒来后，看到这种情景，心想：如果回到水中或者就地翻滚，恐怕这些蚊子就会死亡，于是它依然如故地躺在那里，舍弃了身体与性命。世尊成佛时，当时的八万只蚊子转生为八万天子前来闻法，最后现见真谛。[173]

（世尊曾转为宝髻国王的公案：）曾经在夏给达国境，金髻国王与王妃妙丽欢喜母生了一位太子，他的头上天生具有一个珍宝顶髻，从顶髻上降下的甘露可以触铁成金，因此给太子取名为宝髻。太子诞生之时，空中也降下各种各样的珍宝妙雨，他还有一头堪为大象之最的"妙山"宝象。宝髻太子（继承王位以后）如理如法治理国家，经常发放广大布施，使得整个国内杜绝了贫穷与乞丐。

折克仙人有一位从莲花中出生的标致美女，供养给宝髻王做王妃。她生下一位太子，与宝髻国王一模一样，取名为莲髻。一次国王广行供施，宴请折克仙人、难忍国王等诸多人士。

当时帝释天为了观察国王的意乐而摇身变成罗刹从护摩[174]火中出现，来到国王面前乞讨饮食。国王给了他各种美味佳肴，他都全然拒绝并微笑着说："我需要的是刚刚宰杀的动物的温热血肉。"国王有点为难，

---

[172]详见《生经》中"萨和达国王"的公案。

[173]详见《根本说一切有部毗奈耶破僧事（卷11）》。

[174]护摩：火供，烧施。燃烧有浆树枝等进行的火祭。

心想：如果不损害众生就无法得到那样的血肉，可是我本人宁愿舍弃自己的生命也绝不能损害其他众生，假设不给他，这个罗刹也会深感失望，这该如何是好呢？转念又一想：看来现在布施自己血肉的时刻已经到来了。于是说：“就将我自己的血肉给你吧！”

众眷属惊慌失措万分焦急，百般劝阻也阻止不了。

国王用针刺破自己的细顶脉[175]供罗刹饮血，罗刹一直饮到完全满足为止。之后，国王又割下自己的肉给他吃，他也是一直吃到显露白骨才肯罢休。

众眷属十分悲痛，尤其是王妃因为悲伤过度而昏倒在地。

国王还没有丧失意念，这时帝释天无比欢喜地说：“我是帝释，不希求血肉，请中止布施吧！”说完便取出天人的甘露加持国王的伤口，随即国王也完全恢复如初了。

后来，国王将妙山宝象赐给了辅佐自己的大臣梵车。

当时玛热贼仙人有一位已经获得禅定的弟子来到，国王十分恭敬地问道：“您需要什么？”

那位弟子说：“我的上师传授给我吠陀[176]知识，我要报答师尊的恩德，他老人家现已年迈，身边没有侍者服侍，我想供养上师侍者，特来乞讨您的王妃与王子。”

国王也应允了，于是那人便将王妃与王子带回去供养了上师。

难忍国王酷爱那只宝象，返回自己领土后派人送信，告诉宝髻国王：“必须将宝象给我。”

宝髻国王答复说：“我已经将宝象给予婆罗门了。”

可是他执意不听，并且扬言“如若不给宝象，便要动用武力”。随后

[175]细顶脉：由锁骨上行四指处，能现三脉即居中，能现二脉即居后，与耳垂平齐之剖刺脉道。剖此放血，能治脑虫、肺、心热邪、牙痛、胸血亢盛等病。

[176]吠陀：经籍，特指印度古典教文化书籍。旧译明论，梵音译为韦陀典或吠陀典。

发动大批军队。

宝髻国王十分伤感地说："唉，由利欲熏心所牵制，最为亲密的朋友瞬间也会变为最大的仇敌。"心中思量：如果我率兵迎战倒是很容易取胜，但这样必定会伤害许多众生，还是三十六计走为上策。正在这时，四位独觉降临在他面前说：大王前往森林的时间已到。然后依靠神变将国王带到了林间。

当时，宝髻王手下的诸位大臣前往玛热贼仙人处索要莲髻王子，仙人也予以归还。后来王子作为首领，率领军队与难忍国王交战，结果大获全胜。

难忍国王惨败之后逃回自己的国家。因为当时难忍国王品质恶劣、行为卑鄙而导致他的领土内发生了一场严重的疾疫与饥荒。难忍国王问诸位婆罗门："如何才能有效地消除疾疫与饥荒？"

众婆罗门回答说："如果有宝髻国王的顶髻就会有效，应该前去索求。"

国王说："他可能不会给吧。"

他们说："众所周知'宝髻国王无所不施'，任何东西都会给的。"

于是难忍国王派遣一名婆罗门前去索求。

当时宝髻国王在林间到处观赏悠闲漫步，不知不觉走到了玛热贼仙人所在地的附近。此时宝髻国王的王妃到林中寻找树根树叶等，遇到了一个猎人。猎人对王妃生起贪爱之心。正当处境十分危险之际，王妃祈祷："宝髻国王救护我。"并失声痛哭。

国王远远听到她的声音，前去看看到底发生了什么事。

猎人看到国王从远处而来，误以为是仙人，因为害怕恶咒而惊慌逃走了。

国王看到曾经拥有国政、无比安乐而如今感受如此痛苦的王妃，十分悲伤，不禁慨叹道："呜呼，一切有为法，皆无可信矣！"

这时，难忍国王所派的婆罗门来到宝髻国王面前，讲述了事情的经过后，索要顶髻。国王说："你自己斩断拿去吧！"婆罗门砍断顶髻后带回本国，结果遣除了难忍国境内所有的疾疫与饥荒。宝髻国王因为被斩断顶髻的疼痛为缘，对那些热地狱的有情生起了猛烈悲心以至于昏倒在地。顿时祥兆纷呈，由此感召诸多天众及国王的许多眷属云集在此处。他们问："陛下，发生了什么事？"

国王站立起来，用手稍微擦拭一下脸上的鲜血说："难忍国王要去了顶髻。"

眷属问："布施顶髻陛下心中有何希望呢？"

国王回答："除了期望消除难忍国境内的疾疫与饥荒之外，无有丝毫自私之心，但是恒时怀有一个强烈的愿望。"

眷属问："那是什么呢？"

国王回答："希望能救护一切众生！"

眷属问："布施顶髻后，陛下有没有生后悔之心呢？"

国王说："并没有生起追悔之心。"

眷属说："看到陛下疲惫的表情，实在难以令人相信。"

国王发誓道："如果我对难忍国王的眷属带走我的顶髻未生起追悔之心，愿我的身体恢复如初！"话音刚落，国王的身体便恢复如初。

众眷属祈求国王返回皇宫，国王没有应允。

这时四位独觉来到宝髻王前说："您对怨敌也能饶益，为何要舍弃亲友呢？如今理当回归国土。"于是国王回到宫中，给诸眷属带来无比的利乐。

戊二（行菩提心学处）分六：一、布施；二、持戒；三、安忍；四、精进；五、静虑；六、智慧。

己一（布施）分三：一、财施；二、法施；三、无畏施。

庚一、财施：

财施又包括普通布施、广大布施、极大布施三种。

普通布施是指包括一把茶叶、一碗青稞以上的财物施舍给其他众生。如果自己的意乐清净，那么所施舍的财物无有大小多少之别，如《三十五佛忏悔文》中说："乃至施与旁生一口食物之善根……"佛陀是善巧方便与大慈大悲的主尊，我们如果依靠佛陀所说的陀罗尼[177]咒与密咒的威力，仅仅做一滴水、一粒米的布施，也能利益恒河沙数的饿鬼。做素烟、荤烟[178]等佛事也能对空游饿鬼有极大的利益，依此使那些以有情生命为食的厉鬼非人暂时享用焦烟味得到满足。并依靠（念诵仪轨等）的法施令它们相续获得解脱等，从而不再损害有情生命，由此解除许多众生死亡的怖畏，因此也是一种无畏施。实际上，烧焦烟已经具足了三种布施。所以，水施、焦烟施等，是简便易行、事半功倍之法。每年进行水施十万遍，平时也不间断进行水施和焦烟施，这一点相当相当重要。

相反，如果自己拥有少许财产受用便紧紧守护死执不放，舍不得用在今生、来世有意义的事上，无论有多少，却总是认为一无所有，口中也说些可怜兮兮的绝望之语，那么这些人现在就已经感受了饿鬼的等流果。我们万万不要这样，而应当尽己所能上供三宝福田、下施贫穷乞丐等。如米拉日巴尊者也亲口说："取出口中之食而作布施。"否则，如果始终围绕着自私自利的心，受它控制，那么即使一个人拥有整个南赡部洲的所有财富，他也不会满足。根本不肯从自己拥有的钱财中拿出分文来上供下施，常常抱着"我以后从别处得到更多财富时再作供施"的念头。

---

[177]陀罗尼：总持，执持。以持久不忘诸法词义的念力和神验莫测的智力为其体性，以受持善法，遮止不善法为其功用。

[178]素烟、荤烟：焦烟，旧俗布施给一切"中有"鬼物的糌粑火烟。焦烟分为素烟与荤烟二种，素烟，即混有乳、酥三素的糌粑火烟；荤烟，即混有血、肉、脂三荤的糌粑火烟。

一般来说，财施等以财物作功德主要是对在家菩萨而言的，作为出家人，唯一要修学知足少欲，依于深山静寺，历经苦行坚韧不拔地实修圣道三学，这一点极为重要。有些出家人放弃自己本该做的（闻思修行）善事，整天周旋于经商、务农等等俗事当中，通过欺骗手段及为非作歹的方式积累财物，自以为进行上供下施等是在做功德、修善法，实际上这种做法没有任何实义。正如单巴仁波切所说："若不如法而行法，正法反成恶趣因。"所以，随时随地始终如一地做到知足少欲实在难能可贵。

广大布施：也就是说，将自己拥有的骏马、大象以及儿女等自己最为忠爱之人以及珍贵稀有之物施予他众。

极大布施：是指布施自己的身体、生命及肢体等等。比如，大勇王子将自己的身体布施给母虎、龙树阿阇黎将头施予乐行王子、蔓德贤公主将身体施给母虎等等。当然，这些行为除了得地菩萨之外，凡夫普通人不能直接实践。现在我们可以在心里观想将身体性命及一切受用无有贪执地回向众生，并且发愿以后能够身体力行直接布施。

庚二、法施：

所谓的法施，就是指为他众灌顶、传法、念传承等等想方设法令他们相续奉行善法之举。然而，我们没有从根本上尽除私心杂念之前，表面上成办利他之事，也只是影像罢了，不能利益众生。

众弟子曾经问阿底峡尊者："何时方可摄受眷属？何时方可行利他之事？何时才可超度亡灵？"

尊者回答："证悟了空性并且具足神通之时方可摄受眷属；自私自利之心断尽之时方可行饶益他众；获得见道之后方可超度亡灵。"此外尊者也曾说过："如今五浊之恶世，非为装模作样时，乃为策励精进时；非为寻求高位时，乃为置于卑位时；非为摄受眷仆时，乃为依止静处时；非为调化弟子时，乃为调伏自心时；非为随持词句时，乃为思维意义时；非为到处游逛时，乃为安住一处时。"

另有，三同门曾经问仲敦巴格西：“在寂静处修行与以正法饶益众生，这二者当中哪一个更为重要？”

仲敦巴格西答道：“对于自相续没有任何验相及证悟的初学者来说，以正法饶益众生也不会有什么收益，他们的加持犹如倾倒空器一般，从中不会得到任何加持，他们的窍诀就像没有经过按压的酒糟酿出的薄酒一样没有任何纯酿的滋味；就算是获得了暖相而尚未稳固的胜解行修行人也不能行利益众生之事，他们的加持犹如倾倒满瓶一样，使别人满满充盈，自己却变成空空如也，他们的窍诀如同将火炬传递给别人一般，使他人光明通亮，自己却成为漆黑一片；只有得地的菩萨才能真正成办利益众生之事，他们的加持犹如妙瓶的成就，既能成熟他众，也不会使自己空空荡荡而始终满满当当，他们的窍诀就像酥油主灯一样，既能点亮其他油灯，也不会使自己有所障蔽。”

现今处在五浊恶世，作为凡夫人，本该在寂静处修持慈悲心、菩提心，不是直接饶益众生的时候，而是遣除自相续烦恼的时候，比如说，不是斩断名贵药树苗芽的时候，而是保护它的时候。因此，直接对众生进行法布施稍有困难。自己没有真修实证而为他人讲经说法，对他人起不到什么作用。假设依靠传讲佛法而收集供养及财利，那么就成了印度单巴仁波切所说的将正法作为得财之商品了。所以，在自私自利的心念还没有断尽之前，不要急急忙忙地去利益他众，而要在自己念经诵咒、读诵佛经论典等时发愿：但愿白法方面的鬼神们听到这些后相续得以解脱，在念诵水施、施身等仪轨的结尾时，也要念“诸恶莫作，诸善奉行，自净其意，是诸佛教”。唯一做这种法布施就可以。一旦自己的私心杂念完全断尽，一刹那也不要处在安闲寂乐的状态中，这说明主要一心一意利益他众的时刻已经到了。

庚三、无畏施：

对于无有救护者的众生，作为他们的救护者；无有怙主的众生，作为他们的怙主；无有亲友的众生，作为他们的亲友……尤其是世尊曾经说过：一切有为的善法中，救护有情的生命，功德利益最大。因此，那些有权有势的人应该下令禁止渔猎。其他人也要随心随力救护某些被带到屠宰场即将被杀的羊只以及濒临死亡的鱼儿、虫蝇等等。总之，我们要在实际行动中，千方百计不遗余力地利益众生。

上述布施，也是密宗三昧耶戒中最主要的部分。如《受持五部律仪续》中说："宝部三昧耶，恒行四布施。"

己二（持戒）分三：一、严禁恶行戒；二、摄集善法戒；三、饶益有情戒。

庚一、严禁恶行戒：

所谓的严禁恶行戒，也就是指身语意三门要如毒一样断除所有对他不利的十不善业。

庚二、摄集善法戒：

所谓的摄集善法戒，就是说，随时随地竭尽全力奉行包括微乎其微善根在内的一切善事。本来世间也有此类俗话："顺口顺手也可行善事，随行随住也会造恶业。"

因此，我们随时随地如果没有以正知正念不放逸来观察，没有认真努力地取舍善恶，甚至仅仅在游戏当中也可能积累下许多严重的罪业。如《贤愚经》颂云："莫想罪微小，无害而轻蔑，火星虽微小，可焚如山草。"

相反，如果我们随时随地提起正知正念而实地行持，那么随随便便中也会积累不可思议的善业资粮，甚至当看到路旁一刻有观音心咒的石堆时，也立即脱帽、恭敬右绕而行，并以三殊胜来摄持，这样一来就成了圆满无上菩提的无倒之因。如《贤愚经》颂云："莫想善微小，无益而轻视，水滴若积聚，渐次满大器。"曾经有一头猪被一条狗追赶而转绕佛塔，又有七只昆虫从树叶上落到水中而随波逐流右转水中的佛塔七圈，也成了解脱之因。所以我们不管何时何地，一定要尽最大努力断除包括一毫一厘在内的所有恶业，积累包括一丝一毫在内的一切善业，并将一切善根回向众生。这一摄集善法戒实际已涵盖了菩萨的所有学处及律仪。

庚三、饶益有情戒：

正像前文中所阐述的那样，当从根本上断尽自私自利心态的时候，就要勤勤恳恳地依靠四摄直接成办利益众生的事业。而在初学的阶段，无论行持任何断恶从善的学处，都包括在以三殊胜摄持而回向一切众生当中。

己三（安忍）分三：一、忍辱他人邪行之安忍；二、忍耐求法苦行之安忍；三、不畏甚深法义之安忍。

庚一、忍辱他人邪行之安忍：

别人当面对自己拳打脚踢、强抢硬夺、恶语中伤以及暗中说些难听刺耳的话等，我们不但不该对他们满怀嗔怒，反而应当生起慈悲之心饶益他们。否则，如果随着忿恨的心态所转，就会导致所谓的“嗔恨摧毁千劫所积之资粮”的后果，《入行论》中说：“一嗔能摧毁，千劫所积聚，施供善逝等，一切诸福善。”又说：“罪业莫过嗔，难行莫胜忍，故应以众理，努力修安忍。”

想到嗔恚的过患以后，我们随时随地要努力修持安忍。正如印度单巴仁波切所说：“嗔敌乃是业力迷乱现，当断嗔恚恶心当热瓦。”

阿底峡尊者也曾亲口说过：“不嗔作害者，若嗔作害者，如何修安忍？”

所以，当有人对自己出言不逊或无辜加害等等之时，我们如果能断除自己嗔怒、怀恨的心理，就能净除诸多罪障，依靠安忍可以圆满广大的资粮。因此需要将加害者看成上师一样，所说的“若无生嗔境，于谁修安忍”也在于此。

当今时代有人说：“某某是一位好上师或好比丘，只是嗔恨心很大。”其实在世界上没有一个比嗔恨更严重的过失了，怎么会有嗔恨心大的同时又是一位好上师或者好比丘的人呢？如印度单巴仁波切也说：“百种贪心之业不及一刹那嗔心罪业大。”很显然，口出此言的人并没有懂得这一道理。

作为正法真正融入相续的修行人，身语意三门就像脚踩在棉花上或者米粥里加入酥油一样柔软、调和。相反，自己成办区区善事或护持一分净戒就认为我已经如何如何了不起，相续中常常充满我慢，对方言词稍有不当便说：“他轻视、侮辱了我！”心中愤愤然、气冲冲，这说明正法与自相续已经脱离开了，是自心丝毫也没有得受法益的标志。如金厄瓦格西说：“我们越闻思修行我执越重，而忍耐力比新肌[179]还弱，比心量狭小的卫藏厉鬼[180]更加暴躁易怒，这是闻思修已经颠倒的标志。”

因此，我们随时随地都要谦虚谨慎、身居卑位、身着破衣、恭敬上中下所有的人，以慈悲菩提心作为基础，以正法调伏自相续，这才是修行的无误要点，它已远远胜过了无益于自心成千上万的高高见解及甚深修行。

庚二、忍耐求法苦行之安忍：

为了成就正法必须要不顾一切艰难困苦、严寒酷暑来修行。如续部中说：“越过刀山与火海，舍身赴死求正法。”又如往昔诸噶当派大德所谓的四依处：“心依于法、法依于贫、贫依于死、死依于干涸之壑。”

可是，如今我们有些人却认为修法不需要丝毫苦行与精进，抱着在成办今生俗世间事情的同时拥有幸福、安乐、名誉当中修成正法的奢望，还有人觉得这种情况在别人身上也是有的，并且说：“某某人是一位贤善上师，世间法出世间法都圆融无碍。”

怎么会有办法使世间、出世间法两全其美呢？自以为世间法、出世间法二者兼而有之的那些人，肯定只能是在世间法方面比较突出，而绝对不可能具备真正的出世间法。凡是想世间、出世间法一举两得的人，就好像

---

[179]新肌：伤口或疮口愈合时所生嫩肉。

[180]卫藏厉鬼：当地一种鬼神，据说心胸狭窄嫉妒心极强，对其稍有不满便立即制造违缘。

认为有两个尖端的针可以缝纫，或者水火可以放在同一器内，以及可同时乘骑向上向下行驰的两匹马一样，显而易见，这种情况是根本不可能实现的。在世界上没有任何一位补特伽罗能胜过我等大师释迦牟尼佛的，但佛陀也没有想出世间法与出世间法同时成就的方法，因此犹如丢唾液般舍弃了转轮王的国政，到尼连禅河畔在六年里历经苦行精进修行，期间每一年只喝一滴水、吃一粒米。

米拉日巴尊者也是同样，修行时口中无食，背上无衣，仅仅依靠野菜充饥果腹而修行，结果整个身体形似骷髅，身上绿毛丛生，长吸血虫，致使别人看到时认不出他到底是人还是鬼，是这样坚定不移、饱经沧桑、励力精进修持正法的。这说明世间法与出世间法不可能同时成办，不然，米拉日巴尊者怎么会不知道想尽办法同时成就世间法与出世间法呢?

此外，大成就者金刚镜也是在九年当中只靠着吃拉刻树皮而修持正法最后获得成就的。

全知无垢光尊者也是同样，数月当中仅仅以二十一颗水银丸维生，下雪的时候钻进牛毛袋子里，这个袋子既作衣服又当坐垫，在出世间法方面历尽苦行。诸如此类的公案相当多。

往昔所有的成就者全部是将现世的琐事抛于脑后、历经苦行、精进修持而获得成就的，没有任何一人，是在成办现世俗事的同时、在具足幸福安乐名誉当中顺便修行而得成就的。持明无畏洲也说：“修行人如若丰衣足食、住处舒适、施主贤善等样样具足，那样正法还没有成就之前魔法已经成就了。”

又如夏日瓦格西说：“如果从内心深处想修法，那么必须自心依于贫穷，贫穷一直到死亡。假设能生起这样的意念，那么天、人、鬼三者必定不会使其为难。”

如米拉日巴尊者说：“我病无人问，若死无人哭，能死此山中，瑜伽心意足。门外无人迹，室内无血迹，能死此山中，瑜伽心意足。何去无人问，此去无定处，能死此山中，瑜伽心意足。腐尸为虫食，血脉为蚊吸，能死此山中，瑜伽心意足。”

所以，我们必须放下一切现世的贪著使之随风而去，不顾一切艰难困苦、酷暑严寒而修行正法。

庚三、不畏甚深法义之安忍：

当听闻到甚深的空性实相，尤其是远离勤作自性大圆满实相的精要，超越善恶因果的十二金刚大笑、稀有八句[181]等法语时，切切不可生起邪见，并且要千方百计毫不颠倒地受持它们的密意。否则，如果生邪见或进行诽谤，就称为舍法罪，这种罪业是无数劫中不能从地狱深渊中得解脱之因。如乔美仁波切说：“（闻善功德恶过患，地狱痛苦寿量等，认为不实仅说法，）此罪重于五无间，发露忏悔无解罪。”

曾经有两位秉持十二头陀行[182]的印度比丘来到阿底峡尊者面前。当尊者宣说人无我时，他们二人满怀欢喜。当讲到法无我时，二人惊恐万分，说道：“太可怕了，请尊者切莫如此宣讲。”当听到讽诵《心经》之时，二人双手捂着耳朵。

尊者十分伤感地说：“如果没有以慈悲心、菩提心修炼自心，对甚深法义不起诚信，而仅仅依靠护持一分清净戒律是不能获得任何成就的！”

往昔佛陀在世时，也有许多具增上慢的比丘听到宣讲甚深空性实义时口吐鲜血而亡并堕入地狱的公案。因此我们应当对甚深正法以及宣讲此法的补特伽罗从内心深处生起胜解、恭敬诚信。倘若因为自己智慧浅薄而实

[181]十二金刚大笑、稀有八句：法王如意宝晋美彭措的《直断要诀释》中有明释。

[182]十二头陀行：十二杜多功德。即：持粪扫衣、但持三衣、但持毳衣、但一座食、次第乞食、不作余食、处阿兰若、常住树下、常露地坐、常住冢间、长期端坐、随处而坐。如此十二种苦行，佛家用以针对修治贪著衣食居住，抖擞烦恼之行，名头陀行。

在生不起胜解，那么尽力断除妄加诽谤也格外重要。

己四（精进）分三：一、擐甲精进；二、加行精进；三、不满精进。

庚一、擐甲精进：

当听到往昔诸圣者前辈、诸佛菩萨的事迹行为以及为求正法历尽苦行的历史传记等如何如何时，不能认为“因为他们是佛菩萨才能做到那样苦行，我们怎么能够做到呢”，进而懒散、懈怠。而应当思维：他们就是这样修行而获得成就的，我作为他们的追随者，虽然不能胜过他们，但必定能获得同等的成就。如果他们也需要经历那样的苦行策励精进，那么我们这些为深重恶业所迫、无始以来未曾修持过正法的人为何不需要苦行与精进呢？所以我们要在心里想，如今已获得暇满人身、有幸遇到了具足法相的上师、听受了甚深教言、具有如理修持正法的缘分，此时此刻怎么能不历尽苦难、肩负重担，不惜抛头颅洒热血，诚心诚意来修持正法呢？一定要立下这样的誓愿。

庚二、加行精进：

虽然心里有求法修法的念头，但一直在明日复明日中耗尽人生岁月，我们必须断除这种怀着修持正法的愿望而虚度人生的现象。如哲白莲大师说：“人生犹如屠场畜，过一瞬间死亦临，今复明日久蹉跎，终于榻中呼号矣。”

因此，我们一定要刻不容缓地修持正法，就像懦夫怀里钻进蛇或者美女头上着火一样急不可待，彻底放下、完全舍弃今生世间的一切琐事，毫不迟疑地致力于佛法。否则，红尘的琐事没完没了地接踵而至、此起彼伏，犹如水的波纹一般，始终空不出一个修法的时间。一旦自己下定决心放下世间琐事，也就是琐事完结的时候。正如全知无垢光尊者说：“世间琐事死亦无完时，何时放下即了乃规律。”又说：“所作所为如儿戏，做无终了放则了。”所以说，当生起想修正法的心念时，要以无常来激励自己，一刹那也不能懒懒散散、拖拖拉拉，一定要当机立断修持正法。这以上讲的就是加行精进。

庚三、不满精进：

所谓的不满精进，就是说，当自己在闭关修行、观修本尊、诵经念咒、行持善法等方面稍有成就之时，千万不能以此为满足，而务必要发誓：活到老修到老。在没有获得圆满正等觉果位之前，我们的精进必须像湍急的河流般做到持久、勇猛。正如圣者前辈所说："修法的时候，要像饥牛食草那样。"饥饿的牦牛吃草的时候，前一口还没有吃完眼睛便看着下一口。同样，我们修法的过程中，在前一个法还没有修完之际心里就应该计划此法修成以后再修行某某法门。三门一刹那也不要在悠闲安逸、无有正法之中虚度时光，而力争做到一天比一天更加精进。持明无畏洲尊者也亲口说过："越趋近死亡越精进修持善法，这是修行人未被违缘所转的标志。"

如今有些被人们公认的大修行者或贤善上师，当别人阿谀奉承地说："您老人家肯定不需要顶礼膜拜、诵经念咒、积累资粮、净除罪障等等。"这时他们自己也认为：我确实已如何如何了，什么修行也不需要了。这些人正如成就者无等塔波仁波切所说的："自以为不需要修行是更加需要修行的标志。"

印度的阿底峡尊者曾经每天都精进调和土粉做泥塔小像。众眷属对他说："您是一位伟大的上师，整天摆弄土粉不但别人会讥笑，而且您也很辛苦，不如让我们来做吧！"

尊者说："你们在说什么，难道我所吃的食物，你们也替我吃吗？"

在没有获得圆满正等觉果位之前，我们每个人都有所要清净的业力与习气，所要获得的上上功德，因此绝不能只是空闲性或偶尔性地修法，而要力求做到对正法无有满足。

总而言之，是否能够获得佛果唯一依赖于这一精进，我们一定要勤奋努力实行这三种精进。一个人虽然具有上等的智慧，但如果仅有下等的精进，那么他只能成为一个下等修行人；尽管只有下等的智慧，但如果具备上等的精进，也必定会成为一名上等修行人；如果毫无精进，那么尽管具有其他功德也无济于事。如全知无畏洲说："无精进之士，具智财权力，皆不能救彼，犹如一商主，有舟无船桨。"

因此，我们不管在何时何地，一定要做到饮食适量、睡眠适度、孜孜不倦、持之以恒、不紧不松地精进修行，就像挽弓射箭一般。不然，只是空闲性、偶尔性地修法是不会有任何成就的。

己五（静虑）分二：一、静虑之必要；二、真实静虑。

庚一、静虑之必要：

如果首先没有避开一切喧嚣散乱的环境而依止寂静处，那么相续中不可能生起禅定，所以最先远离散乱对我们每一位修行人来说都十分重要。

我们应当这样思量：凡是聚集均是离别的本性，如父母、兄弟、夫妻、亲友甚至是与生俱来的身躯骨肉也终将各自分离，既然如此，那么我们贪执无常的亲友有什么用呢？这样思维以后就该恒时独自一人居住静修。如寂光大师[183]说："独自一人修佛果，道友二人修善缘，三四以上贪嗔因，故我独自而安住。"

欲望是一切罪恶的根源，人们往往都是拥有财产受用也不知满足，并且随着财产的增多，吝啬之心也越来越增长。如颂云："何人具财彼吝啬。"还有"愈有愈贪如富翁"、"无财之时离怨敌"的教诫。自己拥有多少饮食、财产、受用，也只会招来怨敌、盗贼等的损害。依靠这些财富，随时随地都是为积累、守护、增长而消耗人生，直到寿终正寝为止，除了受苦造罪以外再没有什么别的。因此圣者龙树菩萨说："积财守财增财皆为苦，应知财为无边祸根源。"

[183]寂光大师：米拉日巴尊者的大弟子。

即使一个人拥有南赡部洲所有财产受用，实际上也只是满足他一人的衣食而已，再没有别的什么。然而有些人无论如何富足，就连自己也是舍不得吃、舍不得穿，其实就是不顾一切罪业、苦难、恶语所得来的这些财产断送了自己的后世，也葬送了自己的今生。为了微薄的财物不惜生命，不顾羞耻惭愧、人伦道德以及长久情意，也不考虑正法和誓言，始终就是以贪财、贪食、贪利来过日子，就像厉鬼寻觅食子一样，从来没有享受过一天悠闲自在、幸福安乐的日子，而就在忙忙碌碌当中，人生的旅程已经走到了尽头。最后数数积累的财产成了自己的害命者，就是为了它而使自己死在利刃之下，结果毕生所积累的财物受用，将被怨敌等他人使用，就这样白白地浪费掉。而自己所得到的一份，就是为此造下的重如高山的罪业，导致自己遥遥无期地漂泊在难忍的恶趣之中。所以，如果你经济上稍微宽松一些，那么趁着现今自由自在的时候，应当为来世储存些精致的资粮，今生今世仅仅能够饱腹蔽体就该知足。

此外，一直追求今生利益的人们，就叫做凡愚的友伴，帮助利益他们，反而会受到对方的加害，他们就是这样恩将仇报，无论怎样做都没有一个合意的时候，很难取悦。如果自己超过他，就心生嫉妒，假设他胜过自己就轻蔑藐视，不管与他们相处多久都只会增长罪业，减灭善业，因此我们一定要远远地避开他们。

如果依靠农工商与文化等而广泛交际，一味以繁多的事务而散乱，这就是愦闹。终日忙忙乎乎而收益甚微，如何精勤也没有实义，制伏怨敌无边无际，扶助亲友也没有尽头，因此我们应当像丢唾液一样抛弃无有了结之时的一切琐事及散乱。也就是说，背井离乡、奔赴异地、居于岩洞、与野兽为友、调顺身心、舍弃衣食名誉，就在无人的空谷中度过人生。如米拉日巴尊者云："无人山谷岩洞中，恒具出离厌世心，上师乃为三世佛，强烈信心永不离。"如果依照尊者所说的去做，那就是所谓的"于令人伤感之处可生起静虑"。栖身于静处，自然而然会生起出离心、厌离心、信心、清净心、禅定及等持等一切正道的功德，所以我们要尽力而为。

寂静林间也是往昔诸佛菩萨获得寂灭的地方，在那里既没有愦闹、散乱也没有农务商业，远离凡愚友伴，与飞禽走兽朝夕相处，真是安乐无比，喝的是清净的泉水，吃的是天然的树叶，这样一来觉性自然澄清、等持自然增上。在那里，既没有怨敌也没有亲友，显然是摆脱贪嗔之网、具足众多功德的好地方。不必说亲自前往这样的寂静处安住，甚至怀着去往静处的愿望仅仅朝那一方向迈出七步的功德，也胜过在恒河沙数劫中供养十方诸佛的功德。佛在《月灯经》等佛经中说："居于深山胜静处，一切威仪皆成善。"在那里，即便没有刻意精进行善，可是厌离心、出离心、慈心、悲心等一切正道的功德会油然而生，所作所为也自然而然全部成为善法。在喧闹地方竭力制止却难以阻挡的一切贪嗔烦恼，到了寂静处也会自然减少，相续中很容易生起诸道功德。以上讲的这些是静虑的前行法，因此也是至关重要必不可少的。

庚二（真实静虑）分三：一、凡夫行静虑；二、义分别静虑；三、缘真如静虑。

辛一、凡夫行静虑：

耽著明乐无念的觉受进而追求这一目标，也就是说，带有耽著觉受禅味而观修的时候，就叫做凡夫行静虑。

辛二、义分别静虑：

虽然远离了觉受的耽著而没有享受禅味却耽著空执对治品观修的时候，就称为义分别静虑。

辛三、缘真如静虑：

远离了空执对治的念头，安住于法性无分别的等持中，就叫做缘真如静虑。

在坐禅的一切时分，身体的要诀，就是作毗卢七法[184]；眼睛的要诀，就是依靠看式等等，这些都十分重要，也就是通常所说的“身正脉就会直，脉正风就会正，风正心就会正”。因此，不能躺着或靠着等等，身体端正，意识在无所分别、无所执著的境界中入定，这就是静虑度的本体。

己六（智慧）分三：一、闻慧；二、思慧；三、修慧。

庚一、闻慧：

闻慧是指对于上师所传讲的一切正法的词义，自己听闻后原原本本地理解。

庚二、思慧：

对于上师所讲的一切法义，不是仅仅限于表面听听、表面了知，而是在自相续中通过反复琢磨、研究、观察、思维而加以抉择，不懂的地方请教他人，不以似是而非、似懂非懂为满足，而要生起定解，必须做到将来自己身居寂静深山独自修行时，关于修行的要点不需要请教别人，完全有独立自主、彻底断除疑惑的把握。

庚三、修慧：

所谓的修慧，也就是指真正了知法义后通过实地修行而在自相续中对实相之义生起真实无倒的证悟，彻底生起定解，解脱是非之网后现见实相的本来面目。也就是说，一开始依靠闻法和思维断除增益，随后在进行实修时，对于五种外境的一切显现观为无实有的空色幻化八喻。这一切本来无有而在迷乱者面前显现，犹如梦境；由因缘缘起聚合而骤然显现，犹如幻术；本来无有而显现为有，犹如光影；正在显现之时不成实有，犹如阳焰；里里外外均不存在而显现，犹如谷声；无有能依所依，犹如寻香城；

[184]毗卢七法：佛教所传的一套静坐姿势：两足跏趺、两手定印、脊椎正直、颈部微俯、肩臂后张、眼觑鼻尖、舌尖抵上腭。

现而无自性，犹如影像；本来无有之中显现一切，犹如幻化城。由此了达外境的显现均是虚妄的本性，再通过观察显现这些的作者——有境心的自性，从而在对境显现不灭当中止息执著对境的分别念，于证悟虚空般明空法性的境界中安住，这就是智慧度。

以上所讲的六度，如果再展开解释，那么每一度都可以分为三种，这样一来共有十八种。其中的财施又可以分为三种，这样算来，共有二十种，再加上方便度、力度、愿度、智度，总共为二十四种。如果再详细一点分，那么每一度都可以分六类，共有三十六类。

下面以布施度中的法布施为例，讲者上师、所讲之法以及传讲对境的弟子，这三者具足以后进行讲经说法，这就是布施度；在讲经说法的过程中，上师不贪图名闻利养并且也不杂有宣扬自己功德、冷嘲热讽他人等烦恼的垢染而传讲，这就是持戒度；一而再、再而三地重复讲解一个句子的意义，不顾一切辛苦劳顿，这就是安忍度；说法之时不为懒惰、拖延所困，不违越时间而传讲，这就是精进度；心专注在所讲的词义上不外散乱，无有错谬、不增不减而传讲，这就是静虑度；这般进行传讲的时候，以三轮无分别[185]的智慧摄持，这就是智慧度。显而易见，在法布施当中已经完整地具足了六度。

再以财布施中的下施乞丐饮食为例来说明，所布施的东西、作布施的人以及所布施的对境三者具足以后进行施舍，这就是布施度；不布施低劣、鄙陋等物品，而是将自己所享用的饮食施予乞丐，这是持戒度；对方三番五次地索求也不嗔不恼，这是安忍度；不顾及辛苦劳累，不耽搁及时布施，这是精进度；专心致志布施，不散他处，这是静虑度；了知三轮[186]体空，这就是智慧度，可见财布施也同样具足六度。持戒等其他波罗蜜多都可依此类推。

---

[185]三轮无分别：三轮体空。

[186]三轮：布施者、所施之物、布施对境。

此外，如果将十度归纳概括，正如米拉日巴尊者所说：“断除我执外，无余布施度；断除狡诈外，无余持戒度；不畏深义外，无余安忍度；不离修行外，无余精进度；安住本性外，无余静虑度；证悟实相外，无余智慧度；所做如法外，无余方便度；摧伏四魔外，无其余力度；成办二利外，无其余愿度；知惑自过外，无其余智度。”

库鄂仲三子曾经问阿底峡尊者：“一切道法以何为最？”

尊者答道：“了达之最就是证悟无我的意义，敦肃之最就是自心相续调柔，功德之最就是广大利众之心，教言之最就是恒时内观自心，对治之最就是了达万法全无自性，行为之最就是不随顺于俗世，成就之最就是烦恼日趋薄弱，道貌[187]之最就是贪欲日渐减少，布施之最就是无有贪著，持戒之最就是自心寂静，安忍之最就是身居卑位，精进之最就是抛弃琐事，静虑之最即自心不改，智慧之最就是不执一切。”

此外，持明无畏洲也说：“知足即是布施度，彼之本体乃舍心，无愧三宝持戒度，不失慧念胜忍辱，一切助伴需精进，执现观圣[188]静虑度，贪执自解智慧度。无有能思所思境，并非俗念离定解，乃为涅槃胜寂灭。此等一切不可说，愿汝铭记于心中。”

如果将六度等广大菩萨乘的一切经论正道归纳，可以完全包括在空性大悲藏之中。如萨日哈尊者的道歌中说：“离悲空性见，非获殊胜道，若唯修悲心，岂脱此轮回？何人兼具已，不住于有寂。”不住三有与涅槃就是指无住涅槃、圆满正等觉的果位。另外龙树菩萨说：“空性大悲藏，有者成菩提。”

仲敦巴格西曾经问阿底峡尊者：“一切诸法归根到底是什么？”

尊者回答：“一切法归根到底就是空性大悲藏。比如，世界上万应丹药可以医治一切疾病。就像万应丹药一样，如果证悟了法性空性的本义，

[187]道貌：证果迹象。修学佛道成正果者的外表行迹。

[188]执现观圣：所执显现皆观想成圣尊。

就可以对治一切烦恼。”

仲敦巴问：“那么，为什么有些声称证悟了空性的人一切贪嗔没有减少反而依然存在呢？”

尊者回答：“他们全部是说空话而已。如果真正证悟了空性之义，那么身语意三门就会像脚踩棉花或者稀粥里加入酥油一样（柔软、调和）。圣天阿阇黎也亲口说过：仅仅思维诸法之实相是否为空性，产生合理的怀疑也可以摧毁三有。因此，如果无倒证悟空性实义，就与万应丹药相同，一切道法已经包括在它的范畴内。”

仲敦巴问：“证悟空性当中怎么就能包含一切道法呢？”

尊者回答：“一切道法可以归摄在六度之中，（怎样归摄的呢？）如果无误证悟了空性实义，就不会再对里里外外的万事万物有贪爱执著，所以连续不断具足布施度。对无有贪执者来说，根本不会被不善污垢所染，因此连续不断具足持戒度。这种人无有我执、我所执的嗔恚，所以连续不断具足安忍度。这种人对所证之义满怀无比欢喜之心，所以连续不断具足精进度。这种人远离实执的散乱，所以连续不断具足静虑度。对一切事物远离三轮分别意念，所以连续不断具足智慧度。”

仲敦巴问：“那么，仅仅就证悟实义来说，单单依靠空性的见解修行就可以成佛吗？”

尊者回答：“一切所见所闻无不是由心所生。证悟自心为觉空无二就是见；一心不乱持续安住在这样的见解中就是修；在这种境界中积累如幻的二种资粮即为行。这些证悟境界已经达到了完全领悟、得心应手的程度，那么在梦中就能达到这样，梦中能达到那么在临终时就可以显现，临终时能够现出这种境界，在中阴就可以显现，既然在中阴能够达到这种境界，那么必定获得殊胜成就。”

所以说，佛陀所宣讲的八万四千法门也全都是讲相续中生起这一菩提心空性大悲藏的方法。如果离开了这一菩提心宝，那么无论见修的法多么高深莫测也对获得圆满正等觉果位起不到任何帮助。生圆次第等一切密宗的修法如果以菩提心来摄持，就会成为即生获得圆满正等觉之因。但如果离开了菩提心，就与外道没有区别了。虽然外道当中也有观修本尊、念诵咒语、观修风脉、取舍因果等众多修法，但就是因为他们不具备皈依与发心，所以无法从轮回中获得解脱。

喀喇共穹格西也亲口说："虽然受持了皈依到密宗之间的一切律仪，但如果没有看破、放下世间法，也无有利益；虽然恒常为他人讲经说法，但如果没有息灭我慢，也无有利益；虽然精进向上，但如果将皈依法置之不理，也无有利益；虽然夜以继日精勤修善，但如果没有以菩提心来摄持，也无有利益。"

如果没有打好皈依与发心的基础，虽然表面上做广泛的闻思修行，但终究没有任何实义，就像严冬季节在冰面上建造起九层高楼并且精心装潢绘制图案一般。因此，我们绝不能认为皈依发心是低等的法或者初学者的法门而加以轻视，必须认识到一切圣道的加行、正行、后行都可圆满包括在皈依发心之中。所以，不管你是好是坏、是高是低，每一位修行人着重修持皈依发心是十分关键的。

尤其是对于那些享用信财亡财、向上引导亡灵的上师、僧人们来说，相续中具有一颗无伪的菩提心是必不可少的。如果离开了菩提心，那么再怎样念诵仪轨、做净除业障等等仪式，对死者与活人都起不到作用。尽管表面看起来似乎是在利他，但究其实质，也只不过是掺杂私欲而已，结果给自己带来的是享用信财的无尽罪障，并且后世也不得不步入恶趣。

对于一个修行人来说也是一样，纵然具有如鸟一般翱翔空中、如鼠一样钻入地下、穿行山岩畅通无阻的神通，以及在石上留下手印、足迹等各种稀奇的神变，但如果相续中没有菩提心，那他一定是被外道徒或者被大魔头左右了相续，再没有别的可能性。虽然这样的人最初可能会受到一些迷信者的追逐、崇拜、恭敬、信奉、供养等等，但最终只会损人害己。如果相续中具有一颗真正的菩提心，那么即使没有其他任何功德，也会使与他结缘的众生获得利益。

然而，我们根本不知菩萨住于何处。经论中说在屠夫、妓女等当中也有许多以善巧方便度化众生的菩萨，所以很难了知其他补特伽罗的相续中是否具有菩提心。世尊也说："除非我与同我者，无人能量他人心。"因此，我们应当对令自相续生起菩提心的任何本尊、上师、善友等作真佛想。

对自相续而言也是同样，自己认为已经证悟了实相之义、获得了神通三摩地、面见了本尊等，无论出现任何表面的道相功德，如果依此使自己的慈悲心、菩提心无有退转并且越来越增上，就可以断定这些道相是真正的功德；倘若依此等使慈悲心、菩提心日渐减退，那么这些表面的道相也无疑是魔障或邪道。

特别是，如果自相续中生起了无伪实相的证悟，就一定会对上（上师三宝）具足虔诚的信心与清净心，于下（六道众生）具有不共的慈心与悲心等。

如无等塔波仁波切曾问至尊米拉日巴："我什么时候才能摄受眷属？"

尊者答言："一旦你已现见了自心本体非同现在这般，远离一切怀疑，那时也会对老父我生起不共同的真佛之想，并且也定会对众生生起无伪的慈悲心，那时你便可以摄受眷属。"

因此，我们必须以慈悲、菩提心为本，以闻思修不相脱离而实修。如果首先没有通过闻法断除增益，就不会懂得实地修行。如颂[189]云："无闻之修行，如断臂攀岩。"

所谓的以闻法断除增益，并不是指对浩瀚无垠、种类众多的一切所知法了如指掌，而且在五浊恶世短暂的一生当中也不可能了知这一切所知学

[189]此颂是萨迦班智达所说。

问。所以，我们必须做到对自己所修正法的初中后所有修法正确无误一清二楚，并通过思维断除所有增益。

从前，阿底峡尊者住在尼塘时，祥纳穹敦巴、炯敦巴、哈仓敦巴三位格西请尊者讲述正量的宗派。

尊者说："无论是外道还是内道佛教都有许多宗派，但全部是以分别念串连起来的，不可胜数的这些分别念没有多大必要。人生转瞬即逝，如今是归纳精华要义的时候。"

祥纳穹敦巴问："那么，该如何归纳精华要义呢？"

尊者教诲说："对等同于虚空界的一切众生修慈悲、菩提心，为了他们而勤奋努力积集二种资粮；由此所产生的一切善根回向所有众生，愿与一切有情同获圆满菩提；并了知这一切的自性为空性，法相（显现）如梦如幻。"

由此可见，我们如果不知道归纳修行的精华要义，那么表面上了解、懂得、知晓得再多，结果也起不到什么作用。

昔日阿底峡尊者初来西藏时，大译师仁亲桑波迎请尊者。当时尊者问译师："您对诸如此类的正法，了知得如何？"并逐一加以询问。结果译师似乎无所不知。

尊者十分喜悦地称赞道："极为稀有！在藏地有像您这样的智者，我都不需要来了。"接着又问道："那么，在一垫上，该如何修行这一切法呢？"

译师回答说："应当遵照各个宗派所说来修持吧。"

尊者说："译师错了，看来我还是有必要来藏地。"

译师问："那么，应该怎样进行修持呢？"

尊者指点说："应当将一切法归纳为一个要诀来修持。"

可见，我们必须在了知上师所传授的窍诀的基础上总结实修的要点来修行。即使清清楚楚地认识到这一点但如果没有实地修行也无济于事。米拉日巴尊者也亲口说过："就像饥饿的人仅仅听到食物还不够，必须要食用。同样，仅仅了知正法没有利益，必须要进行实修。"

我们修行的目的就是要对治自相续的烦恼与我执。米拉日巴尊者也曾说："世人常言'饮食好与否，观其面色方知晓'，同样，佛法懂与否，修行好与否，看他是否已经对治了我执与烦恼，便可知晓。"

博朵瓦格西曾经请问仲敦巴格西："法与非法之界限是什么？"

仲敦巴告诉他说："对治烦恼则为法，不治烦恼为非法；不随世间则为法，随顺世间为非法；符合经论则为法，不符经论为非法；结果为善是正法，结果为恶即非法。"

阿阇黎吉公这样说过："诚信因果不虚是下根者的正见，证悟内外诸法现空、觉空双运是中根者的正见，证悟所见、能见、所证智慧三者无二无别即是上根者的正见。安住于一缘等持是下根者的正修，安住于四种双运等持中是中根者的正修，无有能修、所修、感受三者并于无缘中安住，即是上根者的正修。取舍因果如护眼珠是下根者的正行（真实行为），以诸法如梦如幻的境界而行持为中根之正行，无有一切所行者[190]即是上根者的正行。我执、烦恼、分别念等日趋减少是上、中、下三种根基者的真实暖相。"无等塔波仁波切在《圣道如意宝》中所说的与此完全相同。

因此，我们在闻法的时候，就必须了知归纳精华要义。诚如全知龙钦巴尊者所说："所知犹如空中星，所学知识无止境，今求法身精华义，必至无变之坚地。"

在思维的时候应当断除一切增益。就像印度单巴桑吉尊者所说："寻求上师之教授时应如母鹞寻觅食物一般，闻法时要像野兽闻声一般，修行时要像哑人品味一样，思维时要像北方人剪羊毛一样，得果时要像云散日出一般。"

---

[190]指已经远离了能行、所行的境界。

我们务必做到闻思修行不相脱离。如无等塔波仁波切说：“闻思修行互不错乱、齐头并进就是无误的要诀。”

我们必须明确的是，闻思修的结果必须达到使慈悲心菩提心日益增上、我执烦恼日渐薄弱的目的。

发菩提心这一引导，是一切正法的精髓、一切圣道的精义，是有则必足、无则不可之法。所以，我们不局限在似是而非、似懂非懂的地步而诚心诚意修持这一点相当相当重要。

虽发胜心然却未生起，虽学六度然却具私欲，

我与如我愚痴众有情，修成胜菩提心祈加持。

诸道之根本——发大乘殊胜菩提心之引导终

## 三、念修金刚萨埵

离二障垢然示净除障，究竟胜道然现修学相，

超有寂边然显三有中，无等上师足下我敬礼。

丙三（清净违缘罪障——念修金刚萨埵）分五：一、忏悔之理；二、四种对治力；三、真实念修金刚萨埵；四、念修百字明；五、忏悔之功德。

丁一、忏悔之理：

相续中生起甚深道之殊胜证相的主要障碍，就是罪障、习气。为了使阿赖耶的明镜中显现证悟的影像，净除罪障是至关重要的一环，这就好比镜中要映现出影像，擦拭镜面十分关键一样。为此，佛陀宣说了不可胜数净除罪障的方便法门，而在这所有法当中最为殊胜的就是念修上师金刚萨埵。

总的来说，不管是什么罪业，只要忏悔就没有不能清净的。如古代诸大德也曾经这样说过：本来罪业无功德，然忏可净为其德。所以，无论是违犯外别解脱戒、内菩萨学处，还是失毁密宗三昧耶等等，即便是罪业再多么严重，通过忏悔也能得以清净。举个例子来说：婆罗门央具理魔罗，也就是指鬘王，他残暴地屠杀了九百九十九个人，但是通过忏悔而清净罪障，并且在即生中获得了阿罗汉果位[191]；再有未生怨王虽然杀害了自己的父亲，但后来通过忏悔而恢复清净，结果仅仅感受了如绸线球触地即刻弹起般短暂的地狱之苦，便从中获得解脱[192]……佛陀在诸经藏中讲述了许多通过忏悔而得清净的公案。怙主龙树菩萨说：“何人昔日颇放逸，尔

[191]详见《贤愚经》之“无恼指鬘缘品”。

[192]详见《佛说观无量寿佛经》。

后行为倍谨慎，如月离云极绚丽，难陀指鬘能乐同[193]。”

如果具足四种对治力而诚心诚意、认认真真加以忏悔，就能清净罪业。反之，一边东张西望、胡言乱语、自心随着其他分别妄念转，一边口中发露忏悔等等，仅仅是口头上念诵忏悔文或者认为以后忏悔也可以、今后造罪也无害，诸如此类。如果是这样，那么尽管做了忏悔，但是罪业也不会完全清净，诚如米拉日巴尊者说：“若想忏罪能净否？忆念善法则清净。”所以，不论是任何人进行忏悔，尽其所能具足四种对治力都相当关键。

丁二（四种对治力）分四：一、所依对治力；二、厌患对治力；三、返回对治力；四、现行对治力。

戊一、所依对治力：

在这里，所依对治力就是指，将金刚萨埵作为皈依境，具足愿菩提心与行菩提心。在别的场合也有其他忏罪的所依对境，比如在《三聚经》中的三十五佛或者善知识、佛像、佛经、佛塔等前进行忏悔都属于所依对治力。此外，发愿行菩提心在一切忏罪当中都是必不可少的。如果没有发菩提心，即使具足四种对治力来忏悔堕罪，也只能稍稍减轻而不能达到彻底清净的效果。如果相续中生起了无伪菩提心，那么往昔造了多少罪业都会自然而然清净，如《入行论》云：“如人虽犯极重罪，然依勇士得除畏，若有速令解脱者，畏罪之人何不依。菩提心如末劫火，刹那能毁诸重罪。”

戊二、厌患对治力：

所谓的厌患对治力，就是说对于以往自己所造的一切罪业生起后悔之心。如果既没有将罪业视为罪业也没有以强烈的追悔心进行发露忏悔，显然不能得以清净。如《三聚经》中云：“发露忏悔，不覆不藏。”此外大

[193]难陀指鬘能乐同：详见译者讲述之《亲友书讲记》。

成就者噶玛乔美仁波切也说：“若无悔心忏不净，往昔罪业如服毒，当以大惭畏悔忏。”

戊三、返回对治力：

返回对治力，是指回想起自己往昔所造的罪业后发誓从即日起纵然遇到生命危险也决不再造这样的罪业。如《三聚经》中说：“从今以后，必断严戒。”《极乐愿文》中也说：“若无戒心不净故，发誓今后遇命难，亦不造诸不善业。”

戊四、现行对治力：

现行对治力，是指尽心尽力奉行对治往昔所造罪恶的善业。尤其是顶礼佛及佛子、随喜他人福德、一切善根回向菩提、发愿行菩提心、护持无伪实相之本体等等，这些都属于现行对治力。

从前，无等塔波仁波切的一个修行弟子向他请教：“我往昔以贩卖佛经维生，如今想起真是追悔莫及，请问上师，我该如何进行忏悔呢？”

仁波切说：“就造那些经典吧！”

于是那个人着手造经典，结果经常心思外散。他又怀着十分沮丧的心情前去上师面前汇报说：“造经典时我心思也是经常散乱，对于忏悔罪业来说，恐怕没有比护持本性更甚深的吧？”

上师异常欢喜地说：“实际上就是如此，纵然往昔所造的罪业积如山王，也能在现见本性的瞬间得以清净。”

因此，净除罪业的方法没有比修菩提心以及恒时护持无伪的实相更为甚深的了。在这里，也要在不离开这二者的基础上，观修金刚萨埵、降下甘露、净除罪障、念诵百字明等等。

丁三、真实念修金刚萨埵：

在忆念四对治力之后，进入真正念修金刚萨埵的阶段，首先自己平平常常地安住下来，在头顶上方一箭左右的虚空中观想一朵千瓣白莲花，它的上面有一轮圆月。所谓的“圆”并不是指它大小的尺度，而是指明月的所有部分完整无缺，就像十五的月亮一样毫无弯弯曲曲而是圆溜溜的意思。接下来再观想月轮上有一个光闪闪的白色吽(ཧཱུྃ)字。虽然其他宗派有观想从“吽”字放光、收光等步骤，但（宁提派）自宗并没有这种观想。然后观想一瞬间“吽”字就变成了本体为三世诸佛的总集、无等大悲宝藏具德根本上师，形象是报身的本师金刚萨埵主尊，他的身色洁白宛如十万个太阳照耀在雪山上一般，一面二臂，右手在胸前握持表示明空的五股金刚杵，左手依于腰际部位握着代表现空的金刚铃，双足金刚跏趺坐，身上以十三种报身服饰庄严。十三种报身服饰也就是绫罗五衣与珍宝八饰。其中的绫罗五衣：是指冕旒、肩披、飘带、腰带、裙子；珍宝八饰：头饰、耳环（左右二者算为一个）、项链、臂钏（左右二者算为一个）、璎珞、手镯（左右二者算为一个）、指环（所有的指环算为一个）、足镯（左右二者算为一个）[194]。金刚萨埵与白慢佛母无二双运，身体现而无自性，现空犹如水月或镜中现影像一般了了分明。观想自己头顶上的圣尊面向与自己面向相同，以上是所依对治力。这种明观既不是观想成唐卡或壁画一样扁平的，也不是观成土像、金像那样实质物体自性或无情物的形体一般。从显现的角度而言，包括主尊的双目黑白颜色在内都要互不混杂地观想得清清楚楚；从空性的侧面来说，没有一丝一毫实质身躯的血肉内脏等等，就像空中显现彩虹或无垢水晶宝瓶一样。

[194]报身服饰中也可将璎珞分为长短两种，计为两饰，不计指环，如图。

ལོངས་སྐུ་རྡོ་རྗེ་སེམས་དཔའ།
报身金刚萨埵

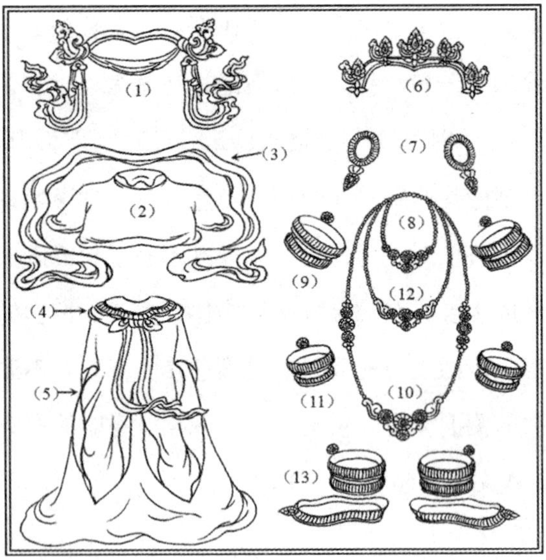


(1)冕旒(ཅོད་པན།)(2)肩披(སྟོད་གཡོགས།)(3)飘带(དར་དཔྱངས།)(4) 腰带 (སྐུ་རགས།)(5) 裙子 (སྨད་དཀྲིས།)(6) 头饰 (དབུ་རྒྱན།)(7) 耳环 (སྙན་རྒྱན།)(8) 项链 (མགུལ་རྒྱན།)(9) 臂钏 (དཔུང་རྒྱན།)(10) 长瓔珞 (དོ་ཤལ།)(11) 手镯 (ཕྱག་གདུབ།)(12) 短瓔珞 (སེ་མོ་དོ།)(13) 足镯 (ཞབས་གདུབ།)

这样明观以后，自己诚心忆念：与大恩根本上师无二无别的怙主金刚萨埵，您以大慈大悲垂念我与一切众生，我自己从无始以来迄今为止，身语意所造的十不善业、五无间罪、四重罪、八邪罪，违犯外别解脱的律仪、内菩萨乘的学处以及持明密乘三昧耶戒，背弃世间的盟誓、说妄语、无惭无愧等等凡是能直接回忆起来的一切罪业在上师金刚萨埵面前，满怀惭愧、畏惧、追悔之情以至于心惊肉跳、毛骨悚然，发露忏悔，此外自己想不起来的，在无始流转轮回的生生世世中肯定也积累了许多罪业，这一切罪业在此不覆不藏一并发露忏悔，请求宽恕，但愿这所有罪障就在此时此地急快荡然无存全部清净，以上观想是厌患对治力。

心里默想：我以往因为愚昧无知而造下了那些罪业，如今依靠大恩上师的慈悲而变成了懂得利害的人，从今以后，即使遇到生命危险也决不造那样的罪业，这是返回对治力。

接着念诵（宁提前行仪轨）：

ཨཱཿ བདག་ཉིད་ཐ་མལ་སྤྱི་བོ་རུ༔
阿　大 涅踏玛谢喔热
啊 于我庸俗头顶上

པད་དཀར་ཟླ་བའི་གདན་གྱི་དབུས༔
班 嘎 达哦　旦 戒 为
白莲月垫之中央

ཧཱུྃ་ལས་བླ་མ་རྡོ་རྗེ་སེམས༔
吽累喇嘛多吉塞
吽成金刚萨埵师

དཀར་གསལ་ལོངས་སྤྱོད་རྫོགས་པའི་སྐུ༔
嘎　萨　龙　秀　奏　波革
皎洁受用圆满身

རྡོ་རྗེ་དྲིལ་འཛིན་སྙེམས་མ་འཁྲིལ༔

多吉这 怎 尼 玛 彻
双运慢母持铃杵
ཁྱོད་ལ་སྐྱབས་གསོལ་སྡིག་པ་སྦྱོང༔
秋 拉 加 索 的巴炯
祈净罪障皈依您
འགྱོད་སེམས་དྲག་པོས་མཐོལ་ལོ་བཤགས༔
救 塞 扎 布 透 漏 夏
以猛悔心发露忏
ཕྱིན་ཆད་སྲོག་ལ་བབ་ཀྱང་སྡོམ༔
辛 恰 昼拉瓦 江 斗
后遇命难亦戒犯
ཁྱོད་ཐུགས་ཟླ་བ་རྒྱས་པའི་སྟེང༔
秋 特 达瓦记波 荡
于您心间明月上
ཧཱུྃ་ཡིག་མཐའ་མར་སྔགས་ཀྱིས་བསྐོར༔
吽叶 踏 玛 鄂 记 够
吽字周围咒绕旋
བཟླས་པ་སྔགས་ཀྱིས་རྒྱུད་བསྐུལ་བས༔
得 巴 鄂 记 杰 革 为
诵咒打动相续故
ཡབ་ཡུམ་བདེ་བར་སྦྱོར་མཚམས་ནས༔
呀 叶 德 则 救 擦 内
父母双运交界处
བདུད་རྩི་བྱང་ཆུབ་སེམས་ཀྱི་སྤྲིན༔
德 则相切 塞 戒珍
菩提甘露如云涌
ག་བུར་རྡུལ་ལྟར་འཛག་པ་ཡིས༔
嘎哦 德 达 匝 巴意
降下白如冰片汁

བདག་དང་ཁམས་གསུམ་སེམས་ཅན་གྱི༔
大 荡 卡 色 塞 坚戒
我与三界众有情

ལས་དང་ཉོན་མོངས་སྡུག་བསྔལ་རྒྱུ༔
累 荡 拗 梦 德 爱杰
业及烦恼痛苦因

ནད་གདོན་སྡིག་སྒྲིབ་ཉེས་ལྟུང་གྲིབ༔
那 敦 的 这 尼 洞 这
病魔罪障煞气垢

མ་ལུས་བྱང་བར་མཛད་དུ་གསོལ༔
玛利 相 瓦 匝 德 索
无余清净祈加持

丁四、念修百字明：

随后于金刚萨埵佛父佛母无二无别的心间观想一轮明月，大小就像压扁的芥子，月轮的上面有一个白色吽(ཧཱུྃ)字，宛如毛发写成的一样，一边这样观想一边念诵一遍百字明：

嗡班匝萨埵萨玛雅、嘛努巴拉雅、班匝萨埵底诺巴底叉、知桌美巴哇、苏埵卡约美巴哇、苏波卡约美巴哇、阿努扇埵美巴哇、萨哇斯德玛美扎雅叉、萨哇嘎嘛色匝美则当、协央格热吽、哈哈哈哈吙、班嘎万、萨哇达他嘎达、班匝嘛麦母杂、班匝巴哇、嘛哈萨玛雅萨埵啊。

观想百字明好似竖立的兽角一般互不抵触，旋绕着“吽(ཧཱུྃ)”字。之后自己的口中以祈祷的方式念诵百字明，观想从所有的咒字中犹如寒冰被火融化形成水滴一样源源不断地降下智悲甘露，通过身体从佛父佛母双运的密处流出，由经自他一切众生的头顶流入，使体内的所有疾病变成脓血，所有魔障变成蜘蛛、青蛙、鱼、蛇、蝌蚪、虱子等小含生的形象，所有罪障变成烟汁、炭汁、灰、烟、云、气的形态，这一切的一切犹如飞泻的洪水冲走尘土一般全部被甘露流毫无阻碍地冲走，从足底、肛门、所有毛孔的部位黑乎乎地排出体外。这时再观想自己下方的大地裂开，所有男女怨家债主围绕着死主阎罗王，它们全都是张着口、伸着手、张着爪来盛接（上面的脓血等全部冲到它们的口手爪中）。一边这样观想一边念诵百字明。如果能一次性地明观一切所缘境，就这样来观想。如果实在做不到这一点，那么就时而专心致志观想金刚萨埵的身体、颜面、手臂等来念诵；时而全神贯注地观想主尊的服饰来念诵；时而观想甘露流洗涤魔障、罪障而专心念诵；时而以悔前戒后[195]的心理来念诵。最后观想居于地下的死主阎王等所有怨家债主全部心满意足，至此已经化解了宿怨、偿清了业债、清净了罪障。阎罗王等也都闭上了它们的口、手、爪，裂开的大地又恢复到原状。

接下来观想自己的身体是内外透明光的自性，身体中央有一个中脉，它分出的四轮形如伞辐，脐部幻化轮有六十四个脉瓣，瓣端朝上；心间法轮有八个脉瓣，瓣端朝下；喉间受用轮有十六个脉瓣，瓣端朝上；头顶大乐轮有三十二个脉瓣，瓣端朝下，这些脉瓣也都如前一样降下甘露，从自身头顶大乐轮开始直到四脉轮以及由它们分出的体内一切部分，包括手足的指尖在内全部像水晶瓶里装满乳汁一样盈盈充满白色的甘露，自他一切众生由此获得了宝瓶、秘密、智慧、句义四种灌顶，清净了业障、烦恼

[195]悔前戒后：追悔往昔所造的罪业、避免以后再犯之心。

障、所知障、习气障四障，相续中生起了喜、殊喜、极喜、俱生喜四喜智慧，现前了化身、报身、法身、自性身四身果位。

接着念诵：

མགོན་པོ་བདག་ནི་མི་ཤེས་རྨོངས་པ་ཡིས༔
滚　波　大讷莫西　梦　巴意
怙主！我以愚昧无知故

དམ་ཚིག་ལས་ནི་འགལ་ཞིང་ཉམས༔
大　策　累讷　嘎　扬　年
于三昧耶有失犯

བླ་མ་མགོན་པོས་སྐྱབས་མཛོད་ཅིག༔
喇嘛滚　布　加　奏　戒
上师怙主予救护

གཙོ་བོ་རྡོ་རྗེ་འཛིན་པ་སྟེ༔
奏喔多吉怎巴得
亦即主尊金刚持

ཐུགས་རྗེ་ཆེན་པོའི་བདག་ཉིད་ཅན༔
特　吉亲　波　大　涅坚
具足大悲体性者

འགྲོ་བའི་གཙོ་ལ་བདག་སྐྱབས་མཆི༔
昼　哦　奏拉　大　加　切
众生主尊我皈依

བདག་དང་སེམས་ཅན་ཐམས་ཅད་ཀྱི་སྐུ་གསུང་ཐུགས་རྩ་བ་དང་ཡན་ལག་གི་དམ་
大　荡思坚　他加戒革颂　特匝瓦荡　烟拉　各大
发露忏悔自他一切众生身语意所失毁的一切

ཚིག་ཉམས་པ་ཐམས་ཅད་མཐོལ་ལོ་བཤགས་སོ། སྡིག་པ་དང་སྒྲིབ་པ་ཉེས་ལྟུང་
策　年　巴　踏　加　透　漏夏　瘦　的　巴荡这巴尼　洞
根本、支分三昧耶，祈求赐予加持一切罪障、

དྲི་མའི་ཚོགས་ཐམས་ཅད་བྱང་ཞིང་དག་པར་མཛད་དུ་གསོལ༔
这莫　凑　踏　加向扬大　巴　匝　德　索
堕罪、垢染全部清净。

忏悔文念诵完毕，紧接着观想上师金刚萨埵和颜悦色地说：“善男子，你的一切罪障、所失毁的戒律均已清净。”这般予以认可之后，上师金刚萨埵化光融入自身，以此为缘，自己变成了与前面观想一模一样的金刚萨埵，在心间扁芥子大小的月轮上，中央是蓝色的吽(ཧཱུྃ)字，吽的前面是白色的嗡(ཨོཾ)字，右边是黄色的班匝（བཛྲ），后方是红色的萨（ས）字，左边是绿色的埵（ཏྭ）字，然后在念诵“嗡班匝萨埵吽”（ཨོཾ་བཛྲ་ས་ཏྭ་ཧཱུྃ）的同时，观想五咒字放射白、黄、红、绿、蓝五色光，光的顶端有嬉女等供养天女挥手散出八吉祥徽、轮王七宝、幡伞、宝幢、华盖、千辐金轮、右旋海螺等无量供品，供养居于十方广大无边、不可思议刹土中的诸佛菩萨，令他们心生欢喜，从而圆满了资粮、清净了罪障。再观想所有佛菩萨的一切大悲、加持成五颜六色各种各样的光融入自身，自己现前了殊胜与共同成就、与学道相关的四种持明[196]以及究竟果位——无学道双运果位，这是准备自利法身的缘起。又观想这五个咒字向下放射出无量光芒照耀三界六道一切众生，使他们相续中所有的一切罪障、痛苦、习气等犹如太阳出现在黑暗处一样烟消云散，一切外器世界变成现喜刹土，一切内情众生变为白、黄、红、绿、蓝五色金刚萨埵的自性，之后他们全部口诵“嗡班匝萨埵吽”，传出一片嗡嗡之声，这是准备他利色身的缘起。如《法行习气自解脱续》中说：“射收二利净除分别障。”这其中讲的也是上述的这种要诀。依靠这样的观想要诀，加上密宗金刚乘善巧方便的要点一瞬间就可以圆满不可思议的福慧资粮，同时也能够成办利益天边无际众生的事业。如此尽力念诵金刚萨埵心咒。到最后收座时观想为现喜刹土的一切外器世界全部收摄在内情五部金刚萨埵尊众之中，他们也依次化光融入自身，自身也从边缘逐渐化光融入心间的“嗡（ཨོཾ）”字中、“嗡（ཨོཾ）”融入“班匝（བཛྲ）”、“班匝(བཛྲ)”融入于“萨(ས)”、“萨(ས)”融于“埵(ཏྭ)”、“埵

[196]四种持明：异熟、寿命自在、大手印和任运持明。

(ཧུ)”融入“吽(ཧཱུྃ)”字的“雅布杰(ུ)”、“雅布杰(ུ)”融入“小阿(འ)”、“小阿(འ)”融入“哈(ཧ)”、“哈(ཧ)”融入头部的日月明点(ྃ)中，到“那达[197] (ྂ)”之间次第融入，最后“那达”也如彩虹消于空中般消失得无影无踪，就这样在无缘离戏的境界中稍许放松而入定。当又开始生起分别念时，再度将一切器情明观为金刚萨埵刹土，并念诵：

དགེ་བ་འདི་ཡིས་མྱུར་དུ་བདག །
给 瓦德 噫 涅德 达
我今速以此善根

རྡོ་རྗེ་སེམས་དཔའ་འགྲུབ་གྱུར་ནས། །
多吉森 华 哲 杰 内
成就金刚萨埵尊

འགྲོ་བ་གཅིག་ཀྱང་མ་ལུས་པ། །
桌 瓦 久 江玛利 巴
令诸众生无一余

དེ་ཡི་ས་ལ་འགོད་པར་ཤོག །
得耶萨拉够 巴 秀
悉皆安置于此地

以此等来作回向、发愿。在念修金刚萨埵等任何念诵期间，心思专注所缘而不散他处、不夹杂闲言碎语，这一点相当相当重要。如续部中说：“若无此等持，如海底磐石，诵数劫无果。”又说：“净与不净差千倍，有无等持差十万。”念修密咒时，如果掺杂一些庸俗不堪的闲言碎语来念诵，那么他所念的密咒就是不清净的念诵。举个例子来说，就算是在纯金、白银中掺杂微量的黄铜或普通铜，也只能被人们称为非金或伪银了，它们再也起不到纯金纯银的作用。邬金莲花生大士也说：“杂有绮语诵一年，不如禁语诵一月。”

当今时代，有些经忏师在大众中念经、诵咒期间，尽力做到禁语也是十分重要的一点。杂有庸俗绮语的念经、诵咒等没有什么实义，特

[197]那达：代表法界的一种符号，观修生起次第时需要观想。

别是做超度亡灵等佛事时，那些正在中阴界遭受恐惧、痛苦等逼迫的众生为了获利，会满怀希望地跑到上师僧人们面前，那时如果他们既不能明观等持，也不具足清净的戒律与誓言，而且口中说些贪嗔的话，心里一直胡思乱想，结果具有神通的那些中阴身知晓后，便对这些上师僧人们起邪见或生嗔心，以此为缘将堕入恶趣。这类上师僧人有还不如没有的好。

尤其密宗金刚乘所有的仪轨就是所谓的“明观生次词句门”。本来，明观生起次第的要义必须要依靠词句来观想，可是有些人对于本该观想的生圆次第的意义，丝毫也不专注，只是口头上以各种不同的语调铿锵有力、抑扬顿挫地吟诵“明明观观修修”等仪轨的词句，到了最为关键的讽诵心咒的时候，心情顿然放松下来，甚至原来端坐的身姿也已经东倒西歪了，开始吸起百恶之源的烟草，谈论“沟头沟尾”等无关语，开启了众多绮语伏藏之门[198]，就像捋黑色肠子般空空地数着念珠来混日子。到了下午时分抬头望望天空，便开始念诵“班匝布白得贝……”，吹打法器发出巨响（而念完仪轨）。这种讽诵仪轨简直是形象中最低等的形象，诸如此类的形象佛事，真不如以清净心念诵一遍《三十五佛忏悔文》或《普贤行愿品》好。依靠这种不清净的念诵及形象的仪轨将亡魂引入恶趣的那些上师僧人们，对活人作佛事也同样只能是弊大于利。这类人享用信财，确实好似食用炽燃的铁丸一般。所以，享用信财、亡财者，无论是上师还是普通僧人都是同样，切切不要只是将注意力放在肉块大小、油饼薄厚、供养好坏上，而应当对于那些处于紧要关头、倍受痛苦、无依无怙的病人或死者一视同仁，发心利益他们，以慈悲心、菩提心摄持而行事，专心致志勤奋努力念修自己所了达的生圆次第法门。不能做到这样的人，也应该随着词句思考意义，或者至少也要怀着一颗慈悲的心肠怜悯这些可怜的众生、

[198]绮语伏藏之门：指讽刺那些言说各种毫无意义的闲言碎语。

对三宝的无欺谛实力生起信心、定解等等，总之身语意三门要集中精力。如果能够做到仪轨念诵音正、清晰、发心清净，那么依靠皈依处三宝的大悲力、无欺因果的威力以及菩提心的无量功德等，必定会使病人或死者受益匪浅。而且，诚如人们所说的“于人垫上净己障”，同时也能使自他二种资粮得以圆满，并将凡是结缘的众生安置在解脱道中。因此，我们必须竭尽全力这样去做。

如今有些本来被人们一致共称为比较贤良并且明晓因果的上师僧人们，却因为害怕享用信财、亡财的过患，甚至对病人、死者等倍受痛苦的众生连加持、回向、发愿等佛事也不肯做，这真正已经断绝了慈悲心、菩提心的根本。另有些过于注重一己私利的人，到了施主家以后，在大众行列中，需要为施主家念诵的经不念，反而取出自己那黑乎乎的念诵集，认为自己的诵经功课不能间断而装模作样地念起来，他们对自己的一点点念经、诵咒竟然如此认真谨慎，并且认为这完全可以净除自己的罪障以及享用信财的罪过，而在为施主家念诵的大众行列中却东张西望、胡言乱语、心不在焉，全然不考虑那些本该救护的众生——死者或活人的利益。这些人已经断绝了慈悲菩提心的根本。即使他们后来尽力净除享用信财的罪过，然而以自私自利的恶心也很难清净享用信财的障碍。

所以说，如果我们最初就能以慈悲、菩提心为本，尽己所知、尽己所能、诚心诚意精进修行生圆次第等都不离开想利益众生的动机，那么无论是在自家还是到他家观修生圆次第、念经、诵咒都没有丝毫差别。不管怎样，远离私欲之心，一心一意利益他众，这点都是完全相同的，因此我们一定要、必须要希求这种目标。

丁五、忏悔之功德：

如果一心专注所缘境、不掺杂庸俗的话语一次性地念诵一百零八遍百字明，那么往昔所造的一切罪障及所失毁的戒律一定会得以清净，这是上师金刚萨埵亲口允诺的。《无垢忏悔续》中也说：“百字明是一切善逝的智慧精华，能够净除所失毁的戒律与分别念的罪障，堪称为一切忏悔之王。倘若一次性念诵一百零八遍，便可酬补一切所失之戒，不会堕入三恶趣。任何一位瑜伽行者如果能发誓念诵，不但此人今生会被三世诸佛视为胜妙长子而加以护佑，而且命终之后也无疑会成为诸佛的长子。”此外，进入密宗金刚乘之门以后，无论失毁了根本誓言还是支分誓言，如果每天观想金刚萨埵而念诵二十一遍百字明，就叫做加持堕罪，也就是说，堕罪所产生的异熟果不会越来越增长。如果念诵十万遍百字明，则可彻底清净一切堕罪。如《庄严藏续》中说：如果念诵十万遍百字明，那么一切堕罪都能从根本上得以清净，此续中云：“妙观白莲月垫上，上师金刚萨埵尊，依百字明之仪轨，倘若念诵二十一，即将加持堕罪等，使其不复得增长，诸成就者所宣说，故当恒时而修持，倘若已诵十万遍，必成清净之本性。”

当今时代在藏族这片领域内，上师僧人包括俗家男女在内，可以说没有谁未曾受过灌顶，所以没有谁不是入了密宗之门的。趣入密乘之后，如果不守誓言势必会招致堕落地狱的下场，倘若守誓言便可以获得圆满佛果，除了这二种可能性以外别无出路，就像把蛇放在竹筒中一样。比如说，竹筒里的蛇，只能是上去或下去，再没有别的出路。《功德藏》中也说：“入密士夫之去处，恶趣佛外无三处。”分类细致、种类众多的密宗三昧耶戒又是极其难以守护的，所以阿底峡尊者也曾经说：“进入密乘时接连不断地出现过失。”既然尊者尚且如此，那么如今我们这些对治力薄弱、丧失正念、无有正知、不晓堕罪种类的人，所犯的堕罪数量毫无疑问会多如雨水，因此我们应当立下誓言：随时随地念修金刚萨埵对治这些堕罪，从今以后最起码也是做到每天不间断念诵二十一遍百字明，这一点极为重要。

如果自己已经精通了生圆次第的要诀，即使依靠正知正念明观等方法没有犯过失毁三昧耶的错误，但是，也会因为与其他失毁根本誓言的人互相交谈、接触往来，甚至共同饮用一山谷的水也会产生相对失戒、株连失戒的罪过，所以我们务必要精进忏悔、净除罪障。续部（《无说义忏续》）中说：“酬补失罪交往失戒者，于失戒非器者宣讲法，不加警惕彼等失戒者，必将染上冒渎晦气[199]过，一切此生违缘来世障，以悔自过之心发露忏。”

在（僧众）集会行列中，即便只有一个破誓言的人，在场的人也都将被他的冒渎晦气所染污，具体点说，就算是有成百上千的具誓言者也不会得到丝毫修行的成果，就像一滴坏奶损坏满满一锅鲜奶或者一只带疮的青蛙传染同住的全部青蛙一样。如颂云：“犹如一滴腐奶汁，可毁一切鲜奶汁，失毁誓言之一人，能毁诸具誓言者。”

不仅如此，就算是一位上师、高僧大德、成就者也避免不了被冒渎晦气染污上。举个例子来说，往昔卓滚朗吉日巴尊者曾在匝热地区期间，一次，由于鬼神制造违缘，将正午的太阳隐蔽不见，变成繁星闪烁的漆黑夜晚，可是尊者却无阻无碍地来到了黑红血湖畔，唱起金刚歌、跳起金刚舞，并在石头上留下足迹，至今仍然清晰可见。虽然是这样一位大成就者，但是后来因为一个破誓言的弟子来到他面前，结果染上了冒渎晦气而导致神志不清，不能言语成了哑人。此外，成就者俄坚巴也曾在道歌中说：“雪域乞人仁亲花（指其本人），仅有失戒敌可害，唯有师尊能救护。”

所以说，如若失毁密宗金刚乘的三昧耶戒，罪过极其严重，并且守持也十分困难。不观察自相续认为我具足誓言而心生我慢的人，终究一事无成。正如密宗诸续部中说：“三门即使一刹那离开三坛城之本性也违越密宗誓言。”

显而易见，（密宗金刚乘的誓言）有多么的难以守护。如果详细分类，不下十万种誓言，数量繁多，而且失毁誓言的罪过也相当严重。诚如

[199]冒渎晦气：违犯誓言招致的不祥。

续部中说："金刚罗刹痛饮其心血，短寿多病失财畏怨仇，长久住于无间地狱中，极其恐怖感受难忍苦。"因此，我们必须随时随地兢兢业业观修金刚萨埵，念诵百字明，忏悔对治一切能想起或想不起所失毁的戒律、堕罪。古大德也曾经说过：初需未染罪，一旦染上罪，忏悔极关要。如果加以忏悔，那么失毁密宗誓言的罪业也可轻而易举得以清净。声闻乘中说：如若违犯一次根本堕罪，就像瓷器破碎一般无法恢复。破菩萨戒则如同珍宝用品破碎一般，比如，珍宝用品碎了，可以依靠能工巧匠得以修复。同样，依靠他缘善知识可以酬补菩萨戒；密乘戒则好似稍有凹陷的珍宝用品一样，也就是说，自己依靠本尊、密咒、等持进行忏悔完全可以清净无余。如果（违犯后）毫不迟疑立即忏悔，就容易清净，时间拖得越久，罪业会越来越增长，忏悔也有一定的难度。一旦超过了三年以上，就已经逾越了忏悔的期限，即使作忏悔也无法清净。

此外，作为凭借咒力与加持来救护他众、中止冰雹、消除瘟疫、治病救人以及使幼童健康成长等等兼顾自他二利的人们也是一样，要想具备咒力及加持，必须净除语障。而使语障清净的方法也无有比精华百字明更为殊胜的。所以，随时随地精进念诵百字明至关重要。我的至尊上师曾经以开玩笑的口吻说："想救护他众、享用信财亡财的人首先必须净除语障，为此念诵一千万遍百字明是必不可少的。"上师的弟子中有许多已经念诵了一、两千万遍百字明，最低也都圆满念诵了二、三十万遍。

上师金刚萨埵是集百部于一部的自性，称为大密一部金刚萨埵。浩瀚无垠、不可思议的一切寂猛本尊也无不包括在金刚萨埵之中。因为本体观为与根本上师无二无别，所以也总集了上师瑜伽，称为珍宝总集的观修法，是极其甚深究竟的法门，正如前所说密咒当中没有超过咒王百字明的。因此，我们应当了知何处也再没有比这更深的法了。

闻益窍诀然却耽词句，稍许实修然为散乱欺，

我与如我迷相众有情，愿得生圆精华祈加持。

净除业障法——观修上师金刚萨埵之引导终

# 四、积累资粮

虽知世俗然积二资粮，虽证胜义无修然入定，

虽已现前双运仍精进，无等上师足下我敬礼。

丙四（积累资粮）分二：一、供曼茶罗；二、古萨里。

丁一（供曼茶罗）分六：一、供曼茶之必要；二、所修曼茶罗；三、供三十七堆曼茶罗；四、三身曼茶罗；五、供品洁净；六、积资之理。

戊一、供曼茶之必要：

如果没有圆满福慧二种资粮，就无法获得具备二种清净的佛果。再者说，二种资粮没有圆满之前，自相续中不可能生起无倒空性实义，经中说："乃至殊胜二资未圆满，期间不能证悟胜空性。"此外还有"当知胜义俱生智，唯依积资净障力，乃与具证师加持，依止他法诚愚痴"的教言。就算是已经现量证悟了空性，然而在没有获得圆满正等觉果位之前，还必须要使修道日益增上，所以仍然需要勤勤恳恳地积累福慧二种资粮。

大瑜伽士帝洛巴尊者亲口教诲说："吾子那若巴，显现此缘起，未证无生义，莫离积二资[200]。"

瑜伽士布瓦巴也曾在道歌中说："虽具不求世俗佛果大把握，然应尽力精勤不断积福资。"

无等塔波仁波切也亲口说道："虽然积资净障也是本来清净，但要从微薄资粮开始积累。"

所以，佛陀以大慈大悲善巧方便宣说了不可思议积累资粮的方法，其中位居于首的就是供曼茶罗。诚如密续中说："若于诸佛刹，无余三千

[200]原文说"莫离二资之车轮"，此处按意思译。

界，庄严妙功德，供养圆佛智。”

在供曼茶罗的时候，按照自宗的传统，包括所修曼茶罗及所供曼茶罗两种。关于曼茶罗的质地，根据自己的经济条件，上等者使用金银等珍宝曼茶罗，中等者使用青铜等材料制成的曼茶罗；下等者使用石板、木板等光滑的平台作为曼茶罗，无论哪一种都可以。所摆放的供堆[201]：上等者用松石、珊瑚、青金石、珍珠等奇珍异宝；中等用藏青稞、橄榄子等药物果实；下等者用青稞、大米、小麦、豆类等谷类；最下等者仅仅用碎石、瓦砾、细沙等为所缘境，也完全可以。不管怎样，都要认认真真地擦拭曼茶罗的基盘。

戊二、所修曼茶罗：

首先，在所修曼茶罗的基盘上放置五堆所供物，将位于中央的一堆观想成毗卢遮那佛由如来部尊众围绕；前面的一堆观想成金刚不动佛由金刚部尊众围绕；南方的一堆观想成宝生佛由珍宝部尊众围绕；西方的一堆观想成无量光佛由莲花部尊众围绕；北方一堆观想成不空成就佛由事业部尊众围绕。或者像明观皈依境那样，将中央的一堆观想成与根本上师无二无别的莲花生大士、大圆满传承诸上师以重楼式安坐；前面的一堆观想成释迦牟尼佛由贤劫一千零二尊佛围绕；右侧的一堆观想成八大随行佛子由大乘圣者僧众围绕；左侧的一堆观想成声闻二圣[202]由小乘圣者僧众围绕；后面的一堆观想成光芒闪烁的方格架内层层叠叠放置着法宝经函。不管是哪种观想，都要将所修曼茶罗放在供台上。如果经济条件允许，就陈设五供等环绕在所修曼茶罗的周围，供养在佛像、佛典与佛塔前；如果经济条件有限，没有所修曼茶罗也可以，只是在心里意念明观福田。

[201]供堆：供曼茶罗所用的物质。

[202]声闻二圣：指舍利子与目犍连。

三层供桌

戊三、供三十七堆曼茶罗：

在供曼茶罗的过程中，左手拿着曼茶罗，长时间用右手腕来擦拭基盘，同时内心专注所缘，不散他处而念诵七支供。（擦拭曼茶盘的原因）并不是曼茶盘上有不清净物需要擦净，而是要通过这种苦行磨炼的方式来净除自相续中二障的垢染。以往噶当派的诸位大德（在供曼茶罗时），先用手腕的前面来擦拭曼茶盘，当前面起疱生疮的时候，就用侧面来擦拭，又起疱生疮时再用背面来擦拭等等。因此，擦拭曼茶盘的时候绝不能用其他的毡毯、软布等来擦，只能用手腕来擦，这是往昔噶当派诸位大德的传统，我们也要遵循这样做。

接下来开始安放供堆。下面的这一《三十七堆曼茶罗仪轨》是萨迦法王众生怙主八思巴[203]所作，因为简便易行，所以为新旧派普遍通用。在这里也有首先供养三十七堆曼茶的传统，因此就这么进行。此外，无论是新派还是旧派，各自都有许多与众不同的供曼茶罗仪轨。尤其是宁玛派的每一个伏藏品当中都有一种供曼茶罗的仪轨。自宗（宁提派）也是同样，关于广供三身曼茶罗的仪轨，是依照全知无垢光尊者在诸《心滴》中亲口说的众多言教。所以，无论采用哪种仪轨来供养都是可以的。在供三十七

[203]八思巴（1235—1280）：译言圣者慧幢，藏传佛教萨迦派第五代祖师。

堆的时候，首先念诵：

ༀ་བཛྲ་བྷཱུ་མི་ཨཱཿཧཱུྃ
嗡巴杂布米阿吽

གཞི་རྣམ་པར་དག་པ།　　དབང་ཆེན་གསེར་གྱི་ས་གཞི།
耶 南 巴 达巴　　王 亲 色 戒萨耶
清净本基　　大自在金地

同时左手拿着曼荼盘，右手洒牛净物[204]及香水。

接着念诵：

ༀ་བཛྲ་རེ་ཁེ་ཨཱཿཧཱུྃ།
嗡班扎匝 客啊吽

同时用右手拇指和无名指拿一束花（或一粒米）在基盘上右向旋绕，最后安放在中央。如果有现成的铁围山要放，也在这时候放上。以下一边念诵仪轨一边安放供堆：

ཕྱི་ལྕགས་རི་ཁོར་ཡུག་གིས་བསྐོར་བའི
谢 架 热扣 耶 给 够 哦
外铁围山环绕

དབུས་སུ་ཧཱུྃ་ལ་རི་ཡི་རྒྱལ་པོ་རི་རབ།
为 色吽拉热意加波热绕
中央须弥山王

ཤར་ལུས་འཕགས་པོ།　　ལྷོ་འཛམ་བུ་གླིང་།
夏 利 帕 波　　霍 匝 哦 郎
东胜身洲　　南赡部洲

ནུབ་བ་ལང་སྤྱོད།　　བྱང་སྒྲ་མི་སྙན།
讷 瓦浪 秀　　相 扎莫年
西牛货洲　　北俱卢洲

ལུས་དང་ལུས་འཕགས།　　རྔ་ཡབ་དང་རྔ་ཡབ་གཞན།
利 荡 利 帕　　鄂呀 荡鄂 呀 烟
身洲及胜身洲　　拂洲及妙拂洲

གཡོ་ལྡན་དང་ལམ་མཆོག་འགྲོ།
右 旦 荡 拉 求 昼
行洲及胜道行洲

---

[204]牛净物：黄牛所出粪、尿、酥油、酪和乳等五物总名。

སྒྲ་མི་སྙན་དང་སྒྲ་མི་སྙན་གྱི་ཟླ།
扎莫年荡扎莫年戒达
恶音洲及恶音对洲

| | |
|---|---|
| རིན་པོ་ཆེའི་རི་བོ།<br>仁波切热喔<br>珍宝山 | དཔག་བསམ་གྱི་ཤིང་།<br>画　萨　戒向<br>如意树 |
| འདོད་འཇོའི་བ།<br>斗　久　瓦<br>如意牛 | མ་རྨོས་པའི་ལོ་ཏོག<br>玛谋 波漏斗<br>自然稻 |
| འཁོར་ལོ་རིན་པོ་ཆེ།<br>扣漏仁波切<br>金轮宝 | ནོར་བུ་རིན་པོ་ཆེ།<br>诺吾仁波切<br>如意宝 |
| བཙུན་མོ་རིན་པོ་ཆེ།<br>怎母仁波切<br>玉女宝 | བློན་པོ་རིན་པོ་ཆེ།<br>轮波仁波切<br>大臣宝 |
| གླང་པོ་རིན་པོ་ཆེ།<br>浪波仁波切<br>大象宝 | རྟ་མཆོག་རིན་པོ་ཆེ།<br>达求仁波切<br>绀马宝 |
| དམག་དཔོན་རིན་པོ་ཆེ།<br>玛　混 仁波切<br>将军宝 | གཏེར་ཆེན་པོའི་བུམ་པ།<br>得　亲 波哦 巴<br>宝藏瓶 |

| | | | |
|---|---|---|---|
| སྒེག་པ་མ།<br>给巴玛<br>嬉女 | ཕྲེང་བ་མ།<br>幢瓦玛<br>鬘女 | གླུ་མ།<br>乐玛<br>歌女 | གར་མ།<br>噶玛<br>舞女 |
| མེ་ཏོག་མ།<br>美斗玛<br>花女 | བདུག་སྤོས་མ།<br>德　布　玛<br>香女 | སྣང་གསལ་མ།<br>囊　萨 玛<br>灯女 | |
| དྲི་ཆབ་མ།<br>这恰玛<br>涂香女 | ཉི་མ།<br>涅玛<br>日 | ཟླ་བ།<br>达瓦<br>月 | |

རིན་པོ་ཆེའི་གདུགས།
仁波切　德
珍宝伞

ཕྱོགས་ལས་རྣམ་པར་རྒྱལ་བའི་རྒྱལ་མཚན།
秀　累 纳 巴 加 为 加 灿
尊胜幢

ལྷ་དང་མིའི་དཔལ་འབྱོར་ཕུན་སུམ་ཚོགས་པ་མ་ཚང་བ་མེད་པ་འདི་ཉིད་དྲིན་ཅན་
拉荡美 花　救　彭色 措　巴玛仓瓦美巴的涅 真坚
将此等无不圆满之人天受用供养大恩

རྩ་བ་དང་བརྒྱུད་པར་བཅས་པའི་དཔལ་ལྡན་བླ་མ་དམ་པ་རྣམས་ལ་དབུལ་བར་བགྱིའོ།
匝瓦荡 结 白 吉 波 花　旦喇嘛达巴 那 拉 哦 玩结呕
具德诸根本及传承殊胜上师……

在念诵“须弥山王……”时，在中央放上一大供堆，之后安置东胜身洲等四大洲时，将自己的这一方向或供养对境方向作为东方都可以，无论如何都要从东方开始依次右旋来放。安放代表身洲及胜身洲等附洲的供堆时，每一洲在东方、西方各有一个附洲，要按照顺序来放。再放置东方代表珍宝山、南方如意树、西方如意牛、北方自然稻的供堆，然后将代表轮王七宝及宝藏瓶的供堆依次放在四方四隅，表示嬉女等外供四天女置于四方，表示花女等内供四天女的供堆放在四隅，之后东西南北依次为表示日、月、珍宝伞、事业尊胜幢的供堆。当念诵到“将此等无不圆满之人天之受用”的时候，在那些供堆上面无有空隙地堆积供物，如果有宝顶，最后就放在上面。在“供养大恩具德诸根本及传承殊胜上师、佛菩萨众”这里，有些人说需要加上“无不圆满、圆满悦意”，但是我的至尊上师说：“这一句在本论当中没有，实属多余。”关于曼荼罗的观想次第，我的上师在亲传引导时就讲了这么多，再没有别的说法，所以在此我也没有撰写。然而，本引导文中说：另见《集密意续释》有详述。所以，如果想要广泛了解，不妨参阅此书。

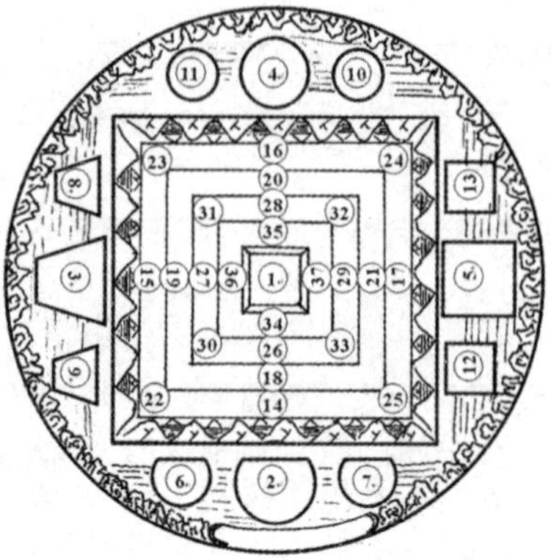

1.中央须弥山王 2.东胜身洲 3.南赡部洲 4.西牛货洲 5.北俱卢洲 6.身洲 7.胜身洲 8.拂洲 9.妙拂洲 10.行洲 11.胜道行洲 12.恶音洲 13.恶音对洲 14.珍宝山 15.如意树 16.如意牛 17.自然稻 18.金轮宝 19.如意宝 20.玉女宝 21.大臣宝 22.大象宝 23.绀马宝 24.将军宝 25.宝藏瓶 26.嬉女 27.鬘女 28.歌女 29.舞女 30.花女 31.香女 32.灯女 33.涂香女 34.日 35.月 36.珍宝伞 37.尊胜幢

三十七堆曼荼罗分布图

戊四、三身曼荼罗：

三身曼荼罗依照自宗（宁提派）的仪轨而供养时，首先是共同化身曼荼罗：前面安置供堆时所说的四大部洲、须弥山乃至梵天算为一个世界，这样数到一千，就称为一千小千世界；拥有一千个四大洲世界的

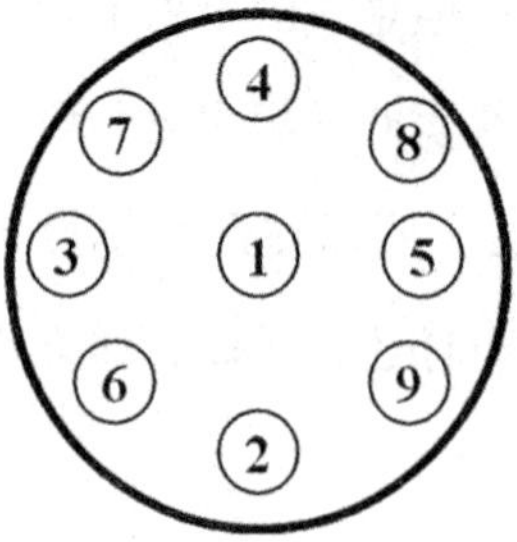


化身曼荼罗

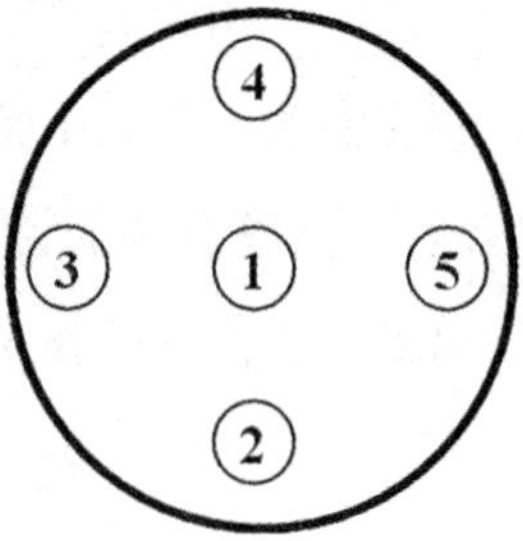


报身曼荼罗

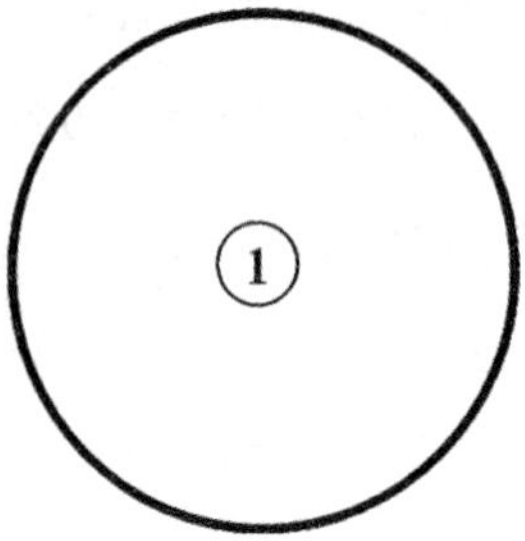


法身曼荼罗

一小千世界算为一个，这样的小千世界一直数到一千，就称为二千中千世界；中千世界算为一，这样数到一千个，就叫做三千大千世界。其中具有

百亿个四大部洲的世界是佛陀一个化身的所化刹土，比如释迦牟尼佛所化刹土叫做娑婆世界。接下来我们要观想，在不可胜数、不可思议这样的刹土中，天境人间的轮王七宝等有主、无主应有尽有的上等物品，加上自己的身体受用、寿命福德、权利地位、三时中所积累的善根、幸福安乐的事情等等，凡是最为喜爱的一切的一切都无一遗漏地堆积起来，不带有芝麻许的贪爱执著之心全部供养上师化身尊众，以上就是共同化身曼荼罗。

接着再用心观想幻化出无数个五大庄严刹土均由不可思议的良田、无量殿、嬉女等无量供养天女作点缀，以此供养上师报身尊众，这就是不共报身曼荼罗。

将无生法界安立为曼荼罗的基盘形象，所显现的四相[205]等一切分别识聚安立为供堆的形象，以此供养上师法身尊众，这就是殊胜法身曼荼罗。

精通这些观想要诀而怀着强烈的诚信、恭敬之心念诵下文：

ཨོཾ་ཨཱཿཧཱུྃ། སྟོང་གསུམ་འཇིག་རྟེན་བྱེ་བ་ཕྲག་བརྒྱའི་ཞིང༔
嗡啊吽　洞　色　杰　定　谢瓦差　杰扬
嗡啊吽　百数俱胝三千世界刹

རིན་ཆེན་སྣ་བདུན་ལྷ་མིའི་འབྱོར་བས་གཏམས༔
仁　亲　那登　拉莫　救　为　达
充满人天七宝等财富

བདག་ལུས་ལོངས་སྤྱོད་བཅས་པ་ཡོངས་འབུལ་གྱིས༔
大　利　龙　秀　吉　巴　永　簸　记
以及我身受用悉供养

ཆོས་ཀྱི་འཁོར་ལོས་བསྒྱུར་བའི་སྲིད་ཐོབ་ཤོག༔
秋　戒　扣　路　结　为　这　透　秀
愿获转法轮王之国政

---

[205]四相：修习密乘大圆满道，证得有学乃至无学所有道相：法性现前相、觉受增长相、觉性如量相和法性灭尽相。

འོག་མིན་བདེ་ཆེན་སྟུག་པོ་བཀོད་པའི་ཞིང༔
恒 曼 得 亲 德波 够 波 扬
报身佛处大乐密严刹

ངེས་པ་ལྔ་ལྡན་རིགས་ལྔའི་ཚོམ་བུ་ཅན༔
爱 巴哼旦 热 哎 措哦坚
具五决定五部供堆者

འདོད་ཡོན་མཆོད་པའི་སྤྲིན་ཕུང་བསམ་ཡས་པ༔
斗 运 秋 波 震 碰 萨 益巴
无量欲妙供云悉供养

ཕུལ་བས་ལོངས་སྐུའི་ཞིང་ལ་སྤྱོད་པར་ཤོག༔
破 为 龙 给 扬 拉秀 巴 秀
愿获圆满报身之果位

སྣང་སྲིད་རྣམ་དག་གཞོན་ནུ་བུམ་པའི་སྐུ༔
囊 这 那 大 运 讷哦波 哥
现有清净童子瓶佛身

ཐུགས་རྗེ་མ་འགགས་ཆོས་ཉིད་རོལ་པས་བརྒྱན༔
特 即玛 嘎 秋 聂 肉 被 坚
大悲不灭法性游舞饰

སྐུ་དང་ཐིག་ལེའི་འཛིན་པ་རྣམ་དག་ཞིང༔
哥荡 特 利 怎 巴那大 扬
明点持身净刹悉供养

ཕུལ་བས་ཆོས་སྐུའི་ཞིང་ལ་སྤྱོད་པར་ཤོག༔
破 为 秋 给扬 拉 秀巴 秀
愿获殊胜法身之果位

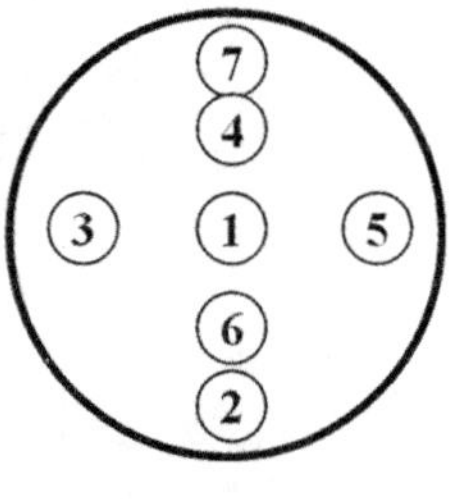

七堆曼茶罗

计数的时候，左手如最初供养时那样握着曼茶盘，右手安放供堆。如此一来，势必会导致左手极其疼痛，可是在没有达到根本无法握住曼茶盘之前，一定要以顽强的毅力手抬起来握着曼茶盘。所谓的苦行精进求正法，并不是说单单的口中没有吃的，而是指时时刻刻不怕一切艰难困苦，以坚韧不拔的毅力去修行。所以，仅仅依靠修曼茶罗的苦行和安忍，也能圆满广大的资粮，我们一定要身体力行。最后左手实在无法继续拿着曼茶盘的时候，就将它放在前面的供台等上面。在供曼茶罗期间，要一边供一边计数。在用餐、喝茶等一切间歇的阶段，要收好前面所供曼茶罗。当重新开始时再如前一样首先供养三十七堆曼茶并且继续计数。通过这种方式来供曼茶罗必须要圆满供足十万遍。暂时不能做到广供三身曼茶罗的人，仅仅念诵下文：

ས་གཞི་སྤོས་ཆུས་བྱུགས་ཤིང་མེ་ཏོག་བཀྲམ། །
萨耶 布 切 谢 向 美斗 扎
涂香鲜花遍大地

རི་རབ་གླིང་བཞི་ཉི་ཟླས་བརྒྱན་པ་འདི། །
热绕 朗 月涅得 坚巴 的
须弥四洲日月饰

སངས་རྒྱས་ཞིང་དུ་དམིགས་ཏེ་ཕུལ་བ་ཡིས། །
桑 吉 扬德 莫 得破瓦意
观想佛刹作供养

འགྲོ་ཀུན་རྣམ་དག་ཞིང་ལ་སྤྱོད་པར་ཤོག །
昼 根 那 大 扬 拉秀白 秀
愿诸众生行佛刹

ༀ་གུ་རུ་རཏྣ་མཎྜལ་པཱུ་ཛ་མེ་གྷ་ས་མུ་དྲ་ས་པ་ར་ཎ་ས་མ་ཡེ་ཨཱཿཧཱུྃ།
章格日鬲那曼扎拉勃匝梅嘎萨莫扎萨巴鬲那萨玛意啊吽

只是供这七堆曼茶罗也可以。无论怎样，供养的过程中以最初加行发心、中间正行无缘、最后结行回向来印持也就是以三殊胜摄持十分重要，这一点与其他修法完全相同。

戊五、供品洁净：

在供曼茶罗期间，用青稞、小麦等谷物供曼茶罗时，如果自己经济富裕，绝不能重复使用陈旧的粮食来供养，完全要用新鲜粮食作供养。这样供养之后将所供的粮食施给鸟类、鼠类或盲人、乞丐等，或者堆放在佛像、佛经、供塔前等都是可以的，而不应该归为己有而自行使用。如果经济不宽余，就根据实际情况适当更换所供的粮食及供品。作为穷人等，一次供养的粮食反反复复来供也是允许的。不管怎样，都要先将供品中的土灰、稗子、鸟粪等所有杂质清除干净，做到所供物清洁，并且用藏红花等香水浸湿后再来供养。

对于一贫如洗的穷人或者真正能够观想"一尘中有尘数刹"而作意幻供养的那些利根者，佛经中开许可以供养土粉、瓦砾等等。而自己本来拥有万贯家财，却舍不得用来上供下施，反倒摆出诵咒、观想等种种相似的理由而自以为是的那些人，其实是自己欺骗自己。而且,诸续部及窍诀中明明说"清洁美妙之供品"以及"配制清洁欲妙供"，而并没有说"肮脏污秽之供品"，因此，我们绝不可以将自己的残汤剩饭等肮脏不堪的物品作为供品，或者好的青稞留给自己吃，渣滓作为供物或磨成做神馐食子的糌粑等等。诚如往昔噶当派诸大德所说：切切不要自己享用新鲜的部分而将发霉的油饼、发黄的菜叶等供养三宝。将有辣味或腐败的酥油等作为神馐或者做成酥油灯来供养，而自己食用新鲜的酥油，这些都是耗尽福德之因，所以必须坚决断除。

此外，在做神馐、食子等时软硬程度一定要做成与自己食用的一样，不能考虑简便易行而做成软软绵绵的食子团，阿底峡尊者曾经亲口说道："西藏人是不会富足的，因为人们做的食子团[206]软软塌塌。"此外尊者还这样说过：在藏地，仅仅用水来积累福德也已足够了！在印度，由于气候过于炎热，而没有西藏这样清净的水。

只要自己能够精进，那么以供养清净的水来积累资粮，也会得到想象不到的功德利益。

[206]食子团：做朵马所用揉合了的糌粑。

作水供时要将七个供水杯等供器认认真真擦得干干净净，排列的时候间距也要适度，不可有过宽过窄、东倒西歪等现象，并且水中不能混有谷类、灰尘、含生等杂质，水器中的水也不能满满当当或极度不满，供台上不可有溢出的水流等等，一定要做到精致美观、令人赏心悦目。《普贤行愿品》中也说："如是最胜庄严具。"无论是哪一种供品，甚至摆放、罗列的形式都要做到美观庄严、使人舒心悦意。这样，依靠恭敬诸佛菩萨之因便可圆满自己广大的福德资粮，因此我们必须竭尽全力去做。

当然，在自己穷得叮当响实在无能为力等情况下，以一颗清净的心供养肮脏的残汤剩饭、低劣物品等也未尝不可，因为诸佛菩萨并没有干净、肮脏执著的分别念，往昔也有贫女仲涅玛供养世尊酥油灯的公案[207]。另外曾经有一位患了麻风病的女子在行乞的时候得到了一碗米汤供养声闻大迦叶尊者，当时一只蚊子落入汤里，麻风女试图除去蚊子，结果手指断落在米汤中。但是大迦叶尊者为了满她的心愿而喝了米汤，并作为自己全天的斋饭，这使得麻风女无比欢喜，以此因缘她死后转生到三十三天[208]。所以，供养曼茶罗时也是同样，以清净意乐、尽己所能做成纯净悦意的物品而供养是殊胜的要诀。

戊六、积资之理：

供曼茶罗等精勤积累资粮的方便，在修道过程中是不可缺少的修法。如续部中说："未积资粮无成就，沙子不能榨出油。"不积累资粮而希望获得成就，如同想从河边的沙子中榨出油来一样，就算是费尽九牛二虎之力挤压沙子，也不可能从中得到一点一滴油的成分。而想通过积累资粮来获得成就则好似榨芝麻得油一样，榨多少芝麻就会出多少油，哪怕是仅仅将一粒芝麻放在指甲上挤压，它也会使指甲变成油渍渍的。佛在经中也

[207]详见《贤愚经》之"贫女难陀品"。

[208]详见《根本说一切有部毗奈耶药事（卷12）》之"大迦摄波"与"癞女"的公案。

说："未曾积累资粮欲得成就，好似搅拌水想得油；积累资粮欲得成就，恰似搅拌乳想得酥油。"

因此说，获得终极殊胜的成就是圆满二种资粮的正果。正像前文中所说的那样，如果没有圆满福慧资粮，就无法获得具备二种清净的佛果。怙主龙树菩萨也亲口说："此善愿诸众，圆满福慧资，获得福慧生，殊胜之二身。"意思是说，通过圆满有缘福德资粮而获得殊胜色身，依靠圆满无缘智慧资粮而获得殊胜法身。

而且，暂时世间的成就也都来源于圆满资粮。如果自己从来没有积累过资粮，那么无论下再大的功夫也无济于事。比如，仅仅就眼前的受用、饮食、财物来说，有些人依靠以往积累资粮作为后盾，不费吹灰之力自然而然财源滚滚。可是有些人整个一生都是千方百计、勤勤恳恳、兢兢业业经商务农等，结果却没有芝麻许收益，最终竟然落得个饿死的下场，诸如此类的事情，是我们在现实生活当中有目共睹的事实。

再者，有些想通过修财神、护法神等得成就获财富的人也是一样，如果自己没有往昔所积累的布施果报，那么护法神们也爱莫能助。

从前，一位深居山里的修行人生活拮据，一无所有，于是他便开始观修单坚护法神，结果真的修成了，已经达到了人与人交谈般的境界，可是却没有获得任何悉地。单坚护法神对他说："因为你以前布施的果报一分一毫也没有，所以我实在无法给予你悉地。"

一天，在众多乞丐的行列中，这位修行人得到了一碗稀粥。回来后，单坚护法神问他："今天我给你悉地了，你知道吗？"

那人说："我仅仅得到了一碗稀粥，而且不只是我，所有的乞丐都得到了，不知道您所赐的悉地到底是什么？"

单坚护法神说："盛粥时，你的碗里落的一大块油脂，就是我赐的悉地啊。"

可见，如果自己实在不具备往昔所积累的布施果报，即使修财神法等也不能遣除贫穷。假设世间的财神等也能够赐予受用的悉地，那么诸佛菩萨的威德、神变胜过他们百千倍，并且全部是未受嘱托而利益一切众生的，必定会在这个世界上降下受用妙雨一瞬间消除一切贫穷，他们并没有这么做（，事实上也并不是这么一回事）。一切受用财富等唯一要靠积累福德才能获得，诚如古大德所说："精勤如山王，不如积微福。"

当今时代，在一些穷乡僻壤的地方，人们看到稍有受用地位之人，便大呼小叫地喊道"上师知！这个人多么多么的了不起啊"而大惊小怪。其实，如果遇到殊胜的福田，加上自己怀有一颗清净的心，达到这种程度并不需要积累很大的福德资粮。举个例子来说，在历史上我乳转轮王[209]曾经以七颗豌豆的布施果报，后来统治了三十三天以下；波斯匿王的福禄也是以往布施温热无盐食团的果报[210]。

昔日阿底峡尊者初来西藏时，当时整个藏地要比现在繁荣昌盛得多。可是尊者却说："西藏真正成了饿鬼世界，在西藏居然没有一个能享受曾经对清净福田布施一斗青稞果报的人。"

有些人之所以对于眼前微薄的财富、地位感到稀奇罕见，原因有三：其一、自己孤陋寡闻，见识短浅；其二、对于现世过于贪著；其三、并没有一五一十地懂得前面所说无忧树之果等要诀的因果规律或者只是懂得而没有诚信。

因此，如果相续中真正生起了无伪的出离心，那么即使见到现世中那些富如龙王、高如虚空、厉如霹雳、艳如彩虹的人，也一定会认识到这些没有芝麻皮许恒常性、稳固性的实质，进而必然像胆病患者见到油腻食物一样感到恶心、厌烦。

当然，为了今生的受用圆满精勤积累资粮对世间平凡人而言倒也勉强

---

[209]我乳转轮王：佛书所说转轮王之一。

[210]详见《根本说一切有部毗奈耶药事（卷12）》之"严备象马车步乘，能于国城自在食，王今不见缘何有，因施无盐米膏力"一偈的公案。

说得过去，但是沾不上出世间正法的边，为什么这样说呢？因为，如果是一位希求获得解脱果位的真正修行人，就必须像前面三番五次所强调的那样，做到如丢唾液般抛弃现世的一切贪执，背井离乡，奔赴异地，唯依静处，罹患疾病、乐观对待，死亡临头、坦然面对而精进修法。

一位弟子曾经问无等塔波仁波切："在如今的末法时代，对于一个修持正法的行人来说，很难得到衣食资具，我们是修财神法还是修学摄生术[211]，或者干脆走向必然的死亡？到底怎样做才好呢？"

仁波切告诉他说："即使修财神法，但如果没有往昔的布施果报，也很难以达到目的，而且内心想如理如法修行的人为了今生利益去修财神法也是矛盾的；摄生术也是同样，在繁荣兴旺的古代，土石水木等营养充足的当时倒是容易修成，而在营养已经殆尽的现代，修摄生术也不可能获利；走向必然的死亡也不合情理，像如今这样的暇满人身将来难以复得，可是如果内心深处真正生起一种'死与不死都无所谓，我决定修行'的观念，那么永远也不会缺衣少食，从来没有出现过修法者被饿死的先例。世尊也曾说：'纵然发生一藏升[212]珍珠兑换一藏升面粉的饥荒，佛陀的追随者也不会缺衣乏食。'"

诸位佛子菩萨们积资净障也都是为了饶益遍满虚空界的一切众生。不用说成办自己现世的利益，即便是为了自利希求获得圆满正等觉的果位，也根本不属于大乘道。所以，无论是积累资粮还是净除罪障都必须为一切众生的利益着想，绝不能掺杂自私自利之心，这一点至关重要。倘若如此修行，那么自己的利益以及今生的幸福安乐等不求也会自然获得，如同点火的时候炊烟自然产生、播种青稞禾秸自然长出一样。为此，我们务必抛弃如毒般追求现世自利的这种心。

丁二（古萨里）分三：一、古萨里之义；二、施身修法；三、断法之

---

[211]摄生术：避谷术，金丹术。宗教徒凭借花草药石以求延年益体之术。

[212]藏升：西藏容量单位名，约可盛青稞市制一斤又二三两。

含义。

戊一、古萨里之义：

顿然断除四魔——积累古萨里资粮：这里所说的积累古萨里资粮舍施身体的略修法，本来《心性休息》中是与上师瑜伽结合在一起讲的，所以作为上师瑜伽的支分也并不矛盾。但在这里按照我上师的言教传统，加在曼茶罗的后面讲。

所谓的古萨里[213]是乞丐的意思，比如居于深山舍弃今生的瑜伽行者等，得不到用来积累资粮的其他受用而依靠观想供施自己身体的一种修法。实际上，辛辛苦苦、勤勤恳恳所积累珍惜的一切其他物质，也无非是为了养活自己的这个身体，为此每个众生必然珍爱自己的身体胜过其他一切受用。所以，为了断除对身体的爱执而进行供施身体，与供施其他物质相比较，显然功德更大、利益更巨。如颂云："供施马象成百倍，供施妻儿成千倍，供施身体十万倍。"玛吉拉准[214]也说："无贪施身体，未知为二资，珍爱蕴身体，佛母前忏悔。"

戊二、施身修法：

如果自己具有娴熟的观想能力，那么首先就可以观想神识腾空而起，一刹那变成忿怒佛母。倘若不具备这种能力，就在自己心间将心识的本体观想为玛吉黑怒母，她作起舞的站式，右手挥动弯刀于空中，左手持充满血的托巴于胸前，右耳旁有一个黑色猪面发出叫声，总之她具足所有忿怒装束。当口诵"啪的(ཕཊ)"时观想神识经过中脉道从梵净穴完全出来后，自己的身体当下变成一具尸体而猛然栽倒在地。这具尸体并不是现在身体的这副模样，而是极为庞大、又肥又壮、滑腻润泽的形象，大小等同于三千大千世

[213]古萨里：乔美仁波切著《山法集》中云："所谓古萨里，除三想（吃饭、解大小便、睡觉）外无其他世间俗事，唯一心修禅定者。"

[214]玛吉拉准（1031—1129）：雪域著名瑜伽母，依般若经典开悟后依止帕单巴桑吉为上师，创立了断法派。

界，观成这样一个尸首。接着将自己观想为玛吉黑怒母，右手用弯刀向自己那具尸体的白毫间一指，结果它的天灵盖即刻断掉。那个托巴也不像现在这样，它的大小也等同于三千大千世界。再观想忿怒母左手拿起那个托巴放在大如须弥山的三个人头支起的灶上，额头朝向自己；右手又用弯刀挑起尸体放在托巴里。之后在托巴上方的虚空中观想一个甘露自性的白色“杭(ཧཱྃ)”字，托巴下方观想一个烈火自性的红色“短啊(ཨ)”，在念诵“嗡啊吽（ༀ་ཨཱཿཧཱུྃ）”的同时，观想从“短啊”中燃起熊熊烈火温暖了托巴内的尸体，使它溶解成甘露自性而沸沸腾腾，盈盈充满整个托巴，使得一切肮脏污秽的不净物变成水泡、浮膜的形态而向外溢出。气体接触“杭”字，结果“杭”字也变热，源源不断降下的红、白甘露混为一体，最后“杭”字完全化为光，与托巴内的甘露融为一体。一边这样观想一边念诵下文：

ཕཊ༔ ལུས་གཅེས་འཛིན་བོར་བས་ལྷ་བདུད་བཅོམ༔
啪的　离　吉　怎窝韦拉德炯
啪的　舍弃爱身执著毁天魔
སེམས་ཚངས་པའི་སྒོ་ནས་དབྱིངས་ལ་ཐོན༔
思　仓　波够内扬　拉吞
心识由梵穴出于空中
འཆི་བདག་གི་བདུད་བཅོམ་ཁྲོས་མར་གྱུར༔
彻达　格德炯　杵玛杰
成忿怒母摧毁死主魔
གཡས་ཉོན་མོངས་བདུད་བཅོམ་གྲི་གུག་གིས༔
意　拗蒙　德　炯哲哥给
右持弯刀摧毁烦恼魔
གཟུགས་ཕུང་པོའི་བདུད་བཅོམ་ཐོད་པ་བྲེག༔
则　　碰布　德炯托　巴追
斩断托巴摧毁色蕴魔
གཡོན་ལས་བྱེད་ཚུལ་གྱིས་ཐོད་ཐོགས༔
云　雷　些策吉班达　透
左手以事业印持托巴
སྐུ་གསུམ་གྱི་མི་མགོའི་སྒྱེད་པུར་བཞག༔
格　色戒莫　故　吉波压
置于三身人头之灶上

ནང་སྟོང་གསུམ་གང་བའི་བམ་རོ་དེ༔
囊 冬　色 刚卫 瓦肉得
彼中尸身充满三千界

ཨ་ཐུང་དང་ཧཾ་ཡིག་གིས་བདུད་རྩིར་བཞུ༔
阿通 当杭耶 给　德 则 耶
短啊杭字所融成甘露

འབྲུ་གསུམ་གྱི་ནུས་པས་སྦྱངས་སྤེལ་བསྒྱུར༔
哲 色　戒 内　贝央 贝　杰
以嗡啊吽咒力净增转

自己念诵“嗡啊吽”时，观想以嗡字净除色香味等一切过患，以啊字增多，以吽字转变成一切所求的事物。也就是成为散布一切所愿之云的无漏智慧甘露的游舞与自性。接着在自己前面的虚空中，观想有一个柔软舒适的宝座，上面安坐着大恩根本上师，上师的上方是根本传承上师，中间是本尊圣众。再观想在托巴口对面的虚空中，有吉祥怙主七十五尊等智慧护法神和业力所成的护法神以及地方神、土地神等，在他们下方的大地上，八万种魔众、十五种小儿恶鬼[215]等魔众为主客的三界六道一切众生，就像日光汇集尘埃一样。接着观想上方所有的根本传承上师佛菩萨，均用具有金刚管的舌头吸引甘露的精华来享用，以此使自己圆满了资粮，净除了罪障，所失毁的誓言也得以清净，获得了共同殊胜成就。随后再观想中间的四续部六续部本尊等所有尊众，以各自特有标帜，也就是具有空心的金刚、法轮、珍宝、莲花、金刚十字架[216]等舌头吸引甘露之精华来享用，以此使自己圆满了资粮，净除了罪障，所失毁的誓言也得以清净，获得了共同殊胜成就。又观想空行勇士护法吉祥怙主七十五尊等，以具有日光空管的舌头吸入甘露精华而享用，以此使自己圆满了资粮，清净了业

[215]十五种小儿恶鬼：1. 柔软鬼牛身；2. 兽王鬼兽身；3. 作瘦鬼童身；4. 作忘鬼狐身；5. 持拳鬼乌鸦身；6. 鬼女人身；7. 轧米尕鬼马身；8. 贪欲鬼金刚身；9. 腹行魅女犬身；10. 臭魅猪身、11. 作愁鬼猫身；12. 禽魔禽身；13. 顶臂鬼鸡身；14. 八面鬼枭身；15. 吊眼鬼蝙蝠身。

[216]十字架：十字形，如交叉金刚杵等。

障，遣除了一切修持菩提胜法的违缘障碍，增上了一切顺缘所欲的善妙资粮，这就是上供素斋。

如果自己具有娴熟的观想能力，就将自己观想成玛吉黑怒母，从心间化出白、蓝、黄、红、绿五色事业空行母成百上千、不可胜数，好似日光照射下的微尘弥漫一般，她们将智慧颅器中装满的无漏精华甘露施给三界六道的每一个众生，使他们心满意足。如果自己不具备这样纯熟的观想能力，就将自己观成忿怒母，左手将托巴中熬好的甘露洒给三界六道一切众生，普降甘露雨，使所有众生痛快畅饮之后心满意足，这就是下施素斋。

接下来观想从沸腾的甘露蒸气中，散发出沐足水、鲜花、熏香、酥油灯、香水、神馐、乐器、八吉祥徽[217]、轮王七宝、幡伞、宝幢、华盖、千辐金轮、右旋海螺等等不可思议的供云，将这一切的一切均敬献上供对境，以此圆满自他一切众生的资粮、清净业障，这是上供花斋。

再观想从中如雨般降下六道所有众生各自所需求的一切资具，使他们全部欢欣喜悦、称心如意。尤其是自己从无始轮回以来到现在，（必定欠下了许许多多的债，）比如杀生短命的债、夺财贫穷的债、殴打多病的债、上者救护的债、下者恭敬的债、中者友爱的债、高官住房的债、卑微田地的债、亲友近邻的债、子孙牲畜的债、享用饮食的债、穿着衣服的债、债债相联的债、挤取乳汁的债、役使驮运的债、开垦荒地的债、消费使用的债等等宿债，此时此刻，观想一切男女冤家债主手拿容器前来讨寿讨命、讨骨讨肉等等，犹如债主索债般蜂拥而集，他们各自所求的各不相同，不管他们求什么，都满足他们的愿望，求食施食，求衣施衣，求财施财，求乐园施乐园，求乘骑施乘骑，求住房施住房，求亲友施亲友，如雨般降下取之不尽、用之不竭的宝藏，从而了结了宿缘、偿清了宿债、化解了宿怨、清净了罪障，那些冤家债主也全部心满意足，皆大欢喜。剩下

[217]八吉祥徽：吉祥结、妙莲、宝伞、右旋海螺、金轮、胜利幢、宝瓶、金鱼。

来，对于那些语言无力、势力薄弱以及跛、盲、聋、哑等为苦所迫的所有六道可怜众生，给他们各自所求的事物，无依无怙者面前作为他们的依怙、无有友军者面前作为他们的友军、无有亲朋者面前作为他们的亲朋、无近邻者面前作为他们的近邻，赐予病者康复的灵丹妙药，赐予亡者起死回生的甘露，赐予跛者神足，赐予盲人智慧眼，赐予聋人无漏耳，赐予哑人智慧舌等，他们受用后心满意足，远离了六道各自的一切业感、痛苦、习气。最后所有男众均获得圣者观世音的果位，所有女众均获得圣者度母的果位，从而彻底根除了三界轮回，这是下施花斋。

直到观想得一清二楚为止，期间一直尽力念诵：

ཨོཾ་ཨཱཿཧཱུྃ༔
嗡啊吽

再接着念下文：

ཕཊ༔　ཡར་མཆོད་ཡུལ་མགྲོན་གྱི་ཐུགས་དམ་བསྐང་༔
啪的　牙 求 耶 谆 戒 特 大 刚
啪的　上供满足对境贵客意
ཚོགས་རྫོགས་ནས་མཆོག་ཐུན་དངོས་གྲུབ་ཐོབ༔
凑 奏 内 秋 吞 怄 哲 透
圆满资粮获胜共悉地
མར་འཁོར་བའི་མགྲོན་མཉེས་ལན་ཆགས་བྱང་༔
玛 扣 卫 谆 妮 蓝 恰香
下施令众欢喜清宿债
ཁྱད་པར་དུ་གནོད་བྱེད་བགེགས་རིགས་ཚིམ༔
恰 巴 德耨 谢 给 热 侧
尤令作害魔种悉饱足
ནད་གདོན་དང་བར་ཆད་དབྱིངས་སུ་ཞི༔
那 敦 当 瓦恰 扬 色耶
息灭病魔障碍消法界

རྐྱེན་ངན་དང་བདག་འཛིན་རྡུལ་དུ་བརླག༔
晋 安 当 达 怎 德的 拉
摧毁一切恶缘及我执
མཐར་མཆོད་བྱ་དང་མཆོད་ཡུལ་མ་ལུས་ཀུན༔
塔 秋 夏当 秋 耶玛利 根
一切能供所供及供境
གཤིས་རྫོགས་པ་ཆེན་པོར་མ་བཅོས་ཨཱ༔
悉 奏 巴 钦波 玛救 阿
本性无改大圆满中啊

念诵完毕，在不缘能供、所供及供境的无缘境界中入定。

所有断法论典中本来宣说了素、荤、花、黑四斋，但这里只是列举了素斋及花斋而没有提及荤斋与黑斋。

当今时代有些自诩为断法者的人认为，所谓的断法，就是通过残杀、砍剁、殴打、驱逐等手段，彻底消灭那些凶神恶煞的一种粗暴事业，所以他们始终都是怒气冲冲、煞气腾腾，摆出一副气势汹汹、洋洋自得的姿态，他们觉得必须要像阎罗狱卒一样威风凛凛，盛气凌人。他们在对病人等实施断法的过程中，也是以怒不可遏的暴力行为，瞪着碗大的双眼、怒目而视、咬牙切齿，同时握紧双拳、连捶带打，甚至将病人身上穿的衣服也撕得破破烂烂。他们自以为这样便可以降伏鬼神，孰不知这种做法实在是大错特错。

玛吉拉准空行母也说：“对于从无始时以来以恶业为因、被恶缘之风所吹、接连不断处在迷乱显现之中不断感受痛苦、死后也将立即堕入恶趣深渊的那些凶猛残暴的鬼神，我是以大悲的铁钩勾召它们，以自己的温热血肉布施它们，以慈悲菩提心转变它们的心，并将他们摄受为自己的眷属。可是未来（末法时期）那些‘伟大的断法者’却认为断法就是残杀、驱逐、殴打我以大悲铁钩勾召的凶神恶煞，这完全是邪断法，也是魔教兴盛的标志。”她还预言将来会出现九种黑断法等邪断法，因为这些都是认为离开慈悲菩提心而只是通过残暴行为降伏鬼神的邪法。这种做法虽然可以降伏一两个势单力薄的鬼魔，但如果遇到一些凶猛残暴的鬼神，反而会赔上自己的性命，这一点依靠我们日常生活中亲眼目睹的许多实例也足可以证明。

特别是对修行正法的人来说，很难以了知他们所得到的降魔加持等能力是真正的道相功德还是魔障，因为大多数鬼使神差的人表面上也具有神通、威力等等，但从长远来看，他们的言行举止肯定与正法越来越相违，到了最后甚至连芝麻许的善心也荡然无存，结果自己得到的就是背着重如须弥山的信财异熟债。而且得到的蝇头小利对今生也起不到什么作用，到头来连维生的衣食也无处寻得，或者即使得到也舍不得吃舍不得穿以至于冻死饿死，正如前面所说，这些人死后也一定会转生在孤独地狱等恶趣当中。

戊三、断法之含义：

断法所要降伏的妖魔鬼怪，其实并不在外界而在内心。外境错觉显现为鬼神的形象也都是由没有根除我执、我所执的傲慢产生的。玛吉空行母说："有碍[218]无碍魔[219]，喜乐[220]傲慢魔[221]，其根为慢魔。"所谓的魔就是我执傲慢魔。空行母还这样说过："众魔为意识，凶魔乃我执，野魔即分别，断彼称断者。"

米拉日巴尊者也曾经对岩罗刹女说道："比你更厉之魔是我执，比你更多之魔是意识，比你更纵之魔是分别。"

关于断法的分类，玛吉空行母说道："漫游险山外断法，弃身施食内断法，唯一根除义断法，具此三断乃瑜伽。"所以，一切断法行者彻底根除了所有无明迷现的根本——我执，就称为"唯一根除义断法"。在没有断除我执之前，外境迷现的魔杀也杀不了，打也打不倒，压也压不住，赶也赶不

---

[218]有碍魔：外境的地神、鬼神、地水火风、疾病灾难等。

[219]无碍魔：贪嗔痴等八万四千烦恼。

[220]喜乐魔：自以为修法、境界等如何如何高而沾沾自喜之心。

[221]傲慢魔：即我执烦恼，本无五蕴而执著为有之我和我所者。

走，就像火没有熄灭之前烟无法灭尽。同样的，在没有根除内心的傲慢魔之前，由它的功用所产生的外境迷现的鬼神不可能消失，诚如岩罗刹女对米拉日巴尊者所说："未了魔乃心之根，似我之魔不可数，你虽劝逐我不去。"

至尊米拉日巴也说："执魔为魔遭损害，知魔为心获解脱，证魔为空即断法。此魔罗刹男女相，未证之时乃为魔，制造障碍作损害，若证悟魔即本尊，一切悉地从汝生。"

所谓的断法，是指彻底根除内心执魔的分别念，而不是指残杀、殴打、驱逐、镇压、消灭外魔，因此我们一定要弄明白的一点是，所断的魔不在外界而在内心。

一般来说，大多数其他教派将一切事业的利齿、粗暴的威力，矛头箭锋指向外面，对外境的怨敌魔障展示降伏的事业，可是我们的这个教派并非如此，诚如米拉日巴尊者所说：我们这个教派的宗旨就是彻底根除我执、抛弃世间八法、令四魔无地自容。

一切修行就是向内反观自心，将所有的能力、威力、精力全部用在根除我执上。所以说，喊一百遍"救我护我"不如诵一次"吃我携我"的好，向一百位本尊祈求救护，不如将身体施舍给一百个鬼神为食的好。如（玛吉拉准空行母）说："病人交付于鬼魔，送者托付于怨敌，口诵百遍救护我，不如一遍食携我，此乃佛母我法轨。"

如果断除了内在执魔的根本，那么一切现相都会显得清净，也就出现了所谓的"魔类成为护法神，护法换面成化身"。

如今有些不懂此理而自诩为断法者的人，认为外境中存在实有的鬼神，并且恒时处于不离执魔的境界中，结果一切显现真的成了妖魔鬼怪，自己整天心神不定、忐忑不安，也常常对别人说"山上有魔，山下有魔"、"这是鬼，那是魔"、"那是妖精，我看见了并且捉住它，最后将它杀了"、"你身上潜伏着一个魔，被我赶走了，而且它还回头看了你一眼呢"等等，这些绝对是妄言骗人、胡说八道、信口雌黄。当这个时候，鬼神饿鬼们得知这种情形之后便缠着他们，他们走到哪里，鬼神便跟到哪里，如影随形般不离左右。并且进入那些心胸狭窄、容易控制的女人等相续中，口口声声地说“我是神”、“我是鬼”、“我是死人”、“我是你的老父亲”、“我是你的老母亲”，更有甚者还说“我是本尊”、“我是护法神”、“我是单坚”等等，并且妄言授记、胡说神通。鬼神欺上师，上师骗施主，就像世间的俗话所说：“父被子欺，子被敌骗。”五浊恶世的象征真的已经现前了，国土也是被魔王统治着，正如邬金莲花生大士曾经授记说：“浊世男心入男魔，女人心中入女魔，孩童心入独角鬼，僧人心中入冤魔，每藏人心入一魔。”又说：“将独角鬼视为天尊的时候，也就真正到了藏人受苦的时代。”这种预言的时间看来现在已经来临了。

所以，我们绝不能将表面似乎显现的外在迷现的鬼神魔障形象看成是真真实实存在，而要将这一切观为如梦如幻的游舞来修炼自心。暂时现似能害所害的鬼神、病人也都是由往昔恶业错觉的因所导致的，从而结成了能害与所害的关系。因此，对它们千万不能有亲疏、爱憎之心，而要平等观修慈悲菩提心，彻底根除贪爱自己的我执，将生身性命毫不吝惜地施给鬼神作为食物，息灭它们相续中的嗔恨、粗暴，诚心诚意地讲些能使它们相续趋向正法的法要并发愿，最终将执著自他能害所害、圣现魔现、自他的患得患失、贪爱憎恨、贤劣苦乐等一切分别念斩草除根。如颂云：“无圣无魔见之要，无散无执修之要，无取无舍行之要，无希无忧果之要。”一旦大彻大悟一切能害所害均是法性等性，就断绝了内心傲慢魔的根本，也就现前了究竟义断法。

虽具无我见然我执重，虽断二执然仍起希忧，

我与如我我见众有情，愿证无我实相祈加持。

积累资粮——供曼茶罗与古萨里之引导终

## 五、上师瑜伽[222]

首先依止胜师如教行，中间百般苦行而实修，

最后密意无二得师传，无等上师足下我敬礼。

丙五（自相续生起证悟智慧之究竟方便——上师瑜伽）分三：一、上师瑜伽之重要性；二、上师瑜伽实修法；三、传承上师简历。

丁一、上师瑜伽之重要性：

总的来说，要想修行一门正法，首先必须寻找一位具足一切法相的真正上师善知识，然后依教奉行、对上师生起真佛之想、诚心诚意地祈祷上师，这一点十分重要。经中也说："胜义谛是依靠信心而证悟的。"此外，阿底峡尊者也曾经亲口说道："诸位法友，在没有获得菩提之前需要依止上师，因此要依止殊胜善知识；在没有证悟实相之前需要闻法，因此要谛听上师的教授；一切安乐均是上师的加持，因此要报答上师的恩德。"喀喇共穹格西说："必须认识到上师是世间出世间一切成就的作者。即使精通三藏，但如果不恭敬上师，对上师没有诚信及感恩戴德之心也不会有所收益。"

尤其是，密宗金刚乘的一切道法中，唯独上师占有举足轻重的位置，因而所有续部中都讲述了上师瑜伽的修法，并且指出这一修法比观修一切生圆次第更为殊胜。如续部中云："何人俱胝劫，修十万本尊，不如一刹那，忆念上师胜。"此宁提金刚藏乘自性大圆满的观点，既不是像下乘那样凭借伺察、推理等方式来抉择甚深意义，又不是像下续部那样依靠共同悉地而获得究竟殊胜悉地，也不是像其他上续部通过第三灌顶的喻智慧来直指义智慧，而是认为唯一依止一位传承如纯金丝线没有沾染破誓言的锈

[222]上师瑜伽：瑜伽就是相应的意思，所谓的上师瑜伽，就是与上师相应的修法。

一样具有殊胜证悟的上师，将这位上师看成真佛，以坚定不移的虔诚信心与恭敬心猛烈祈祷，使自己的凡夫心与上师的智慧成为无二无别，也就是说依靠上师的加持力使自相续中生起证悟，就像前所引用的："当知胜义俱生智，唯依积资净障力，具证上师之加持，依止他法诚愚痴。"萨谒哈巴尊者也说："师言入于何人心，犹如现见手中宝。"

此外，全知法王无垢光尊者也在《虚幻休息》中说："依靠观修生圆次第等各道本体不能解脱，因为它们还需要依靠行为及助缘等。唯以此上师瑜伽自道本体才能使自相续中生起实相的证悟，而得解脱，所以说一切圣道中上师瑜伽最为甚深。"

《誓言庄严续》中云："十万劫中勤观修，具相随好之本尊，不如刹那念师胜，念咒修法千万遍，不如祈师一遍胜。"《阿底庄严续》中也说："观具恩上师，于头顶心间，或于手掌中，千佛之成就，彼人亦可得。"

至尊果仓巴[223]也亲口说过："若修上师瑜伽法，尽除过患德圆满。"又说："虽多修持生次第，然修上师为无上，虽多修持圆次第，然诚依师为无上。"

另外，哲贡炯巴仁波切[224]也曾说："上师四身雪山上，敬信之日若未升，不降加持之水流，故当勤修敬信心。"

至尊让热日巴说："若不祈祷上师尊，求无分别之智慧，如朝北洞中待日，彼无境心融合时。"

因此，无伪实相的证悟，唯有依靠以恭敬诚信之心来修上师瑜伽，才可以在自相续中生起，除此之外依靠其他任何方法都无法证悟。那若巴尊者尽管是精通三乘的班智达，能折服一切外道，但在布扎玛希拉寺担任守

[223]果仓巴（1189—1258）：他一生闻思，在喜玛拉雅山和匝日神山苦行，弘扬竹巴噶举派佛法，摄受了众多弟子，著作有四大函。

[224]哲贡炯巴仁波切（1143—1217）：是哲贡噶举派的创始者，建造了帕智寺，被誉为第二龙猛菩萨，在73岁时摄受了18万僧众，在各地弘扬噶举派的佛法。

护北门的班智达时，智慧空行母告诉他："你只是精通词句而并没有通达意义，所以仍然需要依止上师。"于是尊者便遵照空行母的授记，历尽千辛万苦而依止帝洛巴尊者。到了一定的时候，上师对他说："这般宣讲开示还不了达。"说罢便用鞋底猛击他的额头，结果那若巴尊者的相续中顿时生起了实相的证悟，达到了与上师的密意平等一味的境界。

据说阿阇黎圣者龙树丢了一把鼻涕，他的弟子龙菩提全部拾起来吃了，依此而获得了殊胜成就。

此外，持明无畏洲也曾经亲口讲述道："我也是因为拜读了第二大佛[225]的论著后，相续中认为他老人家就是真佛的想法油然而生，一心一意地虔诚祈祷，承蒙尊者的智慧身摄受，从而自相续中生起了自然本智，从此以后我才开始引导数以百计的求法者。其中具精进者获得了出世间禅定，有智慧者不入分别伺察的歧途，他们都真正地意识到胜义谛的证悟完全依靠对上师万分的恭敬和坚定的诚信这条途径。"

大译师贝若扎那[226]流放在甲摩擦瓦绒地区期间，有一位年近八旬老迈龙钟的老人名叫邦甘麦彭滚波，上师将禅带系在他的身上，禅杖靠在他的腰间，对他传讲了上师瑜伽修法，结果他的相续中生起了直断本来清净的真正密意，最后身体散为尘埃而成佛……所以说，所有九乘次第的法门当中，再找不到比这一上师瑜伽更为殊胜的深道了，虽然把它命名为加行，实际上一切正行道的究竟要诀就是它。如果我们能够随时随地始终如一地将上师瑜伽作为修行的核心，即使没有任何其他修行也可以。所以，诚心诚意、尽心尽力修上师瑜伽，非常非常关键。

丁二（上师瑜伽实修法）分三：一、明观福田；二、七支供；三、专心祈祷。

---

[225]第二大佛：这里指全知无垢光尊者。

[226]贝若扎那：藏地最初出家七人之一及三大译师之一。

戊一、明观福田:

观修刹土实际上是广大心力的境界，观想圆满具足一切庄严法相、光明遍照诸方的莲花光宫殿，在它的中央将自己本体观为益西措嘉空行母，这样观想有三个原因：也就是堪为灌顶法器、生起空乐智慧、令上师欢喜摄受的殊胜缘起；形象观想成至尊金刚瑜伽母，身色鲜红，一面二臂三目，以急切专注的眼神盯着上师心间。所谓“急切的表情”指的是就像一见到上师无比欢喜、十分匆忙的神态。右手在空中摇动能唤醒无明愚痴睡眠的髅鼓，左手在腰际部位执着根除三毒的弯刀，周身赤裸佩带骨饰、花鬘悬垂，观想这样一个显而无自性宛如空中出现彩虹一样的形象。接着再观想头顶一箭左右的上方虚空中有一个由奇珍异宝组成的十万瓣的莲花

པདྨ་སཾ་བྷ་ཝ།
莲花生大士

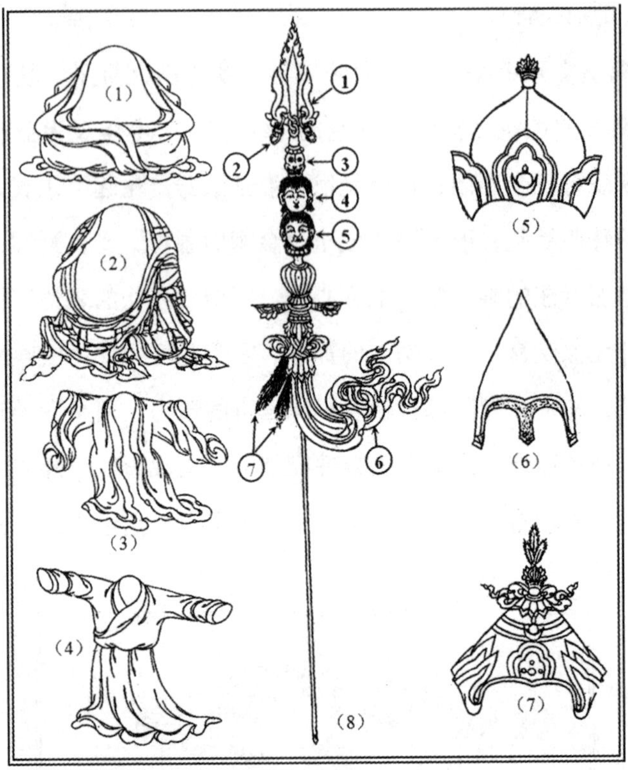


（1）大氅（ཟ་བེར།）（2）法衣（ཆོས་གོས།）（3）咒士衣（ཐོད་ཁ།）
（4）内衣（འདུངས་མ།）（5）莲花苞帽（པདྨ་ཁ་འབུས།）（6）鹿耳帽
（ཤྭ་བའི་མཉེན་ཞྭ།）（7）见解脱帽（པདྨ་མཐོང་གྲོལ།）
（8）天杖（ཁ་ཊྭཱཾ་ག།）：①顶端三尖（ཡར་རྩེ་གསུམ།），②九铁环（ལྕགས་ལྕུང་དགུ།），③④⑤干湿旧三头骨（ཐོད་པ་སྐམ་རློན་རྙིང་གསུམ།），⑥五种彩绸（དར་ཚོན་སྣ་ལྔ།），⑦死人与活人的头发（ཤི་སྐྲ་དང་གསོན་སྐྲ།）。

垫，它上面是日轮，日轮的上面是月轮，月轮的上面本体是三世诸佛的总集、无等大悲宝藏具德根本上师，形象为邬金大金刚持（莲花生大士），身色白里透红、光滑润泽，一面二臂，双足以国王游舞式而坐，身着大氅、法衣、咒士衣，头戴莲花帽。莲花生大士的这顶冠冕有三种不同类型，邬金第二佛既不是由父因所生也不是由母缘所成而是在西南具乳海中的莲花花蕊间，于顿生觉性中诞生并证悟现有本基圆成的，当时诸位空行母赐予作为他部主标帜的冠冕，叫做“莲花苞帽”；莲师在八大尸林中行持禁行，行为远离善恶之边的时候，诸位空行母赐给作为他功德标帜的冠冕，名为“鹿耳帽[227]”；莲师在萨霍国[228]被国王哲拉活活燃烧的时候，他的金刚身不受火大灾害的侵袭，全身赤裸显得凉凉爽爽一样如如安坐在莲花中央。当时国王惊奇不已，生起信心，于是下令：“打开新锦缎宝库的门，取出我所有的衣冠！”这位萨霍国王将一切妙衣、服饰，连同国政、眷属一并供养给莲师，当时国王所敬献的那顶冠冕就称为“莲花见解脱帽”。这里指的就是这顶莲花见解脱帽，或者叫做具瓣五部帽。这顶冠冕内外双层表示生圆次第双运；顶端三尖表示三身；五种颜色表示以五身来利益众生；日月表示智慧与方便；蓝边装饰表示三昧耶无边无际；金刚宝顶表示三摩地如如不动；鹰鹫的顶翎装饰表示见解证悟到极点、修行已达究竟。莲师右手在胸前以契克印持着纯金的金刚杵；左手平托着装满无死智慧甘露的长寿宝瓶，瓶口用如意树严饰；莲师的左腋下明妃空行佛母以隐蔽式持着卡张嘎[229]，卡张嘎的顶端三尖表示本体、自性、大悲三者；干湿旧三种头骨表示法、报、化三身；九个铁环表示九乘次第；五种彩绸表示五智；装饰着死人与活人头发表示在八大尸林中以禁行来摄受所有鬼女、空行母。接下来明观莲师的周围五光网眼的范围当中彩虹旋绕，中央有印度八大持明、藏地君臣二十五尊等浩瀚如海的三根本、护法神，他们都是超凡入圣的形象。

总的来说，修上师瑜伽有三种不同的观修方法，在皈依的时候将皈依境中的上师观想成重楼式，也就是莲师头顶上明观一切大圆满传承上师以

[227]鹿耳帽：根据根登群佩所著《游国记》藏文拉萨81页解：夏瓦即鹿子，宁即耳，夏瓦宁帽指形状似鹿耳的冠冕，故称为鹿耳帽。

[228]萨霍国：藏史记载，是古印度东部一小国地名，在今孟加拉地区。

[229]卡张嘎：指天杖。

重楼式而坐；念修金刚萨埵的时候观想为总集珍宝式，也就是一切根本传承上师集于上师金刚萨埵一身中；修上师瑜伽的时候观想成垒环式，也就是大圆满诸位传承上师以及一切浩瀚如海的三根本护法神围绕在邬金莲师周围犹如众人集会般安坐。

这样观想完毕之后念诵下文：

ཨེ་མ་ཧོཿ
唉玛吙

རང་སྣང་ལྷུན་གྲུབ་དག་པ་རབ་འབྱམས་ཞིང༔
让 囊 恨 哲 大巴 绕 加 扬
自现自成清净无边刹

བཀོད་པ་རབ་རྫོགས་ཟངས་མདོག་དཔལ་རིའི་དབུས༔
够 巴绕 奏 藏 斗 花 热威
庄严铜色吉祥山中央

རང་ཉིད་རྗེ་བཙུན་རྡོ་རྗེ་རྣལ་འབྱོར་མ༔
让 涅杰 珍多吉那 久 玛
自身观为金刚瑜伽母

ཞལ་གཅིག་ཕྱག་གཉིས་དམར་གསལ་གྲི་ཐོད་འཛིན༔
呀 戒 夏 逆 玛 萨 这托 怎
一面二臂红亮持刀盖（托巴）

ཞབས་གཉིས་རྡོར་སྟབས་སྤྱན་གསུམ་ནམ་མཁར་གཟིགས༔
呀 逆 斗 达 现 色 那 卡 则
双足舞式三目视虚空

སྤྱི་བོར་པདྨ་འབུམ་བརྡལ་ཉི་ཟླའི་སྟེང༔
谢窝班玛 簸 大 涅 得荡
头顶十万瓣莲日月上

སྐྱབས་གནས་ཀུན་འདུས་རྩ་བའི་བླ་མ་དང༔
加 内 根 地 匝哦喇嘛荡
总集皈处根本上师尊

དབྱེར་མེད་མཚོ་སྐྱེས་རྡོ་རྗེ་སྤྲུལ་པའི་སྐུ༔
瑞 美 措 吉多吉哲 波哥
无别海生金刚幻化身

དཀར་དམར་མདངས་ལྡན་གཞོན་ནུའི་ཤ་ཚུགས་ཅན༔

嘎 玛 荡 旦 云 逆夏 侧 坚

白里透红亮泽童子相

བོད་ཁ་ཆོས་གོས་ཟ་བེར་འདུངས་མ་གསོལ༔

抛卡秋 故 匝为 洞 玛 索

身着大氅内法咒士衣

ཞལ་གཅིག་ཕྱག་གཉིས་རྒྱལ་པོ་རོལ་པའི་སྟབས༔

压 戒 夏 逆 加 波 弱 波 达

一面二臂国王游舞式

ཕྱག་གཡས་རྡོ་རྗེ་གཡོན་པས་ཐོད་བུམ་བསྣམས༔

夏 意 多吉 云 贝 托 哦 那

右手金刚左持托巴瓶

དབུ་ལ་འདབ་ལྡན་པདྨའི་མཉེན་ཞུ་གསོལ༔

哦 拉 达 旦 班 米年 叶索

头戴具瓣莲花鹿耳帽

མཆན་ཁུང་གཡོན་ན་བདེ་སྟོང་ཡུམ་མཆོག་མ༔

千 空 云 那得 洞 叶 秋 玛

左腋之下殊胜空乐母

སྦས་པའི་ཚུལ་གྱིས་ཁ་ཊཾ་རྩེ་གསུམ་བསྣམས༔

为 波 策 记卡张贼 色 那

以隐式持三尖卡张嘎

འཇའ་ཟེར་ཐིག་ལེའི་འོད་ཕུང་ཀློང་ན་བཞུགས༔

加 赛 特 利 怄 彭龙 那 耶

住于彩虹明点光蕴中

ཕྱི་འཁོར་འོད་ལྔའི་དྲ་བས་མཛེས་པའི་ཀློང༔

谢 扣 怄 昂扎为 贼 波 龙

外旋绚烂五光庄严界

སྤྲུལ་པའི་རྗེ་འབངས་ཉེ་ཤུ་རྩ་ལྔ་དང༔

哲 波 吉邦 涅谢匝昂荡

化现君臣二十五尊者

རྒྱ་བོད་པཎ་གྲུབ་རིག་འཛིན་ཡི་དམ་ལྷ༔
加窝班 智 热 怎 耶达拉
印藏成就持明诸圣众

མཁའ་འགྲོ་ཆོས་སྐྱོང་དམ་ཅན་སྤྲིན་ལྟར་གཏིབས༔
卡 卓秋 炯 达 坚 真 达 的
一切空行护法如云聚

གསལ་སྟོང་མཉམ་གནས་ཆེན་པོའི་ངང་དུ་གསལ༔
萨 洞 年 内 亲 波 昂 德 萨
住于明空大平等性中

联想句义而明观，并以猛烈诚信恭敬之心而念诵：

ཧཱུྃ༔ ཨོ་རྒྱན་ཡུལ་གྱི་ནུབ་བྱང་མཚམས༔
吽！ 鸥坚 耶 戒讷 向 参
吽！邬金刹土西北隅

པད་མ་གེ་སར་སྡོང་པོ་ལ༔
班玛给萨 东波拉
莲茎花蕊之座上

ཡ་མཚན་མཆོག་གི་དངོས་གྲུབ་བརྙེས༔
雅参 秋 革 抠 哲 尼
稀有殊胜成就者

པདྨ་འབྱུང་གནས་ཞེས་སུ་གྲགས༔
班玛炯 内 意 色 扎
世称名号莲花生

འཁོར་དུ་མཁའ་འགྲོ་མང་པོས་བསྐོར༔
扣 德 卡 昼 忙 布 够
空行眷属众围绕

ཁྱེད་ཀྱི་རྗེས་སུ་བདག་བསྒྲུབ་ཀྱིས༔
切 戒吉色 达 折 吉
我随汝尊而修持

བྱིན་གྱིས་རློབས་ཕྱིར་གཤེགས་སུ་གསོལ༔
新 吉 漏 些 谢 色 索
为赐加持祈降临

གུ་རུ་པདྨ་སིདྡྷི་ཧཱུྃ༔
格日巴玛思德吽
格日巴玛思德吽

念诵完了紧接着观想铜色吉祥山莲花光宫殿一切所依及能依尊众真实降临，就像水注入水中一样融入自身——所观想的誓言尊者中，成为一体。

戊二（七支供）分七：一、顶礼支；二、供养支；三、忏悔支；四、随喜支；五、请转法轮支；六、祈请不入涅槃支；七、回向支。

金刚乘道的方便可谓多之又多，加上无需历经艰难困苦，完全是利根者的行境，所以具有广大心力者通过积累资粮、不断修学，在一刹那中也可以圆满显宗在一大劫中所积累的资粮，依此即生当中便能获得解脱。无上密宗的福田中堪为之最的也必定是指独一无二的金刚阿阇黎，所以七支供也附在上师瑜伽后面来讲。积累资粮的无量法门全部可以包括在七支供之中。

己一、顶礼支：

观想自身化现为成百上千无数无量刹土的微尘数，天边无际的一切众生也与自己一同顶礼，念诵下文：

ཧྲཱིཿ བདག་ལུས་ཞིང་གི་རྡུལ་སྙེད་དུ༔
舍 大 利 扬各德 逆德
舍 我身化为尽刹尘

རྣམ་པར་སྤྲུལ་བས་ཕྱག་འཚལ་ལོ༔
那 巴 这 为 夏 擦 漏
无边无数而顶礼

一般来说，修行引导没有完成五十万遍的人，顶礼与皈依偈等合在一起来修也可以，尽管也有这样的修行传统，但是这里作为真实顶礼的引导，与上师瑜伽合在一起来修是最为适宜的。

顶礼的时候，身顶礼就是指身体作礼拜；语顶礼是指口中念诵顶礼句或祈祷文；意顶礼是指满怀诚挚恭敬的心意念：上师您无所不知，我全心全意依赖您。并观想我与一切众生一同顶礼等身语意三门集中精力这一点至关重要。如果不这样，而是一边顶礼一边东张西望，胡言乱语，心不在焉，当右方有人来来往往、说话交谈时，眼睛与心思便转向右方，结果双手也就合十到左脸颊上面了；当左方出现类似的情况，眼睛心思又转到左方，这样一来双手又合十到右面颊上了。所以，我们必须清楚地认识到，如果思想涣散、随境所转，只是身体在那里东倒西歪地进行顶礼，除了自己的身体白白受累以外没有任何实义。

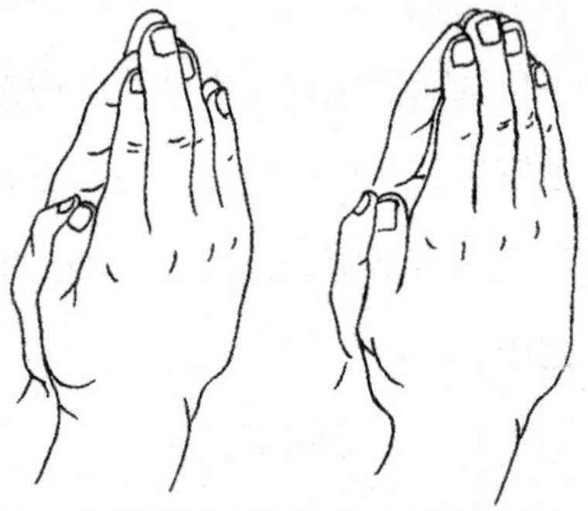

不仅如此，而且顶礼的时候双手必须宛如含苞待放的莲花一般空心合拢，绝不可以掌心毫无空隙地并拢或者仅仅以指尖接触等等。如《大解脱经》云：“如莲花待放，合掌于顶上，无量身云聚，敬礼十方佛。”如《功德藏》中说：“并非随意身顶礼，心间合十恭敬相，合掌当如莲花苞，或如嘎乌盒之形。”接着依次下来，合掌在头顶清净身障，合掌在喉间清净语障，合掌在心间清净意障，然后五体投地。所谓的五体是指前额、两手掌与双膝。五体着地而礼拜有清净五毒烦恼的障碍、获得身、语、意、功德、事业五种加持等必要，因此我们要这样来做。站起身时腰应挺直，身体站立双手合掌，再按照前面那样重新匍匐顶礼。如果双手没有按照要求认真合掌而只是甩动一下，膝盖及额头不接触地面仅仅弯一下身，站起来时腰也不端端正正挺直，这样弯弯曲曲来作礼等举动都是大不恭敬的表现，所以

绝对不允许。佛经中说：以弯曲顶礼的异熟果，将来转生为驼背者，也就是背上长大瘤的侏儒佝偻之人。我们是希望获得功德而顶礼的，如果转成这样奇形怪状的丑陋身体，顶礼也就大可不必了。所以，顶礼的数目不在于多，最重要的是每做一次礼拜都要尽力做到正规、如法、准确。如果考虑顶礼轻松省力而在陡峭的山坡或者某种依靠物的上面等顶礼，没有少许实义。

当今时代有些人前去拜见上师等时，首先做一稍微如理的顶礼后，再屈身问讯两次，据说这是对重要人物的恭敬礼节，没有智慧的大多数人居然也跟着去学，这简直是荒唐至极的行为。作为求法者，甚至对顶礼的方式不懂，也必须要通过在上师面前听闻而了知，懂得之后要做到随时随地念念不忘而实际应用。即使是这般简便易行、浅显易懂的法，但如果不实际去修持，那么求得佛法也没有任何实义和结果。

所以，身为求法学法者，包括做一次顶礼在内的一切行为都要远远超过那些不懂正法的人。以前米拉日巴尊者来到鄂巴上师面前求法，当时鄂巴上师正在为众多僧人传讲《二观察续》。米拉日巴尊者从远处参拜。鄂巴上师也满面笑容脱帽还礼，并且说：传法间歇的缘起也很不错，看样子，那边的人作礼的风格是南岩玛尔巴罗扎尊者传承的顶礼方式，去问一下他是谁？本来，依止上师后求法要像氆氇染色一样与以前截然不同，殊胜上师的行为如何，作为弟子也要原原本本地随着学。例如，将氆氇放在染料当中，虽然所染成的色彩可能有好坏的差别，但是氆氇又怎么可能与先前没有放入染料中时相比没有改变呢？当今时代有些人，法倒是求了不下百次，可是自相续与从前比较起来没有一丝一毫的好转，所作所为和世间俗人无有一点一滴的差距，这种人就叫做佛教油子，或者失毁誓言之因，正如所谓的佛法可以调伏恶人，却无法调伏佛教油子，酥油可以软化坚硬的皮革，却不能软化装酥油的皮壳。这类人虽然已经听过善法的利益、罪业的过患、佛陀的功德等等，但始终认为这只不过是那样说说罢了，在他的相续中根本生不起少许的定解和信心。即使圆满正等觉亲自降临对他也起不到作用，邬金莲师也曾说：“切莫摄受佛教油子之眷属，切莫亲近失毁誓言之道友。”

因此，就算了知一句正法的意义也必须要知道融入自相续而实地修行。我们依止上师的目的就是观察上师身语意的行为进而效仿随学，正如世间的俗语也说：“一切事情即模仿，模仿之中能生巧。”自相续取受上师所拥有的内外密功德，需要像泥塔小像从印模中取出来一样。

本来，所谓的顶礼也只是一种恭敬尊重的形式，所以顶礼的方法也有多种多样，而且各个地区的顶礼方式也无定法，然而在这里，对于上师依照佛经中的顶礼方式而讲的言教，自己本来一清二楚，可是却以轻轻松松投机取巧或者摆出傲慢自居的架势而不认真顶礼，就证明是不恭敬顶礼对境的轻蔑态度。因此我们必须了知好似付税一样的相似顶礼只能给自己带来过患而无有任何必要。相反，按照要求如理如法地进行顶礼有无量的功德。从前，一位比丘顶礼有佛陀头发、指甲的佛塔，阿难尊者请问世尊他顶礼的功德，世尊答言：“他这样顶礼一次，将获得自己身下所压面积直至金刚大地以上所有微尘数量的转轮王位，然而这还不能达到其顶礼功德的边际。[230]”此外，经中说：佛陀的无见顶相[231]是从恭敬顶礼应敬之上师士夫中得来的。也就是说，顶礼是形成究竟圆满正等觉无见顶相的因。

己二、供养支：

如前面供曼茶罗的时候所说，将自己实际拥有的财富，以正规、

[230]详见《根本说一切有部毗奈耶》。

[231]无见顶相：顶成肉髻相，乌瑟腻相。如来布施精舍等殊胜净室，故感得顶上有肉隆起如髻之相。三十二大丈夫相之一。

如法、清净的方式，心里无有吝啬的束缚，不带有矫揉造作、故意卖弄的心态而摆放整齐，把它作为所缘对境。接下来观想鲜花、熏香、酥油灯、香水、神馐等，以及无量殿、地方豪宅、经堂、轮王七宝、八吉祥徽、十六金刚天女等轻歌曼舞，弹奏特有的乐器，将天上地上琳琅满目的一切人天供品，以追随普贤菩萨的幻变供养方式来作供养，也就是说，凭借普贤菩萨的等持力，自己心间放射出等同于百千俱胝无量佛刹尘、五颜六色的光芒，每一光端又化现出一尊与前面相同的普贤菩萨，他们每一位心间也都放射出与前面一样的光芒，并且光端又幻现出无数不可思议的普贤菩萨，他们每一尊也都以不可思议无量无数的供品供养十方佛及佛子，这就是所谓的“普贤云供”。这样尽己所能意幻供养的同时念诵下文：

དངོས་བཤམས་ཡིད་སྤྲུལ་ཏིང་འཛིན་གྱིས༔
怄　　夏　叶　哲　当　怎　记
陈设供品意幻定

སྣང་སྲིད་མཆོད་པའི་ཕྱག་རྒྱར་འབུལ༔
囊　这　秋　波　夏　加　簸
供印奉献现有物

只要自己具备供养的能力，那么诸佛菩萨肯定具有享用的能力，因此凡是世间界中有主、无主应有尽有的人天受用，我们都观想拿来作供养。自己有多大的观想能力，就幻化多少来供养，从圆满资粮的角度来说，这种意幻供养与真实财物供养没有丝毫差别，所以不必认为自己没有供养的资具，其实，随时随地，自己别人所拥有的一切资具或者说凡是当亲眼看见万事万物，心里首先观想：供养三宝、供养根本传承上师。甚至见到路边涓涓流淌的清清小溪，或者遍满鲜花的一方平原等任何赏心悦意的事物，都要意念供养三宝，这样观想在不知不觉当中顺便就可以圆满资粮，所以我们一定要这么去做。

己三、忏悔支:

痛心疾首地发露忏悔从无始以来流转轮回迄今为止自己能回忆、不能回忆所造的堕罪，也就是身语意三门所造的十不善、五无间、近五无间罪[232]、四重罪[233]、八邪罪[234] 以及掠夺三宝财物等一切罪业，痛下决心从今以后永不再犯……就像前面念修金刚萨埵之引导中所讲的那样，以明观四种对治力而忏悔，接着观想一切罪障在自己的舌头上汇集成黑团，通过福田（皈依境）尊众的身语意放射光芒照耀，由此就像洗涤污垢一样净除了罪障。之后念诵:

སྒོ་གསུམ་མི་དགེའི་ལས་རྣམས་ཀུན༔
够 色 莫 给 累 那 根
一切三门不善业
འོད་གསལ་ཆོས་སྐུའི་ངང་དུ་བཤགས༔
怄 萨 秋 给 昂 德 夏
光明法身中忏悔

己四、随喜支:

对于诸佛为了利益群生而转大法轮、一切菩萨的广大行为、所有众生随福德随解脱分的善法，以及自己过去所积累的、如今正在做的、将来必定行持的一切善根，都诚心诚意、满怀欣悦而随喜，并念诵:

[232]近五无间罪：与五无间罪相似的五种重罪：污比丘尼、杀见道菩萨、杀有学僧伽、夺僧伽资具和拆毁灵塔。

[233]四重罪：1. 居智者之首位；2. 享用密咒师的财产；3. 居比丘顶礼之前；4. 享用修行人的食物。

[234]八邪罪：1. 谤白法；2. 赞黑法；3. 障碍行善者积资；4. 扰乱信士之心；5. 已入密乘者背弃上师；6. 已入密乘者远离本尊；7. 已入密乘者脱离道友；8. 已入密乘者舍弃坛城。

བདེན་པ་གཉིས་ཀྱིས་བསྡུས་པ་ཡི༔
灯　巴 逆 记 地 巴叶
随喜二谛所摄集
དགེ་ཚོགས་ཀུན་ལ་རྗེས་ཡི་རང༔
给　凑 根 拉记叶 让
一切善业之资粮

具体来说，九乘次第的一切法无不包括在世俗、胜义二谛当中，所以我们要随喜的就是二谛所包含的自他一切众生有漏与无漏的所有善法。

如此随喜，功德无量：

从前，胜光王迎请世尊及其眷属，供斋四个月，并供养一切受用。当时，一位以行乞为生的贫女心里想：这位胜光王也是由往昔所积累的福德力才成为这样拥有荣华富贵的君王，又遇到释迦佛这样殊胜的福田，如今仍然积累这般广大的福德资粮，实在是太稀有了。她完完全全是发自内心随喜，因此获得了无量福德。

世尊对这一点清清楚楚，在傍晚回向功德时问国王："你所积累的这份福德善根是回向给你自己，还是回向给比你获得福德更大的人呢？"

国王说："谁的善根大就回向给谁吧。"

于是世尊先念那位贫女的名字做了回向。连续三天一直都是这样作回向的。

为此，胜光王十分不悦，便与诸位大臣商议对策。国王问："如何才能使世尊不这样作回向呢？"

大臣们献计献策："明天世尊和他的眷属前来应供的时候，当许多饮食溢到器具外面以后，如果那些乞女来要拾取，我们就连赶带打，这样定会有效。"

这般商定下来，到了第二天那位随喜供养者的贫女又来拾取溢出来的食品时，受到阻拦并遭到殴打，不由得生起嗔心，结果摧毁了善根。当天佛陀便念国王的名字做了回向[235]。

所以说，善不善的差别丝毫也不在言行举止上，而唯一凭着自己的这颗心来定，正如前面三令五申所强调的那样，当见到他人行持善法时，如果以清净的心态来看待别人的一切善举进而诚心诚意欣然随喜，并将它的善根回向圆满菩提，那么你所积累的资粮绝对远远超过以竞争心对待他人行善或者以傲慢心想“我定要做如此善事”等等装模作样地行持为希求现世名誉、世间八法毒气所充斥的广大善法，关于这一点佛在《教王经》中做了详细说明。恰美仁波切也说：“听到他人行善时，若舍不善嫉妒心，并以欢喜心随喜，佛说获得同等福。”《汇集经》中也说：“三千须弥可称量，随喜善根不可量。”因此说，这种随喜是事半功倍的法，所以我们应当随时随地付诸实践。

己五、请转法轮支：

当佛菩萨、上师、善知识等一切肩负广大利他重任的正士因为众生的逆行倒施及忧心劳身而生起厌烦，不讲经说法而安住寂乐境界的时候，观想在他们面前我幻化出百千俱胝无数身体，供养法轮、珍宝等，祈请他们广转法轮，并念诵：

ཐེག་གསུམ་ཆོས་འཁོར་བསྐོར་བར་བསྐུལ༔

特　色　秋　扣　故　瓦　哥

祈请常转三乘法

总的来说，一切佛法可以包括在声闻、缘觉、菩萨三乘当中。或者将它分为：集聚招引外三乘，即声闻、缘觉、菩萨三乘；苦行明觉内三乘，即事续、行续、瑜伽续；随转方便密三乘，即玛哈、阿努、阿底，共为九乘。为了调伏所化众生，祈请他们广转相应的法轮。

---

[235]详见《根本说一切有部毗奈耶·药事（卷12）》中“胜光大王”与“乞儿”的公案。

己六、祈请不入涅槃支：

在这个世界或者其他所有刹土中，任何上师、佛菩萨已完成了利众事业准备趋入涅槃的时候，观想在他们面前，就像往昔珍达优婆塞祈请世尊住世那样，自身幻化出成千上万的身体同时祈请诸位圣者直至轮回没有空无之前一直长久住世、饶益众生，并念诵：

ཇི་སྲིད་འཁོར་བ་མ་སྟོངས་བར༔
戒这 扣 瓦玛 洞 瓦
乃至轮回未空前
མྱ་ངན་མི་འདའ་བཞུགས་གསོལ་འདེབས༔
酿安莫 大 耶 索 得
祈请住世不涅槃

己七、回向支：

以现在的善法为主自他三世所积累的一切善根完全像文殊童子回向一样以无缘智慧印持而回向给一切众生，并念诵：

དུས་གསུམ་བསགས་པའི་དགེ་རྩ་ཀུན༔
地 色 萨 波 给匝根
三世所积诸善根
བྱང་ཆུབ་ཆེན་པོའི་རྒྱུ་རུ་བསྔོ༔
向 切 亲波 杰热怄
回向广大菩提因

无论在何时何地，不管做任何大小善事，结尾时千万不能忘记作回向。如果没有这样回向，那么所成办的任何善事，它的果报成熟一次便会耗尽。如果回向于获得究竟菩提之因，即使感受了百次善果，但是它的善根在没有获得圆满正等觉果位之前就不会穷尽，反而日日增上。如《慧海请问经》中云："水滴落入大海中，海未干涸其不尽，回向菩提善亦然，未获菩提其不尽。”

同样，自己希求获得声闻、缘觉、圆满菩提等究竟果位也好，希望得到善趣人天的身体或者长命百岁、相貌端严等暂时的果报也好，不论为了什么目的，所成办的善根最后都要为此而作回向。如哲贡觉巴仁波切说：“二资如意宝，若无发愿拭，不生需求果，故当勤回向。”

因此自己所行的善法能否成为圆满菩提之因都取决于回向之力。无论积累多么广大的有为善法，但如果没有以回向来驾驭（印持）就不能趋入解脱道。诚如卡隆巴格西所说：“一切有为善法乃无记，回向众生方得广大利。”

而且，为自己的父母亲友等作法事以及为利益亡者等而作佛事，如果不作回向，他们就不会获益。如果回向给他们，就会获得所向往的收益。从前，广严城的人们准备在第二天迎请世尊，供养午斋。前来迎请的人们离开之后，有五百饿鬼来到世尊面前请求道：“明日广严城的人们供养世尊及眷属午斋的善根回向给我们吧。”

世尊明知故问：“你们到底是谁呀？广严城人们的善根为什么要回向给你们呢？”

那些饿鬼回答：“我们是广严城这些居民的父亲母亲，以吝啬之业而转生为饿鬼。”

世尊说：“那么明日回向时你们也来，我们再可以作回向！”

饿鬼们说：“我们投生为这般低劣的身体，感到十分惭愧，实在不敢前来。”

世尊呵责道：“你们造恶业的时候本该羞愧，可是那时候你们却不知羞耻，而现在已经投生成低劣的身体，惭愧又有什么用呢，如果不来就没办法回向给你们。”

饿鬼们连忙说：“那么我们一定来。”说完便离开了。

第二天回向时，那五百饿鬼前来请求将善根回向给它们。广严城的人们惊慌逃窜。

世尊说：“诸位不必惊慌，这些众生是你们自己的父母所转生的饿鬼，它们是这样说的，是否能将善根回向给它们？”

人们回答说：“既然如此，无论如何也要回向给它们。”

世尊便回向道：“此施诸善根，愿彼利饿鬼，离饿鬼劣身，获得善趣乐。”结果那些饿鬼死后都转生到三十三天。[236]

此外，至尊米拉日巴也曾经说：“山间静修大行者，及作供养之施主，彼二具有成佛缘，缘起精华即回向。”

这样作回向要成为圆满正等觉的因还必须以三轮无缘智慧摄持，否则，如果被三轮实执的垢污所染，就叫做具毒回向。如《汇集经》中云：“犹如食用杂毒丰美食，佛说缘于白法亦复然。”

所谓的“三轮”，是指所回向的善根、为其回向的补特伽罗、所回向的对境三者。当然，三轮以证悟无实智慧摄持的真实无毒回向在此凡夫薄地时根本无法做到，所以我们应当观想往昔的诸佛菩萨如何回向，我们也如此回向，这种回向可以代替三轮体空的回向。《三十五佛忏悔文》中也说：“过去诸佛如何回向，未来诸佛如何回向，现在诸佛如何回向，我亦如是普作回向。”如《普贤行愿品》云：“文殊师利勇猛智，普贤慧行亦复然，我今回向诸善根，随彼一切常修学。”可见，善法成为圆满菩提之因的无误要诀，唯有依赖于以回向印持的这一结行，所以我们应该时时刻刻精进作回向。

戊三、专心祈祷：

专心祈祷并修持因——四金刚的本体：吉祥怙主殊胜上师是一切坛城主尊黑日嘎的本体，圆满具足灌顶。仅仅是耳闻目睹、忆念接触上师就足可以播下解脱的种子，上师是诸佛事业的唯一作者，以第四宝现身于世。

---

[236]详见《撰集百缘经（卷5）》中“目连”与“五百饿鬼”的公案。

从我们自身的角度而言，上师开示一生一世能成熟解脱的深道，完全通过大悲加持、强力方便将自己安置在金刚持地，所以对自己的恩德胜过佛陀。如果从功德的侧面来衡量，那真可谓密意广大如虚空，智慧无量如大海，悲心猛烈如湍流，自性坚固如山王，视众平等如父母，每份功德不可测。单单依靠祈祷上师也可以在无勤当中获得梦寐以求的一切悉地。心里意念：我依止上师如意宝您，希求您的果位，唯一修持您。满怀感恩戴德之心，禁不住泪流满面。一开始修持悉地时念诵下文：

རྗེ་བཙུན་གུ་རུ་རིན་པོ་ཆེ༔
记尊 革热仁波切
至尊莲花生大士

ཁྱེད་ནི་སངས་རྒྱས་ཐམས་ཅད་ཀྱི༔
切 讷桑 吉 踏 加 戒
您乃一切诸佛陀

ཐུགས་རྗེའི་བྱིན་རླབས་འདུས་པའི་དཔལ༔
特 记辛辣 得 波 花
大悲加持总集尊

སེམས་ཅན་ཡོངས་ཀྱི་མགོན་གཅིག་པུ༔
思 坚 拥 戒 滚 戒 簸
有情唯一之怙主

ལུས་དང་ལོངས་སྤྱོད་གློ་སྙིང་བྲང༔
利 荡 龙 秀 漏 酿 张
自身受用识心胸

ལྟོས་པ་མེད་པར་ཁྱེད་ལ་འབུལ༔
斗 巴美巴 切 拉 簸
毫无迟疑供养您

འདི་ནས་བྱང་ཆུབ་མ་ཐོབ་བར༔
的 内向 切玛透 瓦
自此未获菩提间

སྐྱིད་སྡུག་ལེགས་ཉེས་མཐོ་དམན་ཀུན༔
戒 德　 累 逆 透　漫 根
善恶苦乐贵贱等

རྗེ་བཙུན་ཆེན་པོ་པད་འབྱུང་མཁྱེན༔
记尊　亲波　班　炯　 亲
至尊莲师悉皆知

要通过虔诚祈祷来打动他的心，唯一就是精勤念诵莲师心咒：

ཨོཾ་ཨཱཿཧཱུྃ་　བཛྲ་གུ་རུ་པདྨ་སིདྡྷི་ཧཱུྃ༔
**嗡啊吽　班贝匝热班玛斯德吽**

每当念一百遍时，中间又像前面一样念诵“至尊莲花生大士……”。当莲师心咒念诵到一半[237]的时候，再祈求悉地之际，每念一百遍莲师心咒中间念诵下文：

བདག་ལ་རེ་ས་གཞན་ན་མེད༔
大　 拉瑞萨烟　那美
我无其余指望处

ད་ལྟ་དུས་ངན་སྙིགས་མའི་འགྲོ༔
达得　地　安　涅　 莫　昼
如今恶世浊时众

མི་བཟོད་སྡུག་བསྔལ་འདམ་དུ་བྱིངས༔
莫　奏德　 爱　 大　德　香
沉溺难忍苦沼中

འདི་ལས་སྐྱོབས་ཤིག་མ་ཧཱ་གུ་རུ༔
的　累　救　谢玛哈革热
愿救此苦大师尊

དབང་བཞི་སྐུར་ཅིག་བྱིན་རླབས་ཅན༔
旺　 月　革　戒　辛　辣　坚
赐四灌顶加持尊

[237]如念一千万遍莲师心咒，诵到五百万遍时。

རྟོགས་པ་སྩོར་ཅིག་ཐུགས་རྗེ་ཅན༔
斗　巴布 戒 特 记坚
赐予证悟大悲尊
སྒྲིབ་གཉིས་སྦྱོངས་ཤིག་ནུས་མཐུ་ཅན༔
这 逆　 拥 谢 逆 特 坚
净除二障具力尊

在祈求悉地的时候要观想得受四灌顶，也就是观想上师的白毫间犹如水晶一般晶莹剔透的“嗡(ཨོཾ)”字放射光芒从自己的头顶进入，依此净除杀生、不与取、邪淫三身业以及能形成身体之脉的障碍，获得上师身金刚的加持，从而使相续中拥有得到化身果位的缘分；接下来观想上师喉间宛如红莲花一般绚烂璀璨的“啊(ཨཱཿ)”字放光从自己的喉间进入，依此净除妄语、离间语、恶语、绮语四语业以及可滋长语言之风的障碍，获得语金刚的加持，使相续中拥有得到受用圆满报身果位的缘分；又观想上师心间如天空般颜色湛蓝的“吽(ཧཱུྃ)”字放光从自己的心间进入，依此净除了贪心、害心、邪见三意业及能增上意识之明点的障碍，从而获得了上师意金刚的加持，使相续中拥有得到法身果位的缘分；再观想从上师心间的“吽”字中如流星般出现第二个“吽”字与自心融为一体，从而净除三门所依阿赖耶的业与所知障，获得了上师智慧金刚的加持，使相续中拥有得到究竟之果——本性身果位的缘分。一边念诵一边观想，最后自己的凡夫心与上师的智慧成为无二无别而入定。收座的时候念诵下文：

ནམ་ཞིག་ཚེ་ཡི་དུས་བྱས་ཚེ༔
那 叶才耶地 谢才
一旦命终寿尽时
རང་སྣང་ཟ་ཡབ་དཔལ་རིའི་ཞིང༔
让 囊鄂 呀 花　瑞 扬
自现妙拂吉祥刹（铜色吉祥山）
ཟུང་འཇུག་སྤྲུལ་པའི་ཞིང་ཁམས་སུ༔
宗　戒 这 波 扬　卡 色
双运化身刹土中

གཞི་ལུས་རྡོ་རྗེ་རྣལ་འབྱོར་མ༔
月 利多吉那 救 玛
身成金刚瑜伽母

གསལ་འཚེར་འོད་ཀྱི་གོང་བུ་རུ༔
萨 才 怄戒贡哦热
晶莹剔透光团中

གྱུར་ནས་རྗེ་བཙུན་པད་འབྱུང་དང༔
杰 内记 尊 巴 炯 荡
明观至尊莲花生

དབྱེར་མེད་ཆེན་པོར་སངས་རྒྱས་ཏེ༔
瑞 美 亲波 桑 吉得
无二无别正等觉

བདེ་དང་སྟོང་པའི་ཆོ་འཕྲུལ་གྱི༔
得 荡 洞 波秋彻 戒
空乐双运之神变

ཡེ་ཤེས་ཆེན་པོའི་རོལ་པ་ལས༔
益西 亲波 肉 巴累
广大智慧游舞中

ཁམས་གསུམ་སེམས་ཅན་མ་ལུས་པ༔
卡 色 思 坚玛 利巴
三界有情无一余

འདྲེན་པའི་དེད་དཔོན་དམ་པ་རུ༔
真 波 得 混 大 巴热
最胜引导胜商主

རྗེ་བཙུན་པདྨས་དབུགས་དབྱུང་གསོལ༔
记尊 班美 哦 拥 索
衷心挚诚而祈祷

གསོལ་བ་སྙིང་གི་དཀྱིལ་ནས་འདེབས༔
索 瓦酿 各 戒 内 得
至尊莲师赐安慰

ཁ་ཙམ་ཚིག་ཙམ་མ་ཡིན་ནོ༔
卡匝策匝玛因诺
并非口头之言词

བྱིན་རླབས་ཐུགས་ཀྱི་ཀློང་ནས་སྩོལ༔
辛　辣　特戒隆　内　奏
祈赐智慧之加持
བསམ་དོན་འགྲུབ་པར་མཛད་དུ་གསོལ༔
萨　敦哲　巴匝德索
一切心愿自然成

与之同时，满怀深深的恭敬、虔诚的信心而观想：莲花生大士和颜悦色、慈眉善目、饱含悲悯的眼光注视……心间发射出热乎乎、金灿灿的红光接触到自己所观想的金刚瑜伽母心间，她立刻变成了豌豆大小的光团，最后就像火星消失一样，伴随着“踏哥”声向上飞窜融入莲花生大士的心间，在这种境界中入定。出定的时候将一切显现观成上师的游舞，并念诵下文作回向：

དགེ་བ་འདི་ཡིས་མྱུར་དུ་བདག །
给　瓦的噫　涅　德　达
我今速以此善根
དཔལ་མགོན་བླ་མ་འགྲུབ་གྱུར་ནས། །
花　　滚　喇嘛哲　　杰　内
成就怙主上师尊
འགྲོ་བ་གཅིག་ཀྱང་མ་ལུས་པ། །
昼　瓦　戒　江玛　利巴
令诸众生无一余
དེ་ཡི་ས་ལ་འགོད་པར་ཤོག །
得叶萨拉故　巴　秀
悉皆安置于此地

或者念诵铜色吉祥山发愿文。

这样的上师瑜伽（应用到日常生活的行住坐卧当中），行走的时候将上师观想在右肩上方的虚空中，作为右绕的对境；安坐的时候将上师观想在头顶的虚空中，作为祈祷的对境；享用饮食的时候将上师观想在喉间，作为饮食献新的供养处；躺下的时候将上师观想在心间，作为所知入瓶的摄要。总而言之，随时随地将自己的住处观想成真正的铜色吉祥山，拥有这样的正念；将一切显现观想成上师的身体、恭敬诚信；当罹患疾病、出现魔障等不幸的事情时，也要想到这是上师以大悲恩赐我尽除恶业的方便，满心欢喜，而不要生起断除之心；当获得幸福安乐、丰衣足食、善法增上等顺缘的时候，要认识到这些都是上师的大悲所致，万万不可心生我慢欣喜若狂；如果修禅时出现疲厌、沉掉等现象，要观想自己的心与上师的智慧成为无二无别，护持实相见解的自相，聚精会神地祈祷上师并念诵莲师心咒：

ཨོཾ་ཨཱཿཧཱུྃ་བཛྲ་གུ་རུ་པདྨ་སིདྡྷི་ཧཱུྃ༔

嗡啊吽班匝格热班玛斯德吽

如果真正能够这样去修行，那么万事万物都会显现为上师与本尊，所作所行都将成为善法。如米拉日巴尊者亲口说过：“我行显现转道用，六聚自解之走式；若坐无伪本来住，精华实义之坐式；若食享用空性食，断除二取之食式；若饮痛饮念知泉，坚持不懈之饮式。”

不仅如此，踏上密宗金刚乘道以后，破誓言进行酬补清净、有资格修持生圆次第大圆满等一切道、不出现障碍、不步入歧途以及功德资粮与日俱增等这一切，归根到底都要依赖能成熟的灌顶。如颂云：“密宗未依灌顶无成就，犹如舟子手中无船桨。”又说：“未受灌顶无成就，沙子无法榨出油。”

（灌顶也有三种：）首先具有法相的金刚阿阇黎让我们进入坛城以后赐予灌顶，这叫做基灌顶；依靠上师瑜伽，不观待他缘而自己得受四灌顶，这叫做道灌顶；究竟果位（即十地末际）时获得大光明或者深明无二灌顶，现前圆满正等觉，这叫做果灌顶。

上师瑜伽也具有清净、圆满、成熟三种不可思议的甚深要诀。在实修正行时，一般来说所有的前行法都不能弃之一旁，尤其是观修生圆次第等时依靠上师瑜伽法而得受道灌顶，是每一座开始必不可少的殊胜要诀。如果是一个信心十足、誓言清净的修行人，那么仅仅依靠圆满修行这以上的正道，也可以不观待正行法门而往生到妙拂吉祥山。在那一清净刹土当中通过四种持明之道将会比日月运行还迅速地获得普贤王如来果位。

丁三（传承上师简历）分三：一、如来密意传；二、持明表示传；三、补特伽罗耳传。

内三续之传承：（传讲大圆满前行时）为了使听法者心生欢喜等，一般而言，上师都有详略适当讲述以内三续瑜伽为主佛法起源历史的传统。在这里也简明扼要地进行陈述：被一致共称的前译（宁玛派）内续生起次第玛哈约嘎、圆满次第阿努约嘎、大圆满阿底约嘎的法脉流传可以分为三种，也就是如来密意传、持明表示传、补特伽罗耳传。

戊一、如来密意传：

初佛本师普贤如来无量大悲神变之中显现诸佛的刹土、讲法圣境以及四身本师。本师在和自己无别的五身[238]任运持明、浩瀚如海不可思议的佛众眷属前，虽然没有通过词句、表示的方式宣说诸法，但是在无勤任运大悲自证智慧自相光明性中却以无言的方式而宣讲，使诸位眷属现前了无倒实相密意，断证功德与本师成为无二无别。对于不具有这般彻悟真如缘分的眷属，佛陀则以其他阶梯道乘的方式加以宣讲的情形：总的来说，在不可思议的世界中随机度化、示现无数化身而饶益众生。分别而言，以六能仁化身的形象来调伏六道所化有情。尤其是在这个南赡部洲，释迦牟尼佛在人间天境中依次转了三次法轮，而宣说了因乘的经、律、论以及密乘外续的事、行、瑜伽部，如颂云："调伏贪惑对治法，佛说律藏二万一，

---

[238]五身：旧派密乘经典所说二十五果法之一类：法身、报身、化身、不变金刚身和现证菩提身。

调伏嗔心对治法，佛说经藏二万一，调伏痴心对治法，佛说论藏二万一，同调三毒对治法，佛说密藏二万一。[239]”

戊二、持明表示传：

（持明表示传是如何产生的呢？）释迦牟尼佛临近涅槃时曾经预言无上密法日后将出现。佛（在《胜乐后续》中）明确地说：“我趣涅槃后，二十八年时，三十三天处，教主胜心天，降临于人间；赡洲东方隅，人中具缘种，名为国王匝，出现祥预兆，扎谢坚山[240]上，金刚手现前，传授五圣贤[241]，罗刹境主（莲花生大士）等。”这样做了授记以后，佛陀便示现涅槃。后来与佛授记相吻合，出现了无上密法生起次第、圆满次第以及大圆满法。其中玛哈约嘎的所有续部，是在本师释迦牟尼佛涅槃后二十八年时出现的，当时国王匝梦见七种梦兆[242]，在自己的皇宫上得到了许多用琉璃溶液撰写在金纸上的密续经函以及一尊一肘高的金刚手佛像。国王匝通过祈祷而通达了其中的《面见金刚萨埵品》，随后依靠这一品与金刚手佛像而修行六个月，最后现见了金刚萨埵并得到加持，从而对所有经函的意义通达无碍，从此以后逐步弘扬开来。

阿努约嘎兴世的历程：那时，圣种五贤在玛拉雅山顶，观想十方诸佛而悲切地祈祷“呜呼哀哉极悲切，导师日光若隐没，世间黑暗孰能除……”，念诵了二十三句悲哀词[243]，结果所有善逝劝请密主金刚手

---

[239]大方等大集经（卷29）》云：“欲行者二万一千行，恚行者二万一千行，痴行者二万一千行，等分行者二万一千行。观如是众生八万四千心之所行如实而知，随其所应而为说法。”

[240]扎谢坚山：即玛拉雅山。玛拉雅，梵义译为香山，药都善见城西一山名，盛产岩精、寒水石等药物。

[241]圣种五贤：妙称天、安止龙王、流星面药叉、慧方便罗刹和离遮族人无垢称等五。

[242]七种梦兆：一、梦到身语意所依入于自身；二、降下珍宝经函；三、与众研讨佛法；四、受到众人赞叹；五、广造佛塔；六、降下珍宝；七、得成佛授记。

[243]二十三句悲哀词：此二十三哀词在《集密意续》中有详述。

道："密主金刚汝谛听，昔日誓甲岂舍弃？不知世间痛苦欤？汝以悲心降人间，当除世间之忧苦。"密主应允答道："无始亦无终，吾未舍誓言，今依佛劝请，吾亦显神变。"说罢便降临在玛拉雅山顶圣种五贤的面前，为他们宣讲《集密意续》等等；在西方邬金刹土达那够卡洲为金刚手的化身极喜金刚宣讲了《吉祥密续》《窍诀续》《普巴续》《佛母续》等。他们也一脉相承，一直传给邬金莲花生大士，之后逐渐兴盛起来。

特别要讲述的是窍诀阿底约嘎兴世的历程：首先讲一讲在天界弘扬的情况，三十三天的天王护贤意化出的五百天子当中，长子普喜藏的智慧、技艺在所有兄弟中独占鳌头，他常常喜欢独自一人在禅房中静修、念诵金刚密咒。在天界中被誉为胜心天子。天子在水牛年出现四种梦兆：一、梦到一切如来光芒四射、普照十方，光芒之中六能仁旋绕众生，最后融入他的顶髻中；二、梦到自己一口吞并梵天、遍入天、大自在天；三、梦到空中日月出现在自己的手掌中，随即光辉遍布整个宇宙；四、梦到从空中的宝云中降下甘露妙雨，一时间便呈现出草籽发芽、森林茂密、宝苗成长、鲜花绽放、果实累累的繁荣景象。

清晨，天子将梦境原原本本地向天王陈述。

帝释天王赞叹道："唉吗吙！无勤佛法精华出现时，三世佛陀化身菩提心，十地自在世间殊胜灯，天境庄严之您诚稀有。"

天子的第一个梦境预示着受持诸佛的密意、成为法太子；第二个梦境预示着慑服一切魔众、彻底根除三毒；第三个梦境预示着遣除所化众生内心的愚暗、燃亮正法之灯；第四个梦境预示着将以自然大圆满的甘露水遣除烦恼的酷热，并且弘扬无勤任运自成大圆满之果乘。

再有，三世诸佛集聚之后劝请金刚萨埵说："具有珍宝神变者，当启所化所欲门，无勤令其具珍宝。"通过诸佛劝请后，吉祥金刚萨埵心间出现如意宝自燃轮，交付给金刚手尊者，并且嘱咐说："于诸眷属当宣说，无二智慧之密意，无为无勤本来佛，共称大中观之道。"

金刚手尊者应允说法而言："金刚萨埵大虚空，本非词句之行境，我今宣讲极困难，然以词句诠释言，为令未证者证悟，如应救度瑜伽者。"亲口答应之后金刚手尊者前往东方金刚光明刹土金刚密如来等金刚部尊众前、南方珍宝光明刹土珍宝光明如来等珍宝部尊众前、西方莲花光世界莲花光如来等莲花部不可思议尊众前、北方清净成就刹土成就光明如来等事业部无量尊众前以及中方离边刹土毗卢遮那佛等真如部之众多佛前，听受了稀有佛法精华无勤自然密意、超越因果的法门——阿底约嘎的意义，断除了增益，吸取了诸佛密意的营养之后，知晓三十三天具九股金刚杵之中柱的尊胜宫中央宫殿里居住着（堪为密法法器）具缘之士胜心天子，于是前往尊胜宫。

当时，胜心天子在中柱顶的九股金刚杵上设置璀璨珍宝组成的宝座，请金刚手尊者入座，撑起各种珍宝组成的伞盖，供养众多天物供品。金刚手尊者以诠表的方式授予胜心天子王权金刚瓶圆满灌顶并传授了十部窍诀幻化续，又在时际刹那中圆满宣讲了七个灌顶、五种窍诀、单扎续等诸多窍诀，随后赐予灌顶令他成为法王继承人，并且说："此乃稀有精华法，传遍三十三天已，愿您复化喜金刚，此法广弘赡洲中。"

阿底约嘎在人间起源的历史：在印度西方邬金空行母地区的达那故克洲革扎湖畔金刚洲洞的领域内，有一座百花争艳、赏心悦目、环境幽雅的园林，国王鄂巴绕匝与皇后光明具光母生下一女，取名为花明。花明公主具足妙相，天生心地善良，有着强烈殊胜的菩提心，朴实无华、谨慎稳重，舍弃尔虞我诈、放逸无度的俗世生活而出家为尼，比丘尼戒守护得纤尘不染，与附同的五百比丘尼眷属一起居住。水牛年藏历四月初八的黎明时分，公主进入梦乡：梦到诸佛放射光芒形成日月，太阳从自己的头顶向下融入，月亮从足掌心向上融入。

当清晨醒来的时候，公主的相续中生起了证悟，她来到革扎湖畔进行沐浴。正在这时，金刚手尊者幻化成一只天鹅王使胜心天子融于"吽"

字中，接着幻现为四只天鹅，从天而降前来沐浴，之后三只天鹅又飞到空中，而密主所化现的那只天鹅用喙触碰花明公主胸间三次而射出一个光辉灿烂的“吽”字融入公主的心间后便飞走了。公主对此甚感稀奇，于是便向父王和眷属们讲述了事情的经过。父王也惊奇不已，并且欢喜地说道：“难道要诞生一位佛的化身吗？”于是对公主百般关怀，命属下尽力承侍，为她举行广大佛事。

公主没有出现任何怀胎的迹象而度过了九个月。一天，她的心间出现一个光彩夺目的九股金刚杵，化现成一位具足相好的小童子，只见他右手执着金刚杵，左手持着珍宝手杖，朗朗背诵起《金刚萨埵大虚空续》等经续。众人喜出望外。国王请来婆罗门相师为他看相。

那位相师极其惊诧地说：“这是一位圣者的化身，一位殊胜大乘教主诞生于世了。”

正因为众人喜悦到极点以及他的手中持有金刚，所以为他取名为极喜金刚[244]，又由于众人皆大欢喜，因而又叫做喜金刚，由于众人笑逐颜开，因此也称笑金刚。

在他登基之时密主金刚手尊者亲自降临，在时际刹那中完整传授给他王权圆满宝瓶灌顶等所有灌顶、九界二万卷等所有续部窍诀，并赐予极喜金刚成为教主的灌顶，灌顶之后密主金刚手嘱咐诸位护法神竭诚协助、尽力护持佛法。极喜金刚依靠无勤大圆满而在刹那间成佛。

当时，印度圣地又诞生了一位文殊菩萨的化身——名为成藏或胜乐藏的婆罗门子。他的父亲是乐护婆罗门，母亲叫革哈那，成藏后来舍俗出家而成为五百班智达的主尊，被人们共称为文殊友[245]阿阇黎。一次圣者文殊菩萨为他授记说：“从此处向西方，在邬金境内革扎湖畔黑庆达金洲大

[244]极喜金刚：藏音嘎绕多吉；喜金刚为吉巴多吉；笑金刚为呀巴多吉。

[245]文殊友：藏音即蒋花西宁。

尸陀林中央的金刚洲洞境内住有一位金刚萨埵的化身、诸佛无勤之教法的教主，他已经获得诸佛的灌顶，名叫化身极喜金刚，你应当前去求得稀有佛教的精华、无勤成佛的正法阿底约嘎，并作为他的教法结集者。”于是文殊友对其余诸位班智达说：“西方邬金地方有超越因果之法，所以我们必须前去折服。”

众班智达商定之后，特哦日匝哈德等七位班智达历经千难万险来到邬金境内，他们用尽周身解术与化身极喜金刚对因果及内外密法展开了研讨及辩论，始终无法取胜。

最后文殊友问诸位道友：“向化身极喜金刚求超越因果之法好吗？”

特哦日匝哈德说：“虽然有求法之心，可是我们已经侮辱了他，实在不敢求法。”有些人说：“我们也会生起定解，应当求法。”大家商量后决定诚心诚意进行忏悔。有些人顶礼或转绕化身极喜金刚；有些人痛哭流涕，泪流满面；文殊友躬身顶礼而泣不成声，心里暗想：我已经侮辱了这位化身，信口开河说了许多辩论之词，所以必须用斩断自己的舌头来作忏悔。想到这里便寻找刀刃。化身极喜金刚知道他心中所想，于是说：罪业不会因为你斩断舌头而得清净，撰著一部超越因果的殊胜论典吧，这样一来可以净除罪业。

当时没有缘分的人们返回去了。而文殊友只是依靠上师稍作表示，便恍然大悟，从而通达一切万法。为了使他圆满佛法，极喜金刚传授给他王权宝瓶灌顶，并将九界二万卷等所有续部、窍诀完全交付于他，也为他取名文殊友。之后化身极喜金刚写下所有言教的意义并恩赐教言道：“心之自性本来佛，心无生灭如虚空，若证诸法等性义，不寻彼性住为修。”文殊友通达了所证悟的意义以后用偈颂来表达证悟的境界：“吾乃蒋花西宁也，已获大威德悉地，证悟轮涅大平等，显现一切妙智慧。”并撰著了《菩提心·金溶石》作为忏悔，同时也作为化身极喜金刚教法的结集者，将大圆满阿底约嘎传给西日桑哈。

西日桑哈诞生于中国汉地秀夏洲，父亲名叫具善，母亲名为光明母。他长大以后在阿阇黎哈德白拉前学习声明、因明、历算等（大小）五明并且通达无碍。二十五岁时幸遇阿阇黎文殊友圆满求得甚深大圆满阿底约嘎圣法的所有续部传承及窍诀，现前了离戏殊胜的证悟。并将大圆满法传与邬金第二佛、智者嘉纳思扎、大班智达布玛莫扎、大译师贝若扎那。

这以上讲的是持明表示传。

戊三、补特伽罗耳传：

那么，在此之后藏地雪域这片领土上到底是如何将精华正法弘扬开来的呢？

往昔佛陀在世的时候，藏地这块土地上并没有人类众生。后来圣者观音菩萨化现的雄猴与度母所化现的罗刹女二者繁衍人类众生。当时既没有正法、法规，也没有长官、头领，就像茶砖一样处于无头无尾的状态中。当时，印度百军王生下一位太子，他的所有手指、脚趾犹如天鹅蹼一般连在一起，双目好似鸟的眼睛一样由眼睑遮蔽着。看到生下这样一个儿子，他的父王说：“这是非人之子，还是驱逐出境为好。”

ཆོས་སྐུ་ཀུན་ཏུ་བཟང་པོ།
1、法身普贤如来

ལོངས་སྐུ་རྡོ་རྗེ་སེམས་དཔའ།
2、报身金刚萨埵

སྤྲུལ་སྐུ་དགའ་རབ་རྡོ་རྗེ།
3、化身极喜金刚

འཇམ་དཔལ་བཤེས་གཉེན།
4、文殊友

ཤྲཱི་སིང་ཧ།
5、西日桑哈

ཛྙཱ་ན་སཱུ་ཏྲ།
6、嘉纳思扎

བི་མ་མི་ཏྲ།
7、布玛莫扎

པདྨ་སཾ་བྷ་ཝ།
8、莲花生大士

ཁྲི་སྲོང་ལྡེའུ་བཙན།
9、赤松德赞

བཻ་རོ་ཙ་ན།
10、贝若扎那

ཡེ་ཤེས་མཚོ་རྒྱལ།
11、益西措嘉

ཀློང་ཆེན་རབ་འབྱམས།
12、无垢光尊者

རིག་འཛིན་འཇིགས་མེད་གླིང་པ།
13、持明无畏洲

འཇིགས་མེད་རྒྱལ་བའི་མྱུ་གུ།
14、无畏如来芽

དཔལ་སྤྲུལ་རིན་པོ་ཆེ།
15、华智仁波切

འཇམ་དབྱངས་མཁྱེན་བརྩེ་དབང་པོ།
16、蒋扬钦哲旺波

མི་ཕམ་རིན་པོ་ཆེ།
17、麦彭仁波切

ཆོས་རྗེ་འཇིགས་མེད་ཕུན་ཚོགས།
18、法王晋美彭措

王子稍稍长大便被摈除国境，由业力所牵而徒步流浪到藏地，遇到一些牧童。他们问：“你是从哪里来呀？到底是谁呀？”

他便用手指指向天空。那些牧童认为他是天人，于是大家肩背土石、垒成高座，请他作为首领，人们共称他为肩座王[246]，他就是除盖障菩萨的化身。

经过历代王朝，到了圣者普贤菩萨的化身拉托托日年赞期间，永布拉岗[247]皇宫顶层楼上出现了身所依——十一面观音像；语所依——《宝箧

[246]肩座王（涅赤赞布）：是西藏第一国王，也是吐蕃天座七王之首。

[247]永布拉岗：在山南地区乃东县境内，是西藏最早的一座王宫遗址，公元前一百多年，涅赤赞布所居地方。

经》《百拜忏悔经》经藏；意所依——一肘高的水晶佛塔，这就是正法的开端。

在此之后的第五个朝代，圣者观世音菩萨的化身国王松赞干布出世，建造了镇肢寺、镇节寺及拉萨大昭寺。迎娶至尊度母化身的汉族（文成）公主[248]以及颦眉度母化身的尼泊尔（赤尊）公主[249]，同时迎请两尊觉沃佛像入藏。在此期间，囤弥桑布扎创立文字而结束了西藏无有文字的历史。他从印度班智达天明狮子前学习了声明，并从《三宝云》等经藏开始翻译。国王松赞干布从自己的白毫间幻化出一位化身比丘名为阿嘎玛德，调伏了印度圣地的外道国王，并从印度与铜洲交界处的一株蛇心栴檀中取出了五尊栴檀观音[250]，同时塑造了拉萨的十一面观音像。国王松赞干布时期才真实地树立起佛教的法幢。

又过了五个朝代，圣者文殊菩萨的化身国王赤松德赞诞生，当他13岁时父王就不幸去世，在17岁之前他一直与鄂达日乐贡和拉桑乐华等诸位大臣共议国事，出兵征服了许多边陲地区作为附属国。后来，国王翻阅祖先的完整史料，从中得知拉托托日年赞时期是正法的开端，国王松赞干布时期树立起法幢，他发现历代国王全部是依靠佛法治理国家，于是便下决心：我一定要将正法发扬光大。接着与班玛贡赞为首的主要法臣商议，其余大臣也出谋划策，最后一致同意建造寺庙。在寻找净地[251]上师的时候，国王前去请问他的国师也就是住在桑耶青普的妙定[252]尊者。国师依靠寂止光明智[253]而了知印度东方萨霍地区住有法王故玛得

[248]文成公主：唐太宗室女。公元641年，松赞干布派遣大臣禄东赞迎请至吐蕃。

[249]赤尊公主：尼泊尔国光胄王之女。公元623年与吐蕃王松赞干布联姻。

[250]五尊栴檀观音：现今两尊在拉萨，两尊在尼泊尔，一尊在印度。

[251]净地：修建庙宇等建筑物之前举行的一种密宗净地仪式。

[252]妙定：酿当珍桑波。

[253]寂止光明智：通过寂止而得之一种神通，有的史料中说他得肉眼通而得知。

谢的太子大堪布静命[254]，便告诉了国王。于是国王迎请大堪布静命作为净地上师。

在修建过程中需要砍除阿雅巴罗洲的一堆荆棘丛，住在该处的恶龙得知后喊来所有鬼神作为援助，招集二十一优婆塞等鬼神的军队，到了晚上，就把人们白天所修砌的建筑摧毁无余，并将所有的土石都归回到原地。

国王请问堪布："发生这样的事，是因为我业障深重还是堪布您没有加持，要么是说修建寺庙的事不能如愿以偿？"

堪布回答说："我虽然菩提心已经纯熟，但是依靠这种寂静方法实在不能调伏它们，这些鬼神必须要用降伏法才可调伏。如今在印度金刚座有一位化生的邬金莲花生大士，他精通五明、谙熟胜义的功用，已经获得了共同、殊胜成就，可以摧毁一切魔众，随心所欲吩咐天龙八部，所有鬼神闻风丧胆，他足可制服一切恶魔，如果请他来，所有鬼神就不会再来为非作歹，也会让大王心愿得以彻底实现。"

国王说："那会不会请不来这位大师呢？"

堪布静命胸有成竹地对国王说："因为有以前的发愿，所以一定能请来。从前，在尼泊尔境内有个养鸡人叫萨来，他的女儿胜乐母分别和养马、养猪、养鸡、养狗的四个人生下了四个儿子[255]，这四个人在建造夏绒卡绣佛塔[256]的时候曾经发愿：将来在藏地弘扬佛法……"

听到堪布讲述完这其中发愿的详细经过以后，国王又派遣瓦彻月、降魔金刚、钦释迦光、普吉祥狮子各带一藏升金粉、一斛金饰前往印度。

---

[254]大堪布静命：即大堪布菩提萨埵。那烂陀寺依止智藏论师出家，受具足戒。为中观自续派论师及东方三中观论师之一，设计修建桑耶寺，度初试七人出家，并开始建立僧伽制度。

[255]四个儿子：莲师、瓦彻月、国王赤松德赞、静命。

[256]夏绒卡绣佛塔：今在尼泊尔首都加德满都城中心。

他们拜见阿阇黎（莲师）后献上供品请求道："务必请大师前往藏地加持寺庙地基。"莲师应允后便起程前往。途中依次降伏了十二地母、十二护母、二十一优婆塞等藏地的所有鬼神。来到红岩，举行寺庙净地仪式，就这样建造起四周由四大洲、八小洲、罗刹洲、日月、铁围山所围绕的三层桑耶自成寺。该寺峻工之后，堪布静命、阿阇黎莲师、大智者布玛莫扎三位大师为该寺开光，抛散三次鲜花，当时，他们大显神变，奇妙的瑞相纷纷呈现。

此后，静命堪布传讲戒律，弘扬显宗教法；阿阇黎莲师与布玛莫扎弘扬密法。当时邬金第二佛与大智者布玛莫扎二位尊者为意子君臣友三人[257]、妙定禅师等堪为法器的具缘者明显地宣讲了区分、决定、自解的法门。也就是转了大圆满阿底约嘎等内三续法轮。自此以后的传承被共称为补特伽罗耳传。

不仅如此，邬金第二佛还为君臣具缘者传授了相应各自根基的不可思议法门，并撰写在金纸上隐藏成伏藏，发愿以此饶益未来的随学者，并交付于护法神来保护。后来，授记时间已经到来之际，获得昔日愿力的大成就者之化身一个个骤然降临于世，开启了甚深伏藏之门，摄受了众多具缘补特伽罗而饶益众生，所有的传承共称为六种传承[258]或九种传承[259]等。

如是化身伏藏大师层出不穷，其中持明无畏洲是圣者心性休息[260]亲自化现为善知识形象，他从邬金第二佛、大智者布玛莫扎、全知无垢光尊者等处圆满地受持了如来密意传、持明表示传、补特伽罗耳传，而

---

[257]君臣友三人：君指国王赤松德赞、臣指大译师贝若扎那、友指空行益西措嘉。

[258]六种传承：如来密意传、持明表示传、补特伽罗耳传、黄纸词句传、空行嘱咐传、发愿灌顶传。

[259]九种传承：如来密意传、持明表示传、补特伽罗耳传、空行嘱咐传、发愿灌顶传、教授授记传、修持加持传、耳闻实修传、行持事业传。

[260]心性休息：观世音菩萨的别名。

完美无缺地为具有缘分的诸补特伽罗广转法轮，并安住在圆满正等觉的境界中。如颂云："身虽现为人天相，殊胜密意为真佛。"因此我的至尊上师也曾经亲口说过："众生怙主金刚持我的至尊上师的确是圆满正等觉大金刚持，为饶益众生化现为补特伽罗的形象而降临世间，这并非是我以虔诚的信心与恭敬心作赞叹的。如果你们能够修持、祈祷，那么在我的上师与你们之间除了我以外再没有其他传承隔断。我也是从最初幸遇金刚持上师之后，一直依教奉行以三欢喜依止上师，从来没有做过任何不称上师心意的事，甚至让上师斜视一眼的事也没有做过，可以说，传承的金线没有被破誓言的锈所污染，因此传承的加持与众不同。"

以上简明扼要地叙述了传承上师的历史，如《日月吻合续》云："若未宣说历史义，于此大密了义教，将有不诚信之过。"追溯传承的起源及讲述历史有着使后学者生起诚信的必要，所以此处宣说上师瑜伽的同时也讲述了传承上师的历史。

这样的上师瑜伽念修的数量绝对要圆满一千万遍，因此应当尽力念诵，务必达到要求。倘若不这样，而认为这些仅仅是前行法门并不那么重要，或者声称要修高深莫测的正行法而没有空闲时间来修前行，表面观修生圆次第等等，这些人正如世间俗语所说："牛头未熟尝其舌，床尚未暖伸其足。"舍弃前行法的修行无有芝麻许实义，即便偶尔生起了少分暖相，也不会稳固，就像没有打地基的建筑一样。有些人虽然在修前行时装模作样、敷衍了事，但在修正行时认为"那些是前行法，现在不需要修了"而放弃，这种做法也与之相同。舍弃作为圣道基础的前行法，就好似没有墙壁而求壁画一样必将断绝正法的根本。因此，每一位修行人不管在何时何地都要精进修持，力争对这些前行法生起无伪的定解。尤其着重精进地修行这一加持的入门——上师瑜伽，是殊胜的要诀。

虽视大恩上师为真佛，却因性情刚强违师教。

虽知三界众生为父母，却因蛮横粗暴出恶语，

我与如我恶业众有情，此生及诸生生世世中，

愿以寂静调柔之言行，依止上师道友祈加持。

强力生起证悟之智慧、加持之门——上师瑜伽引导终

不共加行圆满矣！！！

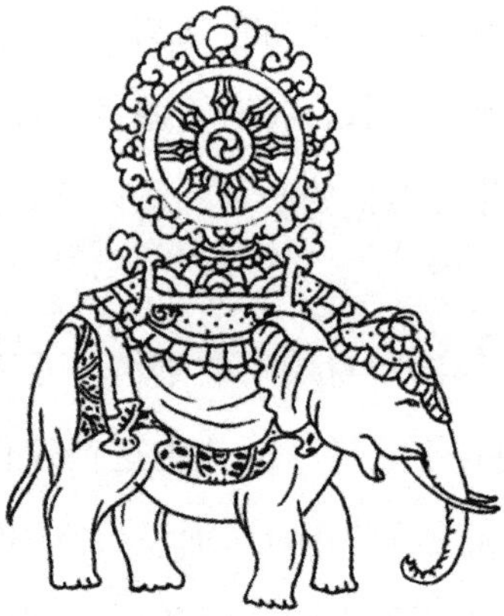

# 往生法

尤为悲悯愚昧之众生，尤为摄受罪孽深重者，

尤以善巧法调难化众，无等上师足下我敬礼。

乙三（修持正行支分捷径往生法）分三：一、往生分类；二、往生修法；三、往生仪轨。

丙一（往生分类）分五：一、利根者见解印持法身之往生；二、中根者生圆双运报身之往生；三、下根者无量大悲化身之往生；四、平凡者具三想之往生；五、以大悲铁钩超度亡灵之往生。

丁一、利根者见解印持法身之往生：

在这一世当中，自相续生起了无伪实相的无误见解并且不断修行、串习的人，在临终的时刻，通过本来清净的密道，依靠法界觉性的要诀而往生于法身界中。

丁二、中根者生圆双运报身之往生：

对于生圆次第无二瑜伽极为娴熟并且对于如幻的圣尊身相有纯熟妙力的人，临终的时刻在中阴的迷乱景象出现的同时，往生于双运智慧身中。

丁三、下根者无量大悲化身之往生：

获得密宗能成熟之灌顶、没有染上破誓言的过患、对生圆次第具有胜解并拥有中阴窍诀的人，通过阻塞不净的胎门、依靠大悲心的牵引和转为化身道用而往生清净刹土，正如颂云：“封闭胎门当忆有寂界，需要精进净观之一刻。”

丁四、平凡者具三想之往生：

一般的普通人依靠将中脉作为道路想、心识明点作为旅客想、极乐清净刹土作为去处想而往生。

丁五、以大悲铁钩超度亡灵之往生：

具有殊胜证悟、心境调柔、了知中阴身心相续的瑜伽士可以超度其他临终者或中阴身往生。本来超度亡灵者必须是获得见道的菩萨，如米拉日巴尊者说："尚未亲睹见道谛，切莫超度诸亡灵。"超度亡灵最佳时刻就是在临终者外气已经中断、内气还没断尽的时候。如果遇到这样有着确定性的时候，那么请稍微熟练往生窍诀的人来作往生仪式也绝对会受益匪浅，而且也能够避免投生到恶趣等处，这就像刚刚出发上路的旅客很容易被友伴所转变一样。相反，如果身心已经脱离以后要超度亡灵往生还是有一定的困难。超度这样的中阴身者必须是对中阴界了如指掌、自心已经获得自在的人。当然，如果是这样的一位瑜伽士，那么已经离开血肉之躯的中阴身依靠他作超度的外缘也容易转变，对处在中阴界的亡灵作往生法仪式，足能将他的神识送到清净刹土中。否则，认为人死了以后再将他的神识勾回到他原来的身体上作超度，实际上没有任何实义。

如今大多数徒有虚名的上师或活佛等超度亡灵，如果他们完全是在慈悲菩提心的驱使下而根本不牵扯自私自利的心，那么单单依靠菩提心这一动机，也可能会利益亡灵，同时也不会成为自己修行的道障。反之，一门心思谋求自己的利养、仅仅依靠口头会念诵来超度亡灵，又任意接受死者的往生马[261]等等，这实在是极其下劣的行为。如颂云："己未趋至解脱之干地，然却致力引导他人者，此二之理少许不相合，犹如溺水之人救溺者。"

从前，大证悟者丹增秋佩大师在转绕匝日神山期间，他的境界中出现了昔日他所超度并收取了往生马的一个人，看到那人从血海中露出头来并且喊着大师丹增秋佩的名字说："我该怎么办呢？"大师惊恐万分地说道："我将转绕神山的功德回向与你。"于是那人便不见了。

[261]往生马：藏族民俗，一般指为亡人作超度时，亡人家属将自家最好的马配上死者的最好衣服供养给作超度的上师，表示已将亡灵完全交付于这位上师请上师作超度。这种马称为往生马，至今仍有此风俗。

不仅如此，而且即便是具有殊胜证悟的高僧大德，如果接受亡财供养以后没有念经回向等，也会成为地道的障碍。从前，竹庆仁波切杰美泰秋丹增圆寂时，弟众迎请哲美扬炯滚波尊者念诵遗体火葬仪轨。结果尊者一整天始终念诵沐浴仪轨进行勾召，反复超度，完全像对一个普通人作超度一样。诸位僧人问这样做的原因，尊者解释说："他（杰美泰）生前接受了超度亡者的黑马供品，可是当时却没有对死者诵经念仪轨作回向，被他超度的这个亡者是一个罪业深重的人，因此对他的地道成就稍有障碍，但现在通过我们俩并肩协力已经卓有成效。"据说这位亡者名叫各洛丹增。

那些身居上师大活佛之位的人也是一样，如果在接受亡财的时候既不发心也不作回向、发愿、念仪轨等，而认为"我是如何如何了不起的上师、大活佛"，实在没有什么好处。即使是被无误认定为高僧前辈转世的那些活佛们，最初也需要从藏文的元音字母开始学习，换句话来说，包括文字读诵以上他们都和普通人没有差别需要学习。可以肯定地说，将前世所精通的文字读诵忘得干干净净却没有遗忘生圆瑜伽的人绝不会有。因此我认为（那些小活佛）不要在刚刚能骑马就开始享用信财亡财而要稍稍将精力放在修学发心、闭关修持上面，难道不是吗?

在这里所讲的这个往生法，是平凡人具三想的往生法或者叫做心识上师[262]之往生，这也与《无垢忏悔续》所说的"依靠临终光环声往生"的意义相吻合。这种往生法对于具有殊胜证悟的补特伽罗来说是不需要的。如《无垢忏悔续》中说："死亡乃分别，可引空行刹。"又如说："所谓之死亡，瑜伽小成佛。"今生今世已经证得坚地、获得生死自在的诸位补特伽罗虽然表面上现似死亡，但实际上只是像从现在的一个地方去往另一个地方一样；修习生圆次第的诸位行者，正像前面所说依靠生死、中有的

[262]心识上师：观想自己的心识与上师的智慧成为无二无别。

三种实修法而于三身中得往生，正如所说的“往生法引导修法差者”。

因此，修道尚未获得稳固或者罪孽深重之人等需要具三想往生法的这一要诀。如果拥有这样的窍诀，那么无论他罪业何等深重也必定不会堕入恶趣，就算是造了无间罪业径趋直下的人们如果遇到这一教言，则一定不需要堕恶趣。续中说：“日日杀梵志，及造五无间，以此道解脱，不为罪业染。”又说：“九窍[263]之上方，意念可往生，不为罪业染，生于清净刹。”其他续中也说：“头顶日月坐垫上，具相上师尊足前，若知趋入中脉道，造五无间亦解脱。”

所以说，这一深道往生法的教言是不修便可成佛之法，也是以强制性的方法使罪孽深重者得以解脱的密道。金刚持佛说：“日日杀梵志，及造五无间，若遇此教言，无疑定解脱。”

邬金莲花生大士也说：“修持成佛法皆具，不修成佛法我有。”

大智者那若巴说：“九门乃为轮回窗，一门即是大手印，关闭九门启一门，无疑趋入解脱道。”

南岩玛尔巴罗扎尊者也曾经说：“我今修持往生法，反反复复修炼已，平凡而死亦无惧，具有前修之把握。”

至尊笑金刚说：“此等往生融合[264]之窍诀，乃为摧毁中有之向导，具足此道之人可有否？命风进入中脉人安乐，彼将趋入法界唉玛吙！”

丙二（往生修法）分二：一、修炼；二、运用。

丁一、修炼：

如今自己求得往生引导以后，反反复复加以修炼，在没有出现验相之前一直精勤努力。现在自身的风脉明点全然无有衰退，正处在旺盛时期，依靠往生法直接往生稍有困难。真正到了临死之时或极为腐朽年迈之际就

---

[263]九窍：人体感受五种外境的感觉活动所有九处门户或穴窍：眼二、耳二、鼻二、口和大小便口各一，共为九窍。

[264]融合：将自心融合于阿弥陀智慧之教言。

比较容易往生。打个比方来说，果实等在夏季正值茂盛繁荣之时难以采摘，等到了秋季瓜熟蒂落的时候，衣边稍微接触便会坠落。

丁二、运用：

自己出现死相，知道无论如何也无法避免死亡并出现了隐没次第[265]等的时候，就该修往生法了，而除此之外的时间里一律不可以依靠这种方法来往生。如续中说："时机成熟当往生，非时往生杀本尊。"本来隐没次第多种多样，然而从浅显易懂的角度来讲，包括五根、四大、明增得这三种隐没次第。

其中五根隐没次第：如若自己枕边有僧人在念经，只是听到一片嗡嗡的声音，而听不清字字句句，这时表明耳识已经灭尽。或者虽然没有那样，但别人的交谈等对他来说也好像是从远处传来的声音一样，仅仅能听到声音却听不清楚说的什么。同样，眼睛看色法也只是模模糊糊而看不清究竟为何物，说明此时眼识已经灭尽。以此类推鼻嗅香气、舌品味道、身体所触等都没有感觉的时候也就是最后的隐没次第，这时候，上师需要为他直指心性的本来面目，也是作超度的最佳时刻。

四大隐没次第：在此之后，肉界融入地大之时，身体出现如堕入坑中或被山所压一样的沉重感，比如，有些临终的人口中喊着"向上拽我"或者"将我的枕头垫高"等等；随后血界融入水大之中时，流出口水或鼻涕等；接着暖界融入火大的时候，口鼻全然干燥，体温从边缘向内收，这时有些人从头顶突突地冒出蒸气；气界融入风大之中时，上行风、下泄风、平住风、遍行风全部收在持命风当中，以至于吸气困难，气息从肺部经过黑白咽喉而剧烈地向外呼出。体内的所有血液收集在命脉中，心间依次流出三滴血，于是长长地呼出三口气，外气骤然中断。

明增得隐没次第：在当时，从顶部来自于父亲的白明点快速下降，

[265]隐没次第：人死亡时出现种种灭尽次第之死相。

外相就好似月光普照朗朗晴空一般出现白光；内相出现明的觉受，并且灭尽了三十三种嗔心分别念，这就是所谓的明相。从脐部来自于母亲的红明点快速上升，外相如同日光普照朗朗晴空一般出现红光；内相产生了大乐觉受，灭尽了四十种贪心分别念，这是所谓的增相。接着白红二种明点在心间相遇，神识进入到它们的中间，外相犹如黑暗遍布清净虚空一般出现黑光；内相生起无分别的觉受，（灭尽了七种痴心分别念，）然后漆黑一片，突然间昏迷过去，这是所谓的得相。后来稍微苏醒过来，出现了犹如远离（云、雾、尘）三垢的清净虚空般的基位光明，如果在这时能够认识自性本面而入定，就称为利根法身往生，不经过中阴而成佛。随后依次出现法性中阴与转世中阴，这些是正行的支分，所以在此不广讲。

对于缺乏修道经验的人来说，运用往生法的最佳时刻就是在隐没次第开始出现的时候。此刻，自己务必完完全全断除对今生的一切贪执，而要专心意念：我即将死去，现在依靠上师所传的窍诀将如同勇士射出的箭一样飞往清净刹土，我该多么的高兴。充满自信，满怀勇气。如果自己明观往生法的所缘境有困难，也可以请有能力的道友助念，不管怎样此时此刻都必须依靠以往所修炼的深道往生教授强制性地往生。

无论是在修炼的时候还是运用的时候，往生的修法都是相同的。观修往生的真正教授的顺序是这样的：在一个舒适的坐垫上金刚跏趺坐，身体端直，首先从念诵《远唤上师》[266]颂开始，完整无缺地明观上师瑜伽修法中包括结座以上的所有次第。接下来进入正行观想：将自己的身体一刹那间观成金刚瑜伽母，身红色，一面二臂，双足起舞式，三目直视虚空。修往生法时瑜伽母的表情是寂静的神情中略带怒容，右手在空中摇晃能唤醒无明愚痴睡眠的颅骨手鼓，左手在腰际的部位握着根除三毒的弯刀，赤

[266]《远唤上师》：祈祷、赞叹、呼唤上师求加持的偈颂。

裸裸的身体佩带骨饰、花束，现而无自性，好似撑起的红缎帐幕一样，这是外在身体的观想法。

又观想位于身体中央的垂直中脉就像空空的室内插入柱子一样，不向左右任何一方倾斜，挺直地立在身体中央，所以称为中脉。为了表示法身无变而将它的颜色观成靛树皮一样湛蓝；为了表示习气障薄弱而将它观成莲花瓣一样的薄；为了表示遣除无明黑暗而将它观成像芝麻油灯一样明亮；为了表示不入劣道与邪道而将它观成芭蕉树干般的挺直。总之所观想的中脉具足以上四种特征。为了表示善趣与解脱道而观想它的上端在头顶梵净穴处开启，就像打开的天窗一样；为了表示关闭轮回与恶趣之门，观想它的下端在脐下四指正对的部位丝毫不漏、完全封闭，这是内在脉的观想法。

再观想：中脉的里面，正对心间的位置上有一个好似竹节隔断般的脉节，在它的上面有一个淡绿色的风团明点时刻不停地波动起伏，它的上面有代表自己心识本体、具有涅槃点“ཿ”和小阿“འ”的红色舍(ཧྲཱིཿ)字，犹如风卷旗幡般阵阵抖动，它是觉性自心的所依根本。接着观想：在自己头顶一肘左右上方的虚空中有一个由八大孔雀严饰的宝座，上面有各种莲花、日月的三层坐垫，垫上端坐着本体为三世诸佛总体之自性无等大悲宝藏具德根本上师，形象为世尊怙主无量光佛，身红色，宛如十万个太阳照耀鲜艳的红宝石山一般，一面二臂，双手以等印托着装满无死智慧甘露的钵盂，具足殊胜化身梵净行的装束：身着三法衣，以头上顶髻、双足轮宝等三十二妙相八十随好为庄严，放射出无量光芒，右边是诸佛大悲自相的圣者观音菩萨，身色洁白，一面四臂，第一双手合掌在胸前，右下手持着水晶念珠，左下手执着白莲花柄端，花瓣在耳边绽放。无量光佛的左边是诸佛力量的主尊密主金刚手，他的身色湛蓝，双手以交叉姿势执持铃杵。他们二位尊者都是以报身十三种服饰庄严着。无量光佛双足金刚跏趺坐表示不住有寂之边，二位菩萨双足站式表示利众不厌其烦。深道往生法的诸位传承上师宛如清净虚空密集云朵般安住在三位主尊的周围，他们都是和颜悦色、慈眉善目地注视自他一切众生，并且以满怀喜悦之情予以垂念，救度自他一切有情摆脱轮回恶趣之苦，就像大商主一样将所有众生接引到清净刹土。

丙三、往生仪轨：

一边这样观想一边念诵下面的仪轨：

ཨེ་མ་ཧོ༔
唉玛吙

རང་སྣང་ལྷུན་གྲུབ་དག་པ་རབ་འབྱམས་ཞིང༔
让 囊 恨 哲 大巴 绕 加 扬
自现任运清净无边刹

བཀོད་པ་རབ་རྫོགས་བདེ་བ་ཅན་གྱི་ཞིང༔
够 巴 绕 奏 得瓦坚 戒扬
圆满庄严西方极乐土

རང་ཉིད་གཞི་ལུས་རྡོ་རྗེ་རྣལ་འབྱོར་མ༔
让 涅 月 利多吉那 久 玛
自身观为金刚瑜伽母

ཞལ་གཅིག་ཕྱག་གཉིས་དམར་གསལ་གྲི་ཐོད་འཛིན༔
呀 戒 夏 逆 玛 萨 这 托 怎
一面二臂红亮持刀盖（托巴）

ཞབས་གཉིས་དོར་སྟབས་སྤྱན་གསུམ་ནམ་མཁར་གཟིགས༔
呀 逆 斗 达 现 色 那 卡 则
双足舞式三目视虚空

དེ་ཡི་ཁོང་དབུས་རྩ་དབུ་མ༔
得叶空 为 匝哦玛
体内中央之中脉

སྦོམ་ཕྲ་མདའ་སྨྱུག་ཙམ་པ་ལ༔
哦 诧大 涅 匝巴拉
粗细犹如竹箭许

སྟོང་སངས་འོད་ཀྱི་སྦུ་གུ་ཅན༔
洞　桑 怄戒哦革坚
具有空净光之管

ཡར་སྣེ་ཚངས་བུག་གནས་སུ་དར༔
呀 内 仓 哦 内 色 哈
上端开于梵净穴

མར་སྣེ་ལྟེ་འོག་ཟུག་པ་ཡི༔
玛 内得怄苏 巴叶
下端关闭于脐下

སྙིང་ཀར་ཚིགས་ཀྱིས་བཅད་པའི་སྟེང་༔
酿 嘎　策 记　加 波 荡
心间阻断之节上

རླུང་གི་ཐིག་ལེ་ལྗང་སྐྱའི་དབུས༔
龙 革特泪 江 杰 为
淡绿风团明点中

རིག་པ་ཧྲཱིཿཡིག་དམར་པོར་གསལ༔
热 巴舍 叶 玛 波 萨
明观自心红舍字

སྤྱི་བོར་ཁྲུ་གང་ཙམ་གྱི་སྟེང་༔
谢哦彻 刚匝戒荡
头顶一肘之上方

སངས་རྒྱས་སྣང་བ་མཐའ་ཡས་ནི༔
桑　吉 囊 瓦踏 意 讷
明观佛陀无量光

མཚན་དཔེ་རྫོགས་པའི་ཕུང་པོར་གསལ༔
参　慧 奏　波 彭 波 萨
具足相好圆满身

然后以坚定不移的信心，汗毛竖立、泪水横流，尽量多地念诵阿弥陀佛名号：

བཅོམ་ལྡན་འདས་དེ་བཞིན་གཤེགས་པ་དགྲ་བཅོམ་པ་ཡང་དག་

救 单 地得云 向巴 扎救巴扬大

པར་རྫོགས་པའི་སངས་རྒྱས་མགོན་པོ་འོད་དཔག་ཏུ་མེད་པ་ལ་ཕྱག་

巴奏 波 桑吉 滚波怄花 德美巴拉夏

འཚལ་ལོ་མཆོད་དོ་སྐྱབས་སུ་མཆིའོ།

擦 漏 秋 斗加 色 切怄

顶礼供养皈依世尊善逝出有坏圆满正等觉怙主无量光佛

最后念诵：

ཨེ་མ་ཧོ༔

唉玛吙

གནས་རང་སྣང་དོན་གྱི་འོག་མིན་ན༔

内 让 囊 敦戒 怄 门那

境为自现了义密严刹

ཡིད་དད་བརྒྱའི་འཇའ་གུར་འཁྲིགས་པའི་ཀློང༔

叶 达 杰 加 革 彻 波 龙

百倍信心彩虹萦绕中

སྐྱབས་ཀུན་འདུས་རྩ་བའི་བླ་མ་ནི༔

加 根 地 匝为喇嘛讷

皈处总集根本之上师

སྐུ་ཐ་མལ་མ་ཡིན་དྭངས་མའི་ལུས༔

革踏玛玛因 荡 莫 利

身非庸俗而为清澈身

དཔལ་སངས་རྒྱས་སྣང་མཐའི་ངོ་བོར་བཞུགས༔

花 桑 吉 囊 特 怄哦 月

吉祥无量光佛本体住

ཡིད་མོས་གུས་གདུང་བས་གསོལ་བ་འདེབས༔

叶 木 给 洞 为 索 瓦 得

当以强烈敬信而祈祷

ལམ་འཕོ་བ་འགྲོང་བར་བྱིན་གྱིས་རློབས༔
拉 破瓦 炯　瓦 辛 记 漏
现前往生圣道祈加持
གནས་འོག་མིན་བགྲོད་པར་བྱིན་གྱིས་རློབས༔
内　怄 慢 昼　巴 辛 记 漏
趋入密严刹土祈加持
དབྱིངས་ཆོས་སྐུའི་རྒྱལ་ས་ཟིན་པར་ཤོག༔
扬　秋 给 加 萨 怎 巴 秀
愿获法身法界之佛地

这样将以上全文完整地念诵三遍之后，再从“当以强烈敬信心祈祷”到结尾念诵三遍，然后将末尾“愿获法身法界之佛地”这一句念诵三遍，在这些时候一定要满怀对上师怙主无量光佛的诚挚敬信，一心专注在觉性自心所依的“舍”字上，然后舌头抵住上腭念诵五遍“舍”，同时观想觉性自心所依的红色“舍”字，随着淡绿风团明点而起伏波动并且越来越高，最后从头顶梵净穴出来，与此同时念一声“贺嘎”，观想这一“舍”字如同勇士射箭般融入无量光佛心间。

又如前一样明观心间“舍(ཧྲཱིཿ)”字，专注所缘并诵七遍或二十一遍“贺嘎”，虽然其他宗派有念“贺”时观想上升、念“嘎”时下降的传统，但自宗并没有观想下降的传统。念完“嘎”以后，再如前一样念诵“顶礼供养……”祈祷文并尽力念修“舍”字法，接着再念“顶礼供养皈依世尊善逝出有坏圆满正等觉怙主无量光佛”七遍或三遍，最后念诵由竹庆派所传下、伏藏大师日月佛所造的《入草往生法》这一简略祈祷文：

སངས་རྒྱས་འོད་དཔག་མེད་ལ་ཕྱག་འཚལ་ལོ། །
桑　吉 怄 花　美拉 夏 擦 漏
顶礼佛陀无量光
ཨོ་རྒྱན་པདྨ་འབྱུང་གནས་ལ་གསོལ་བ་འདེབས། །
怄坚班玛 炯 内 拉 索 瓦 得
祈祷邬金莲花生

དྲིན་ཆེན་རྩ་བའི་བླ་མས་ཐུགས་རྗེས་ཟུངས། །
珍 亲匝哦喇 咪 特 记 宗
大恩根本师悲摄

རྩ་བ་བརྒྱུད་པའི་བླ་མས་ལམ་སྣ་དྲོངས། །
匝瓦杰 波 喇咪 拉那 中
根本传承师引道

ཟབ་ལམ་འཕོ་བ་འགྲུབ་པར་བྱིན་གྱིས་རློབས། །
匝 拉 破 瓦 炯 瓦辛 记 漏
加持修成往生法

མྱུར་ལམ་འཕོ་བས་མཁའ་སྤྱོད་བགྲོད་པར་བྱིན་གྱིས་རློབས།།
涅 拉 破为 卡 秀 昼 巴 辛 记 漏
依此捷径趋空刹

བདག་སོགས་འདི་ནས་ཚེ་འཕོས་གྱུར་མ་ཐག །
大 瘦 的 内才 破 杰 玛踏
吾等从此命终时

བདེ་བ་ཅན་དུ་སྐྱེ་བར་བྱིན་གྱིས་རློབས། །
得 瓦坚德吉瓦辛 记 漏
加持速生极乐刹

这一祈祷文的末尾一句“加持速生极乐刹”念诵三遍。再如前一样尽力念修“舍”字法[267]。随后也像前面那样念诵“顶礼供养皈依……”，接下来念诵由白玉派传下的《天法往生法》仪轨[268]的祈祷文：

ཨེ་མ་ཧོ།
唉玛吙

ཤིན་ཏུ་ངོ་མཚར་འོད་དཔག་མེད་མགོན་དང་། །
辛德怄擦 怄 花 美 滚 荡
极其稀有怙主无量光

ཐུགས་རྗེ་ཆེན་པོ་ཕྱག་རྡོར་མཐུ་ཆེན་ཐོབ། །
特 吉亲波夏 斗 特 亲 透
大悲观音大力金刚手

---

[267]舍字法：从舍五次一直念到贺嘎。

[268]此仪轨为化身不变金刚著。

བདག་སོགས་རྩེ་གཅིག་ཡིད་ཀྱིས་གསོལ་བ་འདེབས། །
大　瘦 渍 戒 叶 记　索 瓦 得
我等专心致志而祈祷

ཟབ་ལམ་འཕོ་བ་འགྲུབ་པར་བྱིན་གྱིས་རློབས། །
则 拉 破瓦 炯 瓦 辛 记　漏
修成往生深道祈加持

བདག་སོགས་ནམ་ཞིག་འཆི་བའི་དུས་བྱུང་ཚེ། །
大　瘦　那 叶 切为 地 雄才
我等一旦出现死亡时

རྣམ་ཤེས་བདེ་ཆེན་འཕོ་བར་བྱིན་གྱིས་རློབས། །
那 西 得亲　破 瓦辛 记 漏
加持神识往生极乐刹

末尾一句颂词（“加持神识往生极乐刹”）同样重复三遍，接着再像前面一样念修“舍”字法。

后面这两个祈祷文不是龙钦宁提派的仪轨，因此并非持明无畏洲所传下来的，但是竹庆仁波切与贡钦仁波切等传下来，一脉相续，一直传到多哲仁波切。我的至尊上师也曾按照他们的讲法传授过。本来多哲仁波切也有塔波仁波切所传下来的噶举派往生法引导的传承，并编写了念诵往生法的祈祷文，然而我的上师并没有传授。不管怎样，所有不同传承风范的观想次第其实都没有什么差别，这一引导教授必将一脉相承。我的至尊上师在多哲仁波切前听授过多次，因此从至尊上师处获得过往生引导传承的人也就算是得受过噶举派往生法传承了，我想这些人念诵噶举派所传下的祈祷文也完全可以。这两个简略祈祷文可能是多哲仁波切编写的，反正与别的祈祷文稍有不同。这里是遵照我的至尊上师的传统而撰写的。我的至尊上师依照白玉派《天法往生法》的传承为他众作超度的时候，上面祈祷文中的“我等一旦出现死亡时”替换成“此等一旦现前死亡时”，可是当今有些人没有懂得这一点而念成“此现一旦”或“从此一旦”等，我认为这些都不太妥当。这样反反复复地修炼，临近最后收座时，为了印持于五身法界而念诵五次“啪的(ཕཊ)”，并于离戏实相的境界中入定。之后观想头顶上的诸位传承上师融入三位主尊中，二位菩萨也融入无量光佛当中，无量光佛化为光融入于自身。由此自己一刹那间变成世尊怙主无量寿佛，身红色，一面二臂，双足以金刚跏趺安坐，双手以等印托着充满无死智慧甘露的长寿宝瓶、瓶口以如意树严饰，周身由报身十三种服饰装点。一边这样观想一边念诵一百遍长寿咒：

ཨོཾ་ཨ་མ་ར་ཎི་ཛཱི་ཝན་ཏི་ཡེ་སྭཱ་ཧཱ།

嗡啊玛局讷则弯德意梭哈

或者其他长寿咒。依靠念长寿咒可以使寿命不受损害，并且凭借缘起谛实力也可以消除寿障。而在超度亡灵或者临终者，或者自己死亡的时候千万不能念修长寿法。关于这般修炼已经达到纯熟的征相，诚如论典中说：“头上出黄水，插入草等相。”在没有出现这样的验相之前务必要再再修炼。结尾回向善根当念诵《极乐愿文》等回向偈。

这一深道往生法的教授不需要像其他生圆次第那样经过长期修炼，仅仅在七天当中修持熟练以后一定会出现验相，所以称为“不修便可成佛之法”，因此诸位理当将这样的无上捷径法作为主要修法。

自尚未度超度诸亡灵，自不实修巧言如撑伞，

我与如我狡诈种姓者，愿能精进修行祈加持。

不修便可成佛法——往生之引导终

# 结文

总而言之，通过思维暇满难得而使闲暇之身变得有意义，通过思维寿命无常之理来鞭策自己精进，通过了知一切轮回痛苦的本性而生起出离心及悲心，通过明确因果的差别而如理取舍善恶，通过忆念解脱利益而使自己对佛果生起满怀向往，通过依止真正的善知识来修学意行，这以上是共同外前行的六个引导；依靠皈依三宝奠定解脱道的基础，依靠发殊胜菩提心树起佛子如海行为的框架，依靠念修金刚萨埵通过四力来忏悔一切过患之根本的堕罪，供三身曼茶罗可积累一切功德之根本的福慧资粮，一切加持的源泉——祈祷上师可使自相续中生起殊胜智慧，这些是不共内前行五种引导。如若修道尚未趋于究竟（未证悟以前）死亡便临头，则依靠不修便可成佛之往生法而往生净土。总共有十二个引导。

再进一步地说，依靠观修四种厌世心而生起无伪的出离心，依靠观修解脱的功德来开启诸道之门，依止一切功德的源泉——善知识而准备圣道的缘起，以皈依作为基础，由经发殊胜菩提心修学六波罗蜜多的途径可以将我们引入遍知圆满正等觉的真实正道之中。其他宗派共称的三现分[269]、三士道、大手印的显宗引导等一切圣道的要诀都完全可包括在此引导中。依靠念修金刚萨埵和供曼茶罗的无上方便净除罪障、积累资粮，还有甚深加持之密道上师瑜伽以及不修便可成佛的往生法教授，这些引导都是本派的无上特法。仍然要步入宁提金刚藏圣道不共正行之门的人，先修

[269]三现分：修行萨迦派道果预备位。显乘的共通三现分道：不净现分、瑜伽景象现分和清净现分。

持（大圆满）不共前行的三身引导，心识与觉性的引导等以后获得直指实相觉性妙用的灌顶，方可实修正行之义。

如此上述的一切内容不是着重词藻华丽、文法精湛，而是完全遵照至尊上师的亲口教授记录的，并尽量避免掺杂自己的言词，完全本着通俗易懂、利益内心的原则而撰写。尤其是许多有针对性、直言不讳揭露过失的上师教言，凡是我能记住的都在相应的场合里以旁述的方式罗列出来，对于这些言教，我们绝不能作为看他人过失的窗口，而要作为向内反观、观察自己过失的明镜，并详察细审自己到底是否有这些过失，如果有，就一定要正确认清、彻底断除过患，使自心自然趋入真实正道、自己来改变自相续。阿底峡尊者亲口说过："殊胜上师为揭露罪恶，殊胜窍诀为击中要害，殊胜助伴为正知正念，殊胜劝勉为怨魔病苦，殊胜方便为无有改造。"

窍诀击中罪过要害、正法融入于自心、恒常提起正知正念而将一切错乱归于自身、包括生起一个恶分别在内的念头也绝不能放任自流，而要以正法来调伏自相续，这是殊胜的要诀。如果能够这样去做，那么自己对自己实在有很大的恩德，以正法利益自心依止上师也可获得实义。如阿底峡尊者说："殊胜饶益乃令入正法，殊胜受益是心入正法。"

总之，如今我们已经获得了暇满人身、有幸遇到了具相上师、得受了甚深窍诀、具有实修九乘次第法门、成就佛果的机会，未来生生世世的永久大业，成功在此时，不成功也在此时，内心向善在此时，内心向恶也在此时，机不可失（失不再来），如今就是计划永善永恶的界限，相当于一百生世中的一次食物，因此我们要夜以继日精勤修法，恒时以死亡激励自己，断除追求现世利益之心，不惜生命精进修持，努力断恶行善。依止具足一切法相的上师后依教奉行，全心全意皈依三宝，要认识到，自己拥有快乐是三宝的大悲所致、遭受痛苦是往昔所造恶业所感，在修持心地善良、菩提心的基础上精勤积资净障。最终以恭敬诚信、誓言清净使自心与传承上师的智慧成为无二无别。即生获得坚地并肩负起救度一切老母有情摆脱轮回囹圄的重担。

这以上归纳总结了所有教言的要点。

如是三传窍诀甘露河，传承上师口津精华液，
九乘次第修行精义要，无有错谬悉皆摄于此。

尽弃戏论言词之糟粕，调合极深实修要诀味，
烹调亲证口诀之精华，此善说如丰美之食物。

三毒劣性粗犷荒野上，除过窍诀金刚犁开垦，
善巧灌溉真实妙法水，此善说如灵巧之农夫。

出离心之肥沃良田中，巧妙播下菩提心种子，
以积净法生长功德果，此善说如丰年之庄稼。

揭穿自罪且将其根除，以善巧语百般宣功德，
恒时精勤唯行饶益事，此善说如慈爱之乳母。

非仅词佳意义亦深奥，无等上师口气尚未消，
此善说如心中如意宝，诸获得者定入真实道。

专行利他修持圣教典，并非依于声律诗韵词，
而以俗语方言示正道，此乃一切菩萨之特点。

论典词句虽繁极广泛，却难趋入愚者心室中，
深义见修虽用高调语，行浊慧浅之人难修持。

是故此论易懂摄要义，如浅慧者心室具金宝，
劣慧者意暗处有明灯，妙义自现无嗔阿阇黎。

耽执推敲词藻之智者，诸论未知教授之大师，
饮此殊胜窍诀营养后，实修要诀精力定充沛。

观空如暗投石大修者，装模作样修善之行人，
自不量力冒充成就者，若见此道则如钉刺心。

吾虽多闻繁冗词藻论，善巧绘画诗韵彩虹图，
然非大恩上师之言教，故此未杂自造之词类。

无等上师真佛出于世，雪域世间增上善妙矣，
圆寂之时逝去尚未久，健在金刚道友可作证。

是故结集真实圣教言，于此精进之因依师恩，
我以敬信善意造此论，道友天众理应作随喜。

未来出世有缘诸善士，若见此文理当心生起，
亲遇师佛恭敬诚信心，自觉所言要诀无错谬。

如是从中所得诸善根，回向曾为慈母众有情，
皆为殊胜上师摄受后，依教奉行究竟证圣果。

愿见无等上师圆满佛，其言甘露所育之诸众，
一同现前无上正等觉，踏上引导众生事业程。

愿凡享用善说甘露汁，教言欢歌吸引善缘士，
大恩上师所有诸法子，彼等悉皆长久而住世。

愿我自此生生世世中，成为师尊随学之奴仆，
一切谨遵师言依教行，令其欢喜恒时得摄受。

愿我度尽轮回众生前，舍弃自身受用一切善，
甘为一切可怜老母仆，彼等受持圆满佛妙法。

愿我暂时心中亦升起，传承上师加持璀璨日，
依止寂静之处度此生，究竟获得无等上师果。

此龙钦宁提共不共内外前行引导文是依照我的无等殊胜上师之口传而撰写的，至尊上师的亲传弟子精进持戒的卓玛泽让将自己所记得的内容整理成笔记交与我，并诚挚地劝请说：“以此为基础，无论如何请您撰著一部完全遵照至尊上师教言的引导文。”尤其是继承至尊殊胜上师密法传承的法王子大活佛普贤胜乘金刚（根藏特秋多吉）亲自为我提供纸张等并再三劝请，后来继承众生怙主尊师窍诀传承的意长子圆满教法的主尊活

佛利他无量（洋彭塔意）仁波切也说："如果上师的口传教言写成文字，则有忆念上师，并起恭敬诚信的必要，因此无论如何请您一定著写。"如此赐予安慰，此外乃至获得菩提果之间必定犹如灯光与灯芯般和睦相处，或如双目般慈爱的诸多金刚道友也给予了"善哉"的安慰及智慧的鼓励，使我深受鼓舞。虽然百位成就之顶饰持明者无等菩提金刚曾亲赐我邬金无畏法自在（晋美秋吉旺波）的美名冠冕，但事实上自己只是一个五毒烈火炽燃、叫做阿哦舍波、行为下劣的人。此文撰写于邬金萨旦秋朗（禅定法洲）寂静处，由完美无瑕的饰品庄严、雄伟壮观的大威德宫殿中。此静处环境幽雅、景色怡人，各种各样的树、藤、条、段，顶端吸取和暖的阳光，根部吸收凉爽的甘露，枝繁叶茂、百花盛开、硕果累累，好似悬垂的璎珞一般，从中间缝隙中可见碧蓝的晴天宛如倩女一般展露笑颜，从而犹如为甘露滋润一般令人舒心悦意。

愿所得一切善根，成为无边众生依此胜道于本来怙主基界中得解脱之因。

译于色达喇荣五明佛学院

二〇〇〇年元月二十七日终

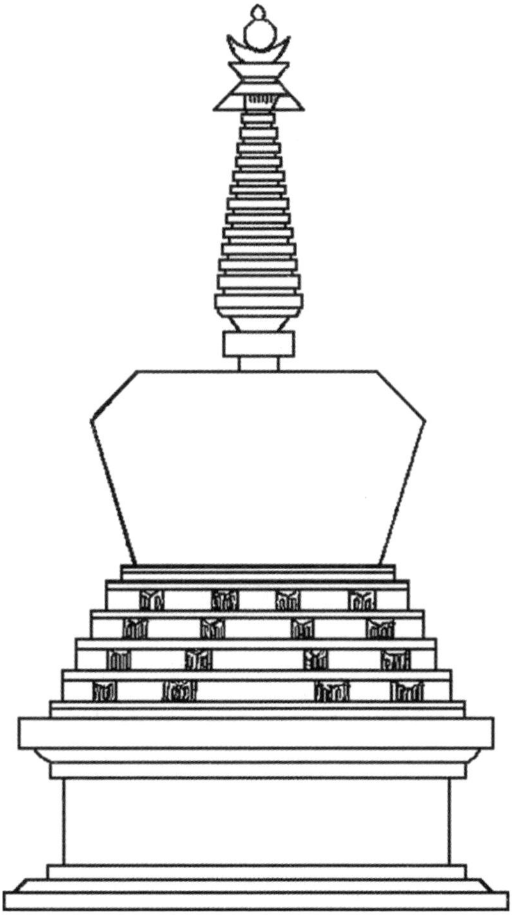

**图书在版编目（CIP）数据**

大圆满前行/华智仁波切著；索达吉堪布译. —
北京：中国文史出版社，2015.11
ISBN 978-7-5034-6944-2
Ⅰ. ①大… Ⅱ. ①华…②索… Ⅲ. ①喇嘛宗—通俗
读物 Ⅳ. ①B946.6-49

中国版本图书馆CIP数据核字（2015）第255732号

**大圆满前行**

---

责任编辑：窦忠如　曹　岚
特约策划：秦　青
装帧设计：李　洁

---

出版发行：中国文史出版社
网　　址：www.wenshipress.com
社　　址：北京市西城区太平桥大街23号　邮编：100811
电　　话：010—66173572　66168268　66192736（发行部）
传　　真：010—66192703
印　　装：北京天宇万达印刷有限公司
经　　销：全国新华书店
开　　本：787毫米 × 990毫米　1/16
印　　张：24.5
字　　数：38 千字
版　　次：2016年9月北京第1版
印　　次：2016年9月第1次印刷
定　　价：45.00 元

---



**质量监督电话：010-59096394**
**团购电话：010-59320018**